Monsieur Laby de St-Aumont,
Mazous-Laguian.

OEUVRES COMPLÈTES
DE
LORD BYRON.

IMPRIMERIE DE DONDEY-DUPRÉ,
Rue St.-Louis, n° 46, au Marais.

OEUVRES COMPLÈTES
DE
LORD BYRON,

AVEC NOTES ET COMMENTAIRES,

COMPRENANT

SES MÉMOIRES PUBLIÉS PAR THOMAS MOORE,

ET ORNÉES D'UN BEAU PORTRAIT DE L'AUTEUR.

Traduction Nouvelle

PAR M. PAULIN PARIS,

DE LA BIBLIOTHÈQUE DU ROI.

TOME QUATRIÈME.

Paris.

DONDEY-DUPRÉ PÈRE ET FILS, IMPR.-LIBR., ÉDITEURS,

RUE SAINT-LOUIS, N° 46,

ET RUE RICHELIEU, N° 47 bis.

1830.

HEURES DE LOISIR,

POÈMES COMPOSÉS OU TRADUITS

PAR LORD BYRON, MINEUR.

Μήτ' ἄρ με μάλ' αἴνεε, μήτέ τι νείκει.

(Hom. *Il.* x, 249.)

He whistled as he went for want of thought.

(Dryden.)

Il sifflait, en marchant, à défaut de pensées.

AU TRÈS-HONORABLE

FRÉDÉRIC, COMTE DE CARLISLE,

CHEVALIER DE LA JARRETIÈRE, ETC., ETC.

SON PUPILLE RECONNAISSANT ET PARENT AFFECTIONNÉ,

L'AUTEUR.

HEURES DE LOISIR.

I.

DÉPART DE NEWSTEAD-ABBEY (1803).

Why dost thou build the hall? son of the winged days! Thou lookest from thy tower to-day; yet a few years, and the blast of the desert comes; it howls in thy empty court.

(OSSIAN.)

Pourquoi bâtis-tu ce palais? fils du tems à l'aile rapide! Aujourd'hui tu regardes du haut de ta tour: quelques années encore, et le vent du désert arrive; il murmure dans ta cour solitaire.

1. A travers tes créneaux, Newstead, frémit le sourd murmure des vents : ô demeure de mes pères, ton heure est venue; dans ton jardin jadis riant, la ciguë et le chardon ont étouffé la rose qui en ornait les allées.

2. De ces barons couverts de maille, qui, fiers et belliqueux, conduisaient leurs vassaux des confins de l'Europe aux plaines de la Palestine, que reste-t-il aujourd'hui? un bouclier, un écusson, qui retentissent à chaque souffle des airs : voilà l'unique et triste vestige de leur grandeur!

3. Le vieux Robert n'accompagne plus des sons

de sa harpe ces vers qui allument dans les cœurs l'amour de la guerre et des lauriers : près des tours d'Ascalon, John de Horistan [1] sommeille, la mort a paralysé la main de son ménestrel.

4. Paul et Hubert dorment dans la vallée de Crécy : ils succombèrent pour la cause d'Édouard et de l'Angleterre. O mes pères! les larmes de votre patrie vous récompensent. Quel fut votre courage! quelle mort fut la vôtre! nos annales peuvent encore le dire.

5. A Marston Moor [2], quatre frères, réunis à Rupert [3] pour combattre les traîtres, enrichirent de leur sang le sombre champ de bataille : ils défendaient les droits du monarque; c'était encore défendre la patrie : la mort vint mettre le sceau à leur royalisme fidèle.

6. Ombres des héros, salut! Votre descendant vous dit adieu, en quittant le séjour de ses ancêtres. Sous un ciel étranger ou dans sa patrie, votre souvenir lui inspirera une nouvelle ardeur; il ne songera qu'à la gloire et à vous.

7. Une larme obscurcit ses yeux à l'heure de cette triste séparation; mais c'est la nature, non la crainte, qui excite ses regrets : il va bien loin, animé de la

---

[1] Le château d'Horistan, dans le Derbyshire, est une ancienne habitation de la famille Byron.

[2] Bataille de Marston Moor, où les partisans de Charles Ier. furent défaits.

[3] Fils de l'électeur Palatin et parent de Charles Ier. Il commanda ensuite l'armée navale sous le règne de Charles II.

même émulation; jamais il n'oubliera la renommée de ses pères.

8. Cette renommée, ce souvenir, voilà ce qu'il chérira toujours ; il fait vœu de ne jamais ternir l'éclat de votre nom ; il vivra comme vous, ou comme vous il périra ; après sa mort, puisse-t-il mêler sa cendre à la vôtre!

II.

ÉPITAPHE D'UN AMI (1803).

Ἀστὴρ πρὶν μὲν ἔλαμπες ἐνὶ ζώοισιν ἑῷος.

(Laertius.)

Oh! mon ami, toi que toujours j'aimerai, que je regretterai toujours, combien d'inutiles larmes ont baigné ton cercueil honoré! Combien de sanglots ont répondu à ton dernier soupir, quand tu te débattais dans les angoisses de l'agonie! Si les larmes pouvaient arrêter la mort dans sa course, les soupirs s'opposer à l'invincible force de son dard tyrannique, la jeunesse et la vertu réclamer quelques instants de délai, la beauté charmer le spectre et le distraire de sa proie, ah! tu vivrais encore pour réjouir mes yeux désolés, pour faire la gloire de ton camarade et les délices de ton ami. Si pourtant l'esprit aimable qui t'animait plane autour du lieu où ton corps maintenant se résout en poussière, ici tu liras le deuil imprimé dans mon cœur, deuil trop profond pour être confié à l'art du sculpteur. Nul marbre n'indique la couche de ton humble sommeil, mais on y voit des statues vivantes fondre en pleurs; le simulacre de l'affliction ne s'incline pas sur ta tombe, mais l'affliction elle-même déplore l'arrêt qui condamna ton jeune âge. Hélas! quoique ton père pleure le coup qui frappe ainsi sa race, la douleur paternelle ne peut égaler la mienne! Nul, aussi bien que toi, n'adoucira sa dernière heure; toutefois, d'autres enfans calmeront alors son angoisse. Mais auprès de moi, qui te remplacera? ton image que ne saurait effacer une amitié nouvelle? non jamais! Les larmes d'un père cesseront de couler, le tems apaisera les regrets d'un frère enfant: à tous, hormis un seul, la consolation est connue; tandis que l'amitié gémit dans la solitude.

III.

FRAGMENT (1803).

Quand la voix de mes pères appellera dans leur aérien séjour mon âme joyeuse de leur choix; quand mon ombre voltigera au gré de la brise; où que, visible à peine au milieu du brouillard, elle descendra le flanc de la montagne, oh! puisse cette ombre ne voir aucune urne sculptée qui marque la place où la terre retourné à la terre, aucune pierre funéraire qui soit encombrée de louanges! Que mon nom seul soit mon épitaphe! Si ce nom n'entoure point mon argile d'une auréole de gloire, oh! nul autre honneur n'est dû à ma vie. Ce nom, ce nom seul, distinguera ma place, immortalisée par lui, ou avec lui à jamais oubliée.

IV.

LES LARMES (1806).

O lacrymarum fons, tenero sacros
Ducentium ortus ex animo; quater
Felix! in imo qui scatentem
Pectore te, pia Nympha, sensit.

(GRAY.)

1. Lorsque l'amitié ou l'amour éveille notre sympathie, lorsque la vérité devrait paraître dans le regard, ces lèvres qui s'entr'ouvent ou sourient, peuvent être trompeuses; mais la preuve fidèle de notre émotion est une larme.

2. Trop souvent un sourire n'est qu'un piége de l'hypocrite pour masquer la haine ou la crainte : donnez-moi le doux soupir, tandis que l'œil, miroir de l'ame, est terni un instant par une larme.

3. La tendre charité, en embrasant l'ame de ses ardeurs, la purifie ici-bas de toute souillure de barbarie : la compassion inondera le cœur où cette vertu est sentie, et répandra sur les yeux une bien douce rosée, une larme.

4. L'homme condamné à mettre à la voile, au premier souffle d'un vent favorable, pour traverser les flots

de l'Atlantique, se penche sur l'abîme qui, bientôt peut-être, deviendra son tombeau; et les flammes de son regard ne brillent plus qu'à travers une larme.

5. Le soldat brave la mort, pour une couronne imaginaire, dans la romantique carrière de la gloire; mais il relève l'ennemi une fois terrassé, et arrose chaque blessure d'une larme.

6. Retourne-t-il, enflé d'orgueil, auprès de sa fiancée, après avoir renoncé au glaive rougi de sang humain? toutes ses peines sont récompensées, lorsque, embrassant la jeune fille, il baise sur sa paupière une larme.

7. Heureux théâtre de ma jeunesse, séjour de l'amitié et de la franchise; où l'amour faisait fuir mes rapides années, je te quittai à regret, l'ame en deuil; je me tournai pour te voir une dernière fois: mais le clocher m'apparut à peine à travers une larme.

8. Je ne puis plus adresser mes sermens à ma Marie; ma Marie jadis si chère! mais je me rappelle l'heure où, sous l'ombrage de son berceau favori, elle récompensait mes sermens avec une larme.

9. Possédée par un autre, puisse-t-elle vivre toujours heureuse! Mon cœur doit toujours révérer son nom: en soupirant, je me résigne à perdre ce que je crus autrefois mon bien, et je pardonne son infidélité en versant une larme.

10. O vous, amis de mon cœur, je vais vous quitter; mais je n'ai pas banni l'espoir du retour: peut-être nous nous reverrons dans cette retraite cham-

pêtre ; alors revoyons-nous comme nous nous séparons, avec une larme.

11. Quand mon ame aura pris son vol vers les régions de la nuit, et que mon cadavre sera gisant dans une bière, si vous passez près de la tombe où se consumeront mes cendres, ah ! mouillez ma poussière d'une larme.

12. Que le marbre pour moi ne se change point en un splendide monument, élevé par les enfans de la vanité ; que nul éloge mensonger ne célèbre mon nom : je ne demande, je ne désire qu'une larme.

V.

PROLOGUE DE CIRCONSTANCE

PRONONCÉ AVANT LA REPRÉSENTATION DE : « THE WHEEL OF FORTUNE (LA ROUE DE LA FORTUNE [1]), » SUR UN THÉATRE DE SOCIÉTÉ.

Aujourd'hui que la politesse raffinée du siècle a chassé du théâtre la raillerie immorale, et que le goût a stigmatisé cet esprit de licence qui imprimait la honte sur les écrits de tout auteur, aujourd'hui que nous cherchons à plaire par des scènes plus pures, et que nous n'osons appeler la rougeur sur la joue de la beauté, ah ! permettez à une muse modeste de réclamer quelque pitié, et de rencontrer

[1] Pièce de Richard Cumberland.

(*N. du Tr.*)

l'indulgence où elle ne peut trouver la gloire; mais ce n'est pas pour elle seule que nous désirons des égards: d'autres personnages paraîtront, plus convaincus encore de leur peu de talent : vous n'aurez point, ce soir, des Roscius vieillis dans les secrets de l'action scénique : nul Cooke, nul Kemble ne peut ici vous saluer [1]; nulle Siddons [2] arracher une larme à votre sympathie : vous êtes rassemblés pour voir, dans le drame nouveau, le début d'acteurs encore en germe. Ici nous faisons l'essai de nos ailes à peine garnies de plumes; ne rognez pas les ailerons avant que les oiseaux puissent voler. Si nous succombons dans ce premier essor, hélas! faibles que nous sommes, nous tombons pour ne plus nous relever. Il n'y a pas qu'un seul malheureux qui, trahi par la peur, espère et presque aussi redoute vos éloges : mais tous nos personnages attendent dans une poignante incertitude la crise de leur destinée. Aucune pensée vénale ne peut retarder nos progrès : vos généreux applaudissemens sont notre unique récompense; pour les mériter, le héros déploie toutes ses forces, l'héroïne baisse son œil timide devant votre regard : celle-ci au moins doit avoir des protecteurs; on ne peut refuser sa bienveillance au sexe le plus aimable; quand la jeunesse et la beauté forment l'égide d'une femme,

---

[1] Un acteur anglais en paraissant sur la scène, fait toujours un salut au public. *(Note du Tr.)*

[2] Célèbre actrice, sœur des deux Kemble. *(N. du Tr.)*

le plus grave censeur doit céder à tant d'attraits. Mais si nos faibles tentatives n'ont aucun succès, si nos plus grands efforts, après tout, sont stériles; que, du moins, la pitié inspire vos ames, et qu'à défaut de bravos, elle nous accorde grâce et merci.

VI.

SUR LA MORT DE M. FOX.

Un journal avait publié l'impromptu anti-libéral suivant :

« Les ennemis de notre nation pleurent la mort
» de Fox, mais ils bénissent l'heure où Pitt rendit
» le dernier soupir : que le bon sens et la vérité ex-
» pliquent ces sentimens opposés, nous donnerons
» la palme à qui en est vraiment digne. »

L'auteur de ces poèmes envoya la réponse suivante :

O factieuse vipère! dont la dent empoisonnée voudrait encore déchirer les morts, en corrompant la vérité! Quoi! parce que *les ennemis de notre nation*, animés d'un généreux sentiment, pleurent la mort de l'homme de bien et du grand homme, faudra-t-il que des langues infâmes essaient de ternir le nom de celui dont la digne récompense est une renommée éternelle? Quand Pitt expira à l'apogée du pouvoir, ah! malgré les revers qui obscurcirent sa dernière heure, la pitié étendit au-devant de lui ses ailes humides de larmes : car les ames nobles *ne font pas la guerre aux morts*; ses amis en pleurs lui donnèrent une dernière prière, quand toutes ses erreurs s'endormirent dans le tombeau ; il plia comme Atlas sous le poids de tant de soins, de tant de luttes qui fatiguaient notre patrie. Mais, en Fox, apparut aussitôt un Hercule qui releva, pour un moment, la machine ébranlée : hélas! lui aussi, il est tombé, lui qui réparait le malheur de la Bretagne : nos espérances, si rapides à renaître, sont mortes avec lui ; il n'y a pas qu'un grand peuple qui élève une urne en son honneur : toutes les contrées de l'immense Europe sont en deuil. « Que le bon sens et la vérité expliquent » ces sentimens opposés, pour qu'on donne la palme » à celui qui en est vraiment digne. » Mais ne laissons pas l'impure calomnie assaillir notre homme d'état ou envelopper sa gloire d'un voile ténébreux. Fox, dont le corps inanimé reçoit les pleurs du monde en deuil, dont les restes chéris dorment sous un marbre honoré, sur qui les nations armées contre nous gémissent elles-mêmes, dont tous, amis ou ennemis, reconnaissent le génie : Fox brillera à jamais dans les annales de la Bretagne, et ne cédera pas même à Pitt la palme du patriotisme, palme que l'envie, cachée sous le masque sacré de la candeur, a osé réclamer pour Pitt, et pour Pitt seul.

VII.

STANCES A UNE LADY,

EN LUI DONNANT LES POËMES DE CAMOENS.

1. Peut-être, ô vierge chérie! apprécieras-tu en ma faveur ce gage sacré d'une tendre estime : ce livre dit les rêves enchanteurs de l'amour, sujet que nous ne pouvons point mépriser.

2. Qui blâme l'amour? c'est la sottise envieuse; c'est la vieille fille désappointée, ou l'élève d'une école de prudes, condamnée à se faner dans un ennui solitaire.

3. Lis donc, vierge chérie; lis avec abandon : car tu ne seras jamais au nombre de telles femmes : ce n'est point en vain que je réclamerai de toi quelque pitié pour les maux du poète.

4. C'était un barde vraiment inspiré; son feu ne fut ni faible ni mensonger : puisse l'amour qui fut sa récompense être aussi la tienne! Mais puisse ta destinée n'être point aussi cruelle[1]!

VIII.

A M*** (1806).

1. Oh! si ces yeux brillaient, non d'une flamme ardente, mais d'une tendre émotion, peut-être exci-

---

[1] Allusions aux malheureuses amours de Camoëns avec Alayde.

teraient-ils de moins vifs désirs, mais tu serais aimée plus qu'une mortelle.

2. Malgré les rayons sauvages de ces astres, tes angéliques attraits nous obligent à l'admiration, qui bientôt fait place au désespoir : car ce coup d'œil fatal nous défend l'estime.

3. Quand la nature t'introduisit si belle en cette vie, elle craignit que la terre ne fût indigne de la divine perfection de tes charmes, et que le ciel ne t'appelât parmi ses habitans :

4. Aussi, pour garder son plus cher ouvrage, pour empêcher les anges de lui en disputer la possession, elle cacha, dans ces yeux naguère célestes, un éclair terrible toujours prêt à étinceler.

5. Ces yeux pourraient faire pâlir le plus hardi des sylphes, quand ils rayonnent comme le soleil en son midi ; ta beauté doit nous enflammer tous ; mais qui peut affronter le feu de ton regard ?

6. On dit que la chevelure de Bérénice, métamorphosée en étoiles, orne la voûte de l'Empyrée ; mais toi, tu n'y seras jamais admise ; tu éclipserais trop les sept planètes.

7. Car si tes yeux brillaient dans l'espace, à peine laisserais-tu paraître la lumière des planètes, dont tu serais devenue la sœur : les soleils eux-mêmes qui régissent les divers mondes, ne jetteraient qu'une sombre lueur dans leur propre sphère.

IX.

A LA FEMME.

O femme! l'expérience a pu me dire que tous ceux qui te regardent doivent t'aimer : sans doute, l'expérience a pu m'apprendre que tes plus solides promesses ne sont rien ; quand tu es placée devant moi dans tout l'éclat de tes charmes, je ne songe plus qu'à t'adorer. O souvenir! bien délicieux, quand l'espoir l'accompagne, quand nous possédons encore l'objet de notre amour! Mais comme il est maudit par les amans, quand l'espoir s'est envolé, quand la passion est éteinte. O femme! belle et tendre enchanteresse! comme les jeunes hommes sont prompts à te croire! comme le cœur palpite, quand pour la première fois nous voyons cet œil qui roule dans un éclatant azur, où resplendit tout noir, ou lance ses doux rayons de dessous un sourcil châtain! Comme nous nous hâtons de croire à tes sermens, de t'entendre engager ta foi de plein gré; dans notre ravissement, nous espérons que ta fidélité sera éternelle, et voilà que tu changes en un jour! Donc il sera toujours vrai de dire : « Femme, tes sermens sont écrits sur le sable[1]. »

---

[1] Cette dernière pensée est la traduction presque littérale d'un proverbe espagnol.

X.

A M. S. G.

1. Quand je rêve que vous m'aimez, vous me le pardonnez sans doute, et vous n'étendez pas votre colère jusque sur mon sommeil ; car ce n'est que dans mes songes qu'existe votre amour : je me lève, et il ne me reste qu'à pleurer.

2. O Morphée ! empare-toi donc vite de mes facultés ; répands sur moi ta bienfaisante langueur ; si je dois avoir un songe semblable à celui de la nuit dernière, quelle divine extase m'est réservée !

3. On nous dit que le Sommeil, frère de la Mort, est l'image de notre sort futur : oh ! comme je désire rendre à la Parque le frêle souffle qui m'anime, si c'est là un avant-goût des célestes félicités !

4. Ah ! cessez, douce dame, de froncer votre aimable sourcil, et ne me croyez point en cela trop heureux ; si je pèche dans mon rêve, j'expie mon péché maintenant, condamné que je suis à voir le bonheur sans l'atteindre.

5. Quoique dans mes songes, douce dame, vous puissiez quelquefois sourire, ne croyez pas ma pénitence insuffisante : quand votre présence imaginaire abuse mon esprit qui sommeille, le réveil seul sera un assez grand supplice.

XI.

CHANT DE REGRET.

1. Quand je rôdais, jeune highlander [1], sur la bruyère sombre, et que je gravissais ton sommet escarpé, ô Morven, mont de neige [2]! afin de contempler le torrent qui grondait au-dessous comme un tonnerre, ou le brouillard de la tempête qui se grossissait sous mes pieds : alors j'errais, libre de la tutelle de la science, étranger à la crainte, aussi âpre que les rocs où grandissait mon enfance; un sentiment unique était cher à mon cœur : ai-je besoin de vous dire, ô ma douce Marie! qu'il était concentré en vous seule?

2. Cependant, ce ne pouvait être l'amour, car je n'en savais pas le nom; quelle passion peut habiter dans le sein d'un enfant? Mais j'éprouve encore une vive émotion, la même que je ressentais dans mon jeune âge sur les cimes des montagnes désertes : une seule image était gravée dans mon cœur; j'aimais mon froid pays, je ne soupirais pas après de nouvelles contrés : j'avais peu de besoins, car mes dé-

---

[1] Mot consacré à la désignation des montagnards écossais : nous avons cru devoir le conserver, comme tous ceux qui donnent une couleur locale à la poésie.

(*N. du Tr.*)

[2] Morven, haute montagne dans l'Aberdeenshire : « Gormal, mont de neige (*Gormal of snow*), » est une expression qu'on rencontre souvent chez Ossian.

sirs étaient comblés ; mes pensées étaient pures, car mon ame était avec vous.

3. Je me levais avec l'aurore ; et je bondissais, avec mon chien pour guide, de montagne en montagne ; je luttais contre les ondes du Dee [1] ballottées par la marée, et j'écoutais de loin le chant du highlander : le soir, je me couchais sur un lit de bruyères ; mes songes ne présentaient que Marie à ma vue ; avec quelle brûlante ardeur mes dévotions s'élevaient au ciel, car ma première prière était de vous bénir !

4. Je quittai ma froide demeure, et mes rêves ont fui : les montagnes se sont évanouies et ma jeunesse n'est plus : dernier rejeton de ma race, je dois me flétrir dans la solitude, et ne trouver la joie que dans le souvenir des jours passés : ah ! la grandeur, en élevant ma destinée, l'a rendue amère ; plus douces furent les scènes que connut mon enfance ; quoique mes espérances aient été déçues, je ne les ai point oubliées ; quoique mon cœur soit froid, il languit encore près de vous.

5. Quand je vois quelque noire montagne dresser sa crête vers le ciel, je songe aux rochers qui couvrent Colbleen [2] de leur ombre ; quand je vois le doux azur d'un œil qui exprime l'amour, je songe à ces

---

[1] Le Dee est une belle rivière qui prend sa source près de Mar Lodge, et se jette dans la mer à New-Aberdeen.

[2] Colbleen est une montagne à l'extrémité des Highlands, non loin des ruines de Dee-Castle.

yeux qui me faisaient chérir un sauvage séjour; quand, par hasard, je vois une chevelure ondoyante, dont la teinte soit un peu semblable à celle de vos blondes tresses, je songe à cette longue chevelure d'or, apanage sacré de la beauté et de Marie.

6. Toutefois le jour peut venir, où les montagnes, encore une fois, m'apparaîtront vêtues de leur manteau de neige : mais tandis qu'elles seront ainsi suspendues au-dessus de moi, et telles qu'elles furent toujours, Marie sera-t-elle là pour me recevoir ? Hélas! non. Adieu donc, ô collines où mon enfance fut nourrie! et toi aussi, Dee, dont les eaux s'écoulent si paisibles, je te dis adieu! Nulle demeure n'abritera ma tête dans la forêt : ah! Marie, quelle demeure pourrait être habitée sans vous ?

XII.

A.....

1. Oh! oui, j'avouerai que nous étions chers l'un à l'autre; les amitiés de l'enfance quoique légères sont vraies; l'amour que vous sentiez était un amour de frère, et moi je nourrissais pour vous la même tendresse.

2. Mais l'amitié peut renoncer à ses douces lois : une affection de plusieurs années en un moment expire. Comme l'amour, l'amitié a aussi des ailes rapides; mais elle ne brûle pas, comme l'amour, de flammes inextinguibles.

3. Bien souvent nous avons erré ensemble sur l'Ida ! : heureuses furent les scènes de notre jeunesse ! Je l'avoue. Au printems de notre vie, comme le ciel est serein ! Mais aujourd'hui s'amoncellent les rudes tempêtes de l'hiver.

4. La mémoire, cessant de s'unir à l'affection, ne nous retracera plus les plaisirs accoutumés de notre enfance : quand l'orgueil couvre le sein d'acier, le cœur est inflexible, et ce qui serait justice ne semble plus que honte.

5. Cependant, cher S***, car je dois encore vous estimer, je ne puis jamais adresser un reproche à ceux que j'aime; et ceux-là sont en petit nombre; le hasard qui vous a perdu peut un jour racheter vos torts, le repentir effacera le serment que vous avez fait.

6. Je ne me plaindrai pas, et, quoique notre affection soit glacée, aucun secret ressentiment ne vivra dans mon cœur : mes esprits sont calmés par une réflexion simple ; c'est que tous deux nous pouvons avoir tort, et que tous deux nous devrions pardonner.

7. Vous saviez que mon ame, mon cœur, mon existence vous appartenaient, si le danger l'eût demandé ; vous saviez que ni les ans, ni l'éloignement ne pouvaient me changer, que j'étais dévoué tout entier à l'amour et à l'amitié.

---

[1] Nom poétique de Harrow-on-the-hill, où Lord Byron fut élevé. Voir la Vie de Byron. (*N. du Tr.*)

8. Vous saviez..., mais arrière cette vaine image du passé ! Les liens de l'affection sont désormais brisés : trop tard peut-être vous retrouverez ces tendres souvenirs qui vous accableront, et vous soupirerez sur la perte de votre ancien ami.

9. Pour le moment, nous nous séparons : j'espère que ce n'est point pour toujours ; car le tems et le regret vous rendront enfin à l'amitié. Nous devons tous deux tâcher d'oublier nos dissentimens : je ne demande pas d'autre expiation que des jours semblables aux jours passés.

XIII.

A MARIE,

EN RECEVANT SON PORTRAIT.

1. Cette image de tes charmes, imparfaite il est vrai, mais aussi ressemblante que l'art des mortels pouvait la faire, délivre de la crainte mon cœur fidèle, réveille mes espérances, et m'ordonne de vivre.

2. Je puis retrouver ici ces boucles d'or qui flottent sur ton front de neige, ces joues qui sortirent du moule de la beauté elle-même, ces lèvres qui me firent esclave de la beauté.

3. Ici, je puis retrouver..., mais non ! cet œil dont l'azur nage dans un feu liquide, doit défier le peintre et le forcer d'abandonner sa tâche.

4. J'y vois bien ce beau bleu qui le colore : mais où donc le rayon si pur qui s'en échappait, qui donnait un nouveau lustre à son azur, comme fait à l'océan la tremblante lumière de la lune?

5. Douce copie! tout inanimée, tout insensible que tu es, tu m'es cent fois plus chère que ne le pourraient être toutes les beautés vivantes, hors celle qui te plaça sur mon cœur.

6. Elle l'y plaça, mais avec tristesse, avec la vaine crainte que le tems pourrait ébranler mon ame inconstante, sans savoir que son image retient et enchaîne à jamais tous mes sens.

7. Cette image embellira pour moi les heures, les années, le cours entier du tems; elle relèvera mon espoir dans les momens de sombre inquiétude, m'apparaîtra dans la dernière lutte de la vie, et rencontrera l'amour dans mon regard expirant.

XIV.

DAMÈTE.

Enfant[1] par la loi, adolescent par son âge, et, par son ame, esclave de toute joie vicieuse ; sevré de tout sentiment de honte et de vertu, adepte en fait de mensonge, démon en fait de ruse ; versé dans l'hypocrisie, lorsqu'il n'est encore qu'un enfant ;

---

[1] C'est-à-dire, mineur. (*N. du Tr.*)

capricieux comme le vent, plein d'inclinations sauvages ; faisant de la femme sa dupe, de son imprudent ami un instrument ; vieux dans le monde, quoique à peine échappé des bancs, Damète a parcouru tout le labyrinthe du péché, et il est arrivé au bout, à l'âge où les autres commencent ; encore aujourd'hui des passions tumultueuses ébranlent son ame, et lui commandent de vider jusqu'à la lie la coupe du plaisir ; mais, dégoûté du vice, il rompt sa chaîne, et ce qui était jadis ambroisie céleste, ne lui semble plus qu'infernal poison.

XV.

A MARION.

Marion ! pourquoi ce front pensif ? quel dégoût as-tu pour la vie ? Change cette mine mécontente ; ces traits froncés ne conviennent pas à une personne si belle. Ce n'est pas l'amour qui trouble ton repos ; l'amour est étranger à ton ame ; il paraît dans la bouche qui s'entr'ouvre au sourire, il répand sa douleur en larmes douces et timides, ou abaisse une paupière languissante ; mais il évite cet air sombre et repoussant. Reprends donc le feu qui animait ton regard : quelques-uns t'aimeront, tous t'admireront ; tant que ce froid aspect nous glace, nous ne pouvons que rester dans la froideur de l'indifférence. Si tu veux surprendre les cœurs errans, souris au moins, ou feins de sourire ; des yeux comme les tiens ne furent pas faits pour cacher leur éclat sous de sombres nuages; en dépit de tout ce que tu voudrais dire, ils se jouent en regards fripons. Tes lèvres, — mais ici ma modeste et chaste muse refuse d'obéir à mon impulsion; elle rougit, fait la révérence et fronce le sourcil, — bref, elle craint que le sujet ne me transporte; et, s'enfuyant pour chercher la raison, elle ramène à tems la prudence. — Tout ce que je dirai (car ce que je pense n'est exprimé ni plus haut, ni plus bas), c'est que de telles lèvres, dont la vue nous enchante, étaient formées pour quelque chose de mieux qu'un sourire moqueur; cet avis, dépouillé de complimens qui l'adoucissent, est au moins désintéressé; tels sont les vers que je t'adresse, naïfs et libres de tout mélange de flatterie; un conseil comme le mien est le conseil d'un frère; mon cœur est donné à d'autres, c'est-à-dire qu'inhabile à tromper il se partage entre une douzaine de maîtresses. Marion! adieu! oh! je t'en prie, ne méprise pas cet avertissement, quelque désagréable qu'il puisse être; et afin que mes préceptes ne déplaisent point à ceux qui regardent la remontrance comme chose importune, je te donnerai enfin notre opinion concernant le doux empire de la femme; quoique nous contemplions avec admiration des yeux d'azur, ou des lèvres brillantes de vie, quoique les tresses ondoyantes nous attirent, quoique ces beautés puissent nous distraire; papillons légers, nous sommes toujours prêts à voltiger; tout cela ne peut encore fixer nos ames à l'amour. Ce n'est point une censure trop sévère que de dire que cela forme un joli portrait ; mais si tu veux savoir la chaîne secrète qui nous attache humbles esclaves à votre suite, et vous fait saluer reines de la création, apprends-le en un mot, c'est l'animation.

XVI.

OSCAR D'ALVA.

BALLADE.

1. Comme, à travers la voûte azurée, le flambeau nocturne des cieux brille d'un doux éclat sur le rivage de Lora, où s'élèvent les blanches tourelles d'Alva qui n'entendent plus le fracas des armes !

2. Et cependant la lune qui parcourt cet horizon fit souvent jouer ses rayons sur les casques d'argent, et aperçut, au milieu de la nuit silencieuse, les guerriers d'Alva revêtus de leurs étincelantes cottes de mailles.

3. Et sur les rocs ensanglantés que le château domine, et qui semblent menacer les sombres flots de l'Océan, elle vit, jetant sa pâle lueur parmi les rangs clair-semés de la mort, maint brave étendu par terre dans le râle de l'agonie.

4. Plus d'un regard, qui ne devait pas revoir le lever de l'astre des jours, se détourna languissamment de la plaine sanglante, et se fixa, mourant, sur la lumière mourante de l'astre des nuits.

5. Pour ces yeux défaillans, c'était naguère un flambeau d'amour, dont ils bénissaient la propice lueur; mais maintenant elle flamboyait d'en haut, comme une torche sombre et funèbre.

6. La noble race d'Alva s'est éteinte, et l'on voit encore au loin ses tours grises; ses héros ne pressent plus la chasse, ne soulèvent plus les rouges vagues de la guerre.

7. Mais quel fut le dernier rejeton du clan d'Alva? pourquoi la mousse croît-elle sur la pierre d'Alva? ces tours ne retentissent plus du pas des hommes, l'écho n'y répond qu'au bruit du vent.

8. Et lorsque ce vent est violent et fort, on entend dans ce château un murmure qui surgit sourdement dans les airs, et vibre sur les murailles vermoulues.

9. Oui, lorsque gémit l'ouragan, il ébranle le bouclier du brave Oscar; mais on ne voit plus s'élever ses bannières, ni flotter son panache noir.

10. Le soleil éclaira des feux brillans de son lever la naissance d'Oscar; Angus bénit son premier-né; et les vassaux accoururent en foule autour du foyer de leur chef, pour applaudir à cette heureuse matinée.

11. Ils savourent, sur la montagne, la chair du daim sauvage; le pibroch perce l'air de ses accens aigus; pour égayer davantage ce festin de highlanders, les sons de l'instrument se succèdent en mélodie martiale.

12. Et ceux qui entendirent cette musique âpre et guerrière espérèrent qu'un jour les accords du pibroch précéderaient cet enfant du héros, lorsqu'il guiderait les braves qui se revêtent du tartan.

13. Une autre année a passé vite; déjà Angus bénit un autre fils; cette naissance est célébrée comme la première, et cette fête joyeuse ne fut pas courte.

14. Instruits par leur père à bander l'arc sur les sombres et orageuses montagnes d'Alva, les deux frères, dans leur enfance, chassaient le chevreuil agile, et dépassaient leurs lévriers dans leur course.

15. Puis, avant que les années de la jeunesse soient passées, ils se mêlent aux rangs des guerriers; ils manient avec légèreté la brillante claymore, et envoient au loin la flèche sifflante.

16. Les cheveux d'Oscar étaient noirs; c'était avec une majesté sauvage qu'ils flottaient au gré de la brise. Mais la chevelure d'Allan était brillante et blonde; sa joue était pensive et pâle.

17. Oscar avait l'ame d'un héros; les rayons de la vérité étincelaient dans son œil noir. Allan avait de bonne heure appris à se maîtriser, et ses paroles avaient été douces dès sa jeunesse.

18. Tous deux, oui, tous deux étaient vaillans: la lance du Saxon se brisa plus d'une fois sous leur acier. Le cœur d'Oscar méprisait la crainte, mais le cœur d'Oscar savait sentir.

19. L'ame d'Allan, au contraire, ne répondait pas à ses traits, indigne qu'elle était d'une aussi belle enveloppe : rapide comme l'éclair de la tempête, sa vengeance mortelle frappait ses ennemis.

20. De la tour lointaine du haut Southannon, vint une jeune et noble dame ; avec les terres de Kenneth pour dot, vint une vierge aux yeux bleus, la fille de Glenalvon.

21. Oscar réclama cette belle épouse, et Angus sourit à son Oscar : l'orgueil féodal du père était flatté d'obtenir ainsi la fille de Glenalvon.

22. Écoutez! les accords du pibroch sont gais. Écoutez! l'hymne nuptial s'élève : les voix se répandent en accens joyeux, et prolongent encore le chœur bruyant.

23. Voyez comme les plumes couleur de sang des héros assemblés flottent dans le château d'Alva. Les jeunes montagnards prennent leurs plaids bariolés, et attendent l'appel de leurs chefs.

24. Ce n'est pas la guerre que leurs regards demandent ; le pibroch joue le chant de la paix ; les clans se pressent aux noces d'Oscar, et les sons du plaisir ne cessent pas.

25. Mais où est Oscar ? certes, il est tard ; est-ce bien là l'ardente flamme d'un fiancé ? tandis que les hôtes en foule, que les dames attendent, ni Oscar ni son frère n'arrivent.

26. Enfin Allan joignit la fiancée. « Pourquoi Oscar ne vient-il pas ? dit Angus. — Est-ce qu'il n'est

pas ici? répliqua le jeune homme. Il n'était pas venu se promener avec moi dans la clairière.

27. » Peut-être, dans l'oubli de ce jour solennel, il chasse le chevreuil bondissant, ou les flots de l'Océan prolongent son absence ; cependant la barque d'Oscar est rarement retardée par les flots.

28. — Oh! non, non! répliqua le père, alarmé, ni la chasse, ni les flots ne retiennent mon enfant ; voudrait-il faire un tel affront à Mora? quel obstacle l'empêcherait d'accourir auprès d'elle?

29. » Oh! cherchez, vous tous, amis! oh! cherchez tout à l'entour! Allan, vole avec eux et parcours les domaines d'Alva! Trouvez Oscar, trouvez mon fils; faites hâte, et n'osez pas répliquer. »

30. Tout est confusion... Le nom d'Oscar résonne en cris sourds dans la vallée ; il s'élève sur la brise qui murmure, jusqu'à l'heure où la nuit étend ses ailes noires.

31. Ce nom interrompt le calme de la nuit; mais c'est en vain que les échos le répètent à travers les ténèbres. Il retentit dans le brouillard du matin ; mais Oscar ne vient pas dans la plaine.

32. Durant trois jours, durant trois nuits sans sommeil, le chef du clan d'Alva parcourut, à la recherche d'Oscar, toutes les cavernes de la montagne : donc l'espoir est perdu. Abîmé dans la douleur, ce malheureux père déchire les boucles flottantes de ses cheveux gris.

33. « Oscar! mon fils!... Toi, Dieu du ciel!

rends-moi l'appui de mes années chancelantes, ou, si cet espoir m'est désormais refusé, livre son assassin à ma rage.

34. » Oui, sur quelque rivage désert et hérissé de rocs, les os de mon Oscar doivent blanchir. Accorde-moi donc, ô grand Dieu! une seule grâce; qu'auprès de lui périsse son père égaré par la fureur.

35. » Mais peut-être il vit encore..... Arrière, désespoir! Ah! sois calme, mon ame, peut-être il vit encore... Cesse, ô ma voix, d'accuser mon destin. Grand Dieu! pardonne-moi une prière impie.

36. » Quoi! si je l'ai perdu, je tombe oublié dans la poussière de la mort; l'espoir des vieux jours d'Alva n'est plus. Hélas! de pareils coups sont-ils justes? »

37. Ainsi pleura ce père infortuné, jusqu'à ce que le tems, qui adoucit le plus cruel malheur, eût ramené le calme dans son esprit et tari la source des larmes.

38. Car toujours survivait en son cœur un secret espoir qu'Oscar pouvait un jour reparaître. Son espoir tour-à-tour s'affaiblit ou se réveilla, tandis que le tems compta les heures d'une année allongée par l'ennui.

39. Les jours se suivirent; l'astre de lumière avait déjà terminé une seconde fois sa course accoutumée; Oscar n'était point venu réjouir la vue de son père, et le chagrin laissait une plus faible trace.

40. Car il restait encore le jeune Allan, maintenant unique joie de son père; et le cœur de Mora fut vite gagné, car la beauté couronnait le front de ce jeune homme à la blonde chevelure.

41. Mora songeait qu'Oscar était descendu dans la tombe, et que le visage d'Allan était d'une merveilleuse beauté; que si Oscar vivait encore, quelque autre femme avait subjugué son cœur infidèle.

42. Et Angus leur disait que si une année encore s'écoulait dans une vaine espérance, ses plus tendres scrupules cesseraient, et qu'il fixerait le jour de leur hyménée.

43. Les mois se succédèrent à pas lents; mais enfin, mille fois bénie, arriva la matinée au bonheur consacrée; cette année d'anxiété et de crainte. une fois passée, quels sourires embellissent le visage des amans!

44. Écoutez! les accords du pibroch sont gais. Écoutez! l'hymne nuptial s'élève : les voix se répandent en accens joyeux et prolongent encore le chœur bruyant.

45. De nouveau le clan, foule vive et gaie, se presse à la porte du château d'Alva; des bruits de fête frappent au loin les échos et rappellent la joie d'autrefois.

46. Mais quel est celui dont le noir sourcil reste sombre au milieu de la gaîté générale? Devant les farouches éclairs de ses yeux languissent les flammes bleues du foyer.

47. Noir est le manteau qui l'enveloppe; son haut panache est d'un rouge de sang; sa voix est comme l'ouragan qui s'élève; mais sa marche est légère et ne laisse aucune trace.

48. Il est minuit : on porte les toasts à la ronde; on boit à grands traits à la santé du fiancé; les voûtes retentissent de mille cris, et tous les convives unissent leurs voix pour célébrer cette heureuse journée.

49. Tout-à-coup l'étranger se leva, et la foule bruyante fit silence, et le front d'Angus exprima la surprise, et la joue délicate de Mora rougit soudainement.

50. « Vieillard, s'écria-t-il, ce toast est fini; tu m'as vu boire moi-même et célébrer les noces de ton fils : maintenant je réclamerai de toi un autre toast.

51. » Tout ici n'est que fête et que joie pour bénir le destin fortuné de ton Allan; mais, dis-moi, n'as-tu jamais eu d'autre enfant ? Dis, pourquoi donc Oscar serait-il oublié ?

52. — Hélas! répondit le malheureux père, laissant échapper de grosses larmes à mesure qu'il parlait, quand Oscar quitta mon château ou mourut, ce cœur vieilli fut presque brisé.

53. » Trois fois la terre a renouvelé sa course, sans que l'aspect d'Oscar vînt réjouir mes yeux : Allan est ma dernière espérance, depuis la mort ou la fuite du vaillant Oscar.

54. — C'est bien, répliqua le grave étranger, et son œil, roulant dans son orbite, lançait de farou-

ches éclairs; j'apprendrais volontiers le destin de ton Oscar; peut-être le héros n'a pas péri.

55. » Peut-être, si ceux qu'il a tant aimés l'appelaient, ton Oscar reviendrait: peut-être le guerrier n'a fait qu'errer au loin; et pour lui ton *beltane* [1] peut encore brûler.

56. » Remplis le bowl tout entier, et qu'il fasse le tour de la table. Nous ne réclamerons pas ce toast par surprise : que chacun ait sa coupe pleine de vin. Bois avec moi à la santé d'Oscar absent.

57. — De tout mon cœur, dit le vieil Angus, et il remplit son gobelet jusqu'aux bords : je bois à la mémoire de mon enfant, mort ou en vie; je ne retrouverai jamais un fils comme lui.

58. — Tu as bravement porté ce toast, vieillard; mais pourquoi Allan est-il là tout tremblant? Viens, bois à la mémoire du mort, et lève ta coupe d'une main plus ferme. »

59. La rougeur éclatante du visage d'Allan fit soudain place au teint d'un fantôme; la sueur de la mort tombait en rosée glaciale.

60. Trois fois il éleva son gobelet, et trois fois ses lèvres refusèrent d'y goûter; car trois fois il surprit l'œil de l'étranger fixé sur le sien avec une mortelle indignation.

61. « Et c'est ainsi qu'un frère célèbre ici la mé-

---

[1] *Beltane tree* : arbre qu'on plante au premier mai (jour de fête dans les *Highlands*), et autour duquel on allume des feux brillans.

moire chérie d'un frère? Si la force de l'amitié a un tel effet, qu'attendrions-nous donc de la crainte? »

62. Excité par l'ironie, il éleva le gobelet : « Plût à Dieu qu'Oscar partageât aujourd'hui notre joie! » Une terreur intime glaça son ame ; il dit, et jeta la coupe à terre.

63. « C'est lui, j'entends la voix de mon meurtrier! » s'écrie un sombre spectre de feu. « La voix d'un meurtrier! » répondent les voûtes du château, et l'ouragan qui éclate grossit de plus en plus.

64. Les flambeaux pâlissent, les guerriers frissonnent, l'étranger s'en est allé. — Au milieu de la foule, on voit un spectre en tartan vert, ombre terrible, qui grandit de moment en moment.

65. Un large ceinturon attachait ses vêtemens, son panache noir ondoyait sur sa tête ; mais sa poitrine était nue, avec de rouges blessures, et morne était l'éclat de son œil, comme s'il eût été de verre.

66. Et trois fois, de son sinistre regard, il sourit à Angus, en pliant le genou ; et trois fois il lança un sombre coup-d'œil sur un guerrier tombé à terre, que la foule ne regarde plus qu'en tremblant d'horreur.

67. On entend crier les verroux d'un bout du château à l'autre ; les tonnerres mugissent dans les airs, et le fantôme, au milieu des nuages, est emporté en haut sur l'aile de la tempête.

68. La fête fut glacée, le repas interrompu. — Qui est là étendu sur la dalle? L'ame oppressée du

vieil Angus avait tout oublié; enfin son pouls bat de nouveau et le rend à la vie.

69. « Arrière, arrière! que l'art essaie de rouvrir les yeux d'Allan à la lumière. » C'en est fait de son argile, sa course est achevée; ah! jamais Allan ne se relèvera!

70. La poitrine d'Oscar est froide comme la poussière; ses cheveux sont soulevés par la brise; la flèche empennée d'Allan est restée dans son sein : il gît dans la noire vallée de Glentanar.

71. Et d'où vient le terrible étranger? Ou qui était-il ? Aucun être mortel ne peut le dire; mais on ne peut douter de la forme que revêtit le spectre de feu, car les fils d'Alva connaissaient bien Oscar.

72. L'ambition donna la force au bras d'Allan : son dard vola sur l'aile d'un démon triomphant de joie, quand l'envie agita ses brûlans tisons et répandit son venin dans le cœur du jeune homme.

73. Rapide fut le trait qui, parti de l'arc d'Allan, se souilla d'un sang abominable : le panache noir du brun Oscar est tombé; le dard fatal a tari en lui les sources de la vie.

74. C'est Mora dont le regard rendit Allan coupable; c'est elle qui fit révolter son orgueil blessé. Hélas! ces yeux qui étincelaient des rayons de l'amour devaient pousser une ame à un crime infernal.

75. Regarde, ne vois-tu pas un tombeau solitaire qui s'élève sur la cendre d'un guerrier? il brille d'un

éclat sombre à travers le crépuscule : c'est le lit de noces d'Allan.

76. C'est loin, bien loin du noble sépulcre qui renferme les mânes illustres de son clan. Nulle bannière ne flotte au-dessus de ses restes, car elle serait souillée du sang fraternel.

77. Quel ménestrel aux cheveux gris, quel barde aux blancs cheveux célébrera, sur la harpe, les exploits d'Allan ? Le chant du poète est la plus belle récompense de la gloire ; mais qui peut chanter les louanges d'un meurtrier ?

78. La harpe doit rester immobile, insonore : nul ménestrel n'ose réveiller cette histoire ; sa main paralysée se glacerait en punition de sa faute, et les cordes de sa harpe se briseraient.

79. Aucune lyre illustre, aucun hymne solennel ne répandra sa gloire dans le monde. Quel en serait l'écho ? la malédiction amère d'un père expirant, le gémissement d'un frère assassiné !

XVII.

AU DUC DE DORSET.

AVANT-PROPOS DE L'AUTEUR.

En faisant la revue de mes papiers, afin d'y choisir quelques nouveaux poèmes pour cette seconde édition, je trouvai les vers suivans, que j'avais totalement oubliés. Je les avais

composés dans l'été de 1805, peu de tems avant mon départ
de Harrow-on-the-Hill. C'est une pièce adressée à un jeune
condisciple de haut rang, qui m'avait souvent accompagné
dans les courses que je faisais dans le voisinage : il n'a cependant jamais vu ces vers, et très-probablement ne les verra
jamais. Comme, en les relisant, je ne les ai pas trouvés pires
que quelques autres pièces de ce recueil, je les publie aujourd'hui pour la première fois, après de fort légères cor-
rections.

D.r..t! dont le jeune âge unit ses pas aux miens,
pour explorer les sentiers de la clairière de l'Ida [1];
toi, que l'affection m'apprit à protéger toujours, et
te fit de moi un ami plutôt qu'un tyran, quoique
les usages sévères de notre école t'eussent prescrit
l'obéissance et m'eussent donné le commandement [2];
toi, sur qui vont pleuvoir, dans quelques années,
les richesses et les honneurs, aujourd'hui même tu
possèdes un nom illustre, placé haut dans le monde
et non loin du trône. Cependant, D.r..t, ne laisse
pas séduire ton ame, au point de fuir les beautés de
la science ou de secouer toute espèce de joug, bien
que des maîtres faibles [3], craignant de blâmer l'en-

---

[1] Le nom d'Ida est donné, par antonomase, à Harrow-on-the-Hill, où
Byron s'était trouvé dans la même école que le duc de Dorset.

(*N. du Tr.*)

[2] Dans les écoles publiques, les jeunes gens sont entièrement subor-
donnés aux classes supérieures, jusqu'à ce qu'ils y aient pris place eux-
mêmes : nul rang social n'exempte de cette espèce de noviciat.

[3] Je déclare n'avoir eu en vue aucune allusion personnelle, même la

fant titré qui, un jour, distribuera des grâces, regardent les erreurs du duc avec trop d'indulgence, et ferment les yeux sur des fautes qu'ils tremblent de châtier.

Quand de jeunes parasites qui fléchissent le genou devant la richesse, leur idole dorée, et non pas devant toi, car un enfant même, à l'aurore de sa grandeur, trouve des esclaves qui le flattent et le cajolent; quand ils te diront « que la pompe devrait seule environner le jeune homme prédestiné par sa naissance à être si grand; que les livres ne sont faits que pour de pauvres diables; que les nobles esprits méprisent les règles communes, » ne les crois point, — ils te marquent le chemin de la honte, et cherchent à ternir l'honneur de ton nom; reviens vers ce petit nombre d'écoliers de l'Ida, dont les ames ne dédaignent pas de condamner ce qui est mal; ou si, parmi les camarades de ta jeunesse, aucun n'ose élever la voix sévère de la vérité, interroge ton propre cœur! il te dira: « Jeune homme, abstiens-toi, » car je sais bien que la vertu y demeure.

Oui, je t'ai observé dans plus d'une journée; mais, aujourd'hui, de nouveaux objets m'appellent ailleurs. Oui, j'ai observé, dans cet esprit généreux, des sentimens qui, mûris avec soin, feront le bon-

plus éloignée. Je mentionne simplement, d'une manière générale, ce qui n'est que trop souvent vrai, la faiblesse des précepteurs.

heur de tes semblables. Ah! quoique la nature m'ait fait moi-même altier et sauvage, que l'indiscrétion m'ait nommé son enfant favori; quoique toute erreur me marque de son sceau et me condamne à tomber, cependant je voudrais bien tomber seul : quoique nul précepte ne puisse aujourd'hui dompter mon cœur hautain, j'aime encore les vertus dont je ne puis me faire honneur à moi-même.

Ce n'est point assez de briller avec les autres fils du pouvoir, comme le folâtre météore d'une heure, de remplir, ô faible orgueil! une page des annales de la pairie avec de longs titres qui ne figurent plus loin dans aucune autre page; partage donc la commune destinée de la foule titrée, admiré durant ta vie, oublié dans le sépulcre, lorsque rien ne te distinguera des morts vulgaires, sinon la lourde et froide pierre qui couvrira ta tête, l'écusson tombant en poudre, ou le chef-d'œuvre de l'art héraldique, ce blason bien armorié mais négligé, où les lords, que rien n'a illustrés, trouvent, dans la tombe, tout juste assez de place pour laisser après eux un nom sans gloire. Ils dorment là, ignorés comme les sombres voûtes qui cachent leur poussière, leurs folies et leurs fautes : race dont les vieilles armoiries, les vieux titres sont couchés dans des registres destinés à n'être jamais lus. Oh! que je voudrais, d'un regard prophétique, te voir prendre une place élevée parmi les bons et les sages, poursuivre une glorieuse et longue carrière, le premier en talent comme en rang, fouler aux pieds tous les vices, fuir toute basse action ; enfin, n'être plus le mignon de la fortune, mais son plus noble fils.

Parcours les annales des anciens jours, lis les faits éclatans de tes premiers aïeux. Un d'eux [1], tout courtisan qu'il était, fut un homme de rare mérite, et eut la gloire de donner le jour au drame anglais. Un autre [2], non moins renommé pour son esprit, n'est déplacé ni à la cour, ni dans les camps, ni dans le sénat; vaillant sur le champ de bataille, favori des neuf sœurs, destiné à briller dans toute haute sphère; distingué de la foule dorée, il fut l'orgueil des princes et l'honneur de la poésie. Tels furent tes pères; porte donc ainsi leur nom, héritier non-seulement de leurs titres, mais encore de leur gloire. L'heure approche; quelques jours encore, et ce petit théâtre de joies et de douleurs sera fermé pour moi. Chaque moment m'avertit de renoncer à ces ombrages, où l'espérance, la paix et l'amitié faisaient

---

[1] « Thomas Sackville, lord Buckurst, créé comte de Dorset par Jacques Ier, fut une des premières et des plus brillantes gloires de la poésie nationale, et, le premier, il donna un drame régulier. »

(Anderson's *British poets*.)

[2] Charles Sackville, comte de Dorset, regardé comme l'homme le plus accompli de son tems, se distingua également à la cour si voluptueuse de Charles II, et à la cour si sombre de Guillaume III. Il se comporta en brave au combat naval livré, en 1665, contre les Hollandais, un jour avant qu'il composât son célèbre poème. Son caractère a été peint avec les plus vives couleurs par Dryden, Pope, Prior et Congrève.

(Voy. Anderson, *British poets*.)

tout mon bien; l'espérance qui variait comme les couleurs de l'arc-en-ciel, et qui dorait les ailes rapides du tems; la paix, que n'éloigna jamais la sombre réflexion, en rêvant les orages des jours à venir; l'amitié, dont l'enfance connaît seule le sincère langage. Hélas! ils n'aiment point assez longtems ceux qui aiment si bien. Adieu donc, séjour de mon jeune âge! Et n'adressons pas à ce théâtre chéri un long et pénible adieu, comme fait l'exilé à son rivage natal, dont il s'écarte lentement sur la surface de l'abîme azuré, et qu'il regarde d'un œil attristé, mais incapable de pleurer.

D.r..t! adieu! Je ne demanderai point d'un si jeune cœur un sentiment de triste souvenance; la matinée de demain chassera mon nom de ta jeune mémoire, et n'en laissera aucune trace. Et néanmoins, peut-être, dans un âge plus mûr, puisque le hasard nous a jetés dans la même sphère, puisque le même sénat, la même cause peut réclamer un jour notre suffrage pour l'état, nous nous rencontrerons là, et passerons l'un à côté de l'autre avec un œil indifférent, avec un regard froid et lointain. Pour moi, à l'avenir, ni ennemi ni ami, étranger à toi, à ton bonheur ou à ton infortune, je n'espère plus repasser en souvenir avec toi le cours de nos premières années; je n'aurai plus, comme naguère, la joie de passer mes heures dans ta compagnie; je n'entendrai plus, que dans la foule, ta voix si familière à mon oreille. Cependant, si les vœux d'un cœur inhabile à déguiser ses sentimens, que peut-être il aurait dû renfermer, si ces vœux..... (mais il faut finir cette longue épître). Ah! si ces vœux ne sont point exprimés en vain, le séraphin, gardien et guide de ta destinée, te laissera aussi illustre qu'il te trouva grand.

TRADUCTIONS ET IMITATIONS.

Il est évident que nous n'avons pas dû traduire cette partie des *Heures de loisir*; voici seulement la liste des diverses pièces traduites par Lord Byron :

1° Apostrophe d'Adrien à son ame, sur son lit de mort :

Animula! vagula, blandula, etc.

2° Traduction d'une épître de Catulle : *Ad Lesbiam.*

3° Traduction de l'*Épitaphe de Virgile et de Tibulle*, par Domitius Marsus.

4° Traduction de Catulle : *Luctus de morte passeris.*

5° Imitation de Catulle : *Les Baisers.*

6° Traduction d'Anacréon : *A sa lyre;* θέλω λέγειν Ἀτρείδας.

7° Ode III du même : *L'Amour mouillé.*

8° Fragmens d'exercices classiques, traduits du *Prométhée enchaîné* d'Eschyle. (*Harrow-on-the-Hill,* Dec. 1, 1804.)

9° Paraphrase de l'épisode de Nisus et Euryale, *Énéid.*, liv. ix.

10° Traduction d'un chœur de la *Médée* d'Euripide.

PIÈCES FUGITIVES.

I.

PENSÉES
SUGGÉRÉES PAR UN EXAMEN DE COLLÉGE (1806).

Au milieu de l'assemblée, entouré de sa cour des pairs, Magnus [1] élève son front ample et sublime ; placé sur le fauteuil de président, il semble un dieu qui, d'un signe, fait trembler les vétérans et les nouveaux [2]. Lorsque tous, autour de lui, observent sur leurs siéges le plus sombre silence, sa voix de tonnerre ébranle le dôme retentissant, en adressant de sévères reproches aux misérables peu habiles à s'évertuer aux mystères mathématiques. Heureux le jeune homme versé dans les axiômes d'Euclide, quoi-

---

[1] Je n'entends donner lieu à aucune réflexion défavorable à celui que je mentionne sous le nom de Magnus : il est simplement représenté comme accomplissant une fonction indispensable de sa charge. D'ailleurs le ridicule retomberait sur moi, puisque ce *gentleman* est aujourd'hui aussi distingué par son éloquence et par la dignité avec laquelle il remplit sa place, qu'il l'était dans ses jeunes années par son esprit et sa bonne humeur.

[2] *Sophs and freshmen* : les *sages* et les *nouveaux*, termes consacrés, à Cambridge, pour désigner les étudians de première et de seconde année. (*N. du Tr.*)

que faible d'ailleurs dans tout autre art! Heureux celui qui, sachant à peine écrire un vers anglais, scande les mètres attiques avec le coup-d'œil d'un critique! Comment donc? Il ne sait pas comment périrent ses aïeux, lorsque nos discordes civiles entassaient les morts dans les champs, lorsqu'Édouard guidait ses troupes conquérantes, ou que Henri foulait aux pieds l'orgueil de la France; il s'étonne au nom de la Grande Charte; mais il récapitule fort bien les lois de Sparte; il peut dire quels édits fit le sage Lycurgue, tandis qu'il a laissé sur la planche de sa bibliothèque le livre de Blackstone; il vante la gloire immortelle des drames grecs, lorsqu'il se rappelle à peine le nom du barde de l'Avon.

Tel est le jeune homme, dont le cerveau scientifique obtiendra les honneurs scholaires, les médailles, les bourses, ou peut-être même le prix de déclamation, s'il élève ses regards jusques à ce faîte glorieux. Mais ce n'est point un talent ordinaire qui peut espérer d'atteindre à cette coupe d'argent si enviée: non pas que nos esprits exigent beaucoup d'éloquence, le style brûlant de l'orateur athénien ou le feu de Cicéron; une matière claire ou animée est inutile, puisque nous n'essayons pas de convaincre par la parole. Que d'autres orateurs soient fiers du talent de plaire, nous parlons pour nous plaire à nous-mêmes, et non pour émouvoir la multitude: notre gravité préfère le ton du murmure, un mélange approprié du cri et du gémissement; aucune grâce ne doit être empruntée de l'action ; le geste le plus léger déplairait au doyen, et tous les gradués ébahis clabauderaient contre ce qu'ils ne pourraient jamais imiter.

L'homme qui espère obtenir la coupe promise doit se tenir toujours dans la même posture, et ne jamais lever les yeux, ni s'arrêter, mais manger chaque mot, peu importe qu'on n'entende rien. Qu'il se presse donc sans songer au repos; qui parle le plus vite est certain de parler le mieux; qui prononce le plus de mots dans le plus court espace de tems, peut espérer à coup sûr de gagner le prix à cette course de paroles.

Voilà donc les enfans de la science, ceux qui, récompensés ainsi, vieillissent a l'aise sous les tranquilles ombrages de Granta [1] ! Là, sur les bords marécageux du Cam [2], ils demeurent oisifs, vivent sans réputation, sans honneur, — meurent sans être pleurés. Sourds comme les portraits qui ornent leurs salles, ils croient que tout savoir est renfermé dans leurs murs. Grossiers dans leurs mœurs, exacts à de sottes formalités, ils affectent de dédaigner tous les arts modernes ; mais ils prisent les notes de Bentley, de Brunck [3] ou de Porson [4], beaucoup plus que le

---

[1] Nom poétique de Cambridge. (*N. du Tr.*)

[2] Le Cam, rivière de Cambridge. (*N. du Tr.*)

[3] Critiques célèbres.

[4] Professeur actuel de langue grecque au collége de la Trinité, à

vers commenté par le critique. Vains comme leurs honneurs, lourds comme leur ale, tristes comme leur esprit, et ennuyeux comme leurs récits; morts à l'amitié, quoiqu'ils sachent encore être sensibles, alors que leur intérêt ou celui de l'église requiert un zèle fanatique. Ils vont en grande hâte faire leur cour au maître du pouvoir, soit que Pitt ou Petty règle l'heure des audiences [1]. Ils inclinent leurs têtes devant lui, avec un sourire suppliant, lorsque les mitres sont étalées en perspective à leurs yeux; mais s'il était renversé par l'orage de la disgrâce, ces hommes voleraient à la rencontre de son successeur. Tels sont ceux qui gardent les trésors du savoir; telle est leur coutume, telle est leur récompense. Au moins pouvons-nous nous hasarder à dire que la prime ne peut excéder leur déboursé.

II.

AU COMTE DE ***.

Tu semper amoris
Sis memor, et cari comitis ne abscedat imago.

(VALÉRIUS FLACCUS.)

1. Ami de ma jeunesse! Quand nous errions ensemble, écoliers l'un de l'autre aimés, embrasés

---

Cambridge; homme dont les hautes facultés et les écrits justifient peut-être une pareille préférence.

[1] Depuis que ces vers ont été écrits, lord H. Petty (aujourd'hui mar-

de l'amitié la plus pure ; le bonheur qui emportait sur son aile ces heures de roses était une pluie de délices, telle qu'il en tombe rarement sur les mortels d'ici-bas.

2. Le souvenir seul m'est plus cher que toutes les joies que j'aie jamais connues. Loin de vous, c'est une peine ; mais c'est encore une peine agréable que de repasser en mémoire ces jours et ces heures, et de soupirer encore le mot d'adieu !

3. Ma pensée mélancolique se nourrit de ces scènes dont je ne jouirai plus, de ces scènes que je regretterai toujours ; la mesure de notre jeunesse est comblée, le rêve du soir de la vie est sombre et noir. Nous rencontrerons-nous ?... Ah ! jamais !

4. Comme deux fleuves, enfans d'une même fontaine, en vain sortent ensemble d'une commune source, bientôt, divergeant de cette unique origine, suivent chacun, en murmurant, une route diverse, jusqu'à ce qu'ils se confondent dans l'Océan :

5. Ainsi, nos vies désormais couleront séparées ; leurs ondes, heureuses ou funestes, quoique voisines, hélas ! ne se mêleront plus comme naguère ; rapides ou lentes, noires ou limpides, elles arriveront au gouffre sans fond de la mort, pour quitter à jamais le rivage.

6. Nos ames, ô mon ami ! qu'animait auparavant

quis de Lansdown) a perdu sa place, et subséquemment, j'allais dire conséquemment, l'honneur de représenter l'université : un fait si clair n'a pas besoin de commentaire.

un seul désir, qui vivaient de la même pensée, sont aujourd'hui entraînées dans des sphères différentes. Dédaignant les humbles amusemens de la campagne, c'est votre destin de vous mêler à une cour élégante, et de briller dans les annales de la mode.

7. Le mien est de perdre mon tems à l'amour, ou d'exhaler mes rêveries en rimes, sans le secours de la raison; car le bon sens et la raison, au su et au vu des critiques, ont abandonné tout poète amoureux, et ne se sont laissés saisir par aucune de ses pensées.

8. Pauvre Little [1]! barde à la voix douce et mélodieuse! On vient de traiter tes sublimes chants comme œuvres monstrueuses: celui qui dévoila les secrets de l'amour devait être stigmatisé par les terribles *Reviewers*, comme un être sans esprit et sans mœurs [2].

9. Et cependant, lorsque tu as en partage les éloges de la beauté, ne te plains pas de ton lot, harmonieux favori des neuf sœurs : on lira encore tes lays délicieux, quand le bras de la persécution sera mort et que les critiques seront oubliés.

10. Pourtant, je dois accorder quelque mérite à ces dignes personnages qui châtient avec une im-

---

[1] *Little* (petit, enfant), nom sous lequel Thomas Moore publia ses poésies érotiques.

(*N. du Tr.*)

[2] Ces stances furent écrites peu de tems après qu'une *Revue* du nord eût inséré une critique sévère sur une nouvelle publication de l'Anacréon anglais, Thomas Moore.

placable ardeur les mauvais vers et ceux qui les composent; et quoique je puisse moi-même être le premier en proie aux sarcasmes des critiques, certes je ne me battrai point avec eux [1].

11. Peut-être feraient-ils tout aussi bien d'écraser la lyre d'un tel commençant, cette lyre aux sons âpres et rudes : celui qui offense si impertinemment à dix-neuf ans, avant trente deviendra, je gage, un pécheur endurci.

12. Maintenant, je reviens à vous, et certes, je vous dois des excuses. Recevez donc mon apologie : en vérité, cher —, dans l'essor de mon imagination, je vole à droite et à gauche; ma muse aime la digression.

13. Je vous disais, ce me semble, que votre destin serait d'ajouter une étoile au royal empyrée; puisse un royal sourire vous accueillir ! Sous le règne d'un noble monarque, vous ne chercheriez pas en vain ce sourire, si le mérite vous sert de recommandation.

14. Mais la cour abonde en périls; de perfides rivaux y étalent un éclat trompeur. Puissent les saints vous garantir de leurs piéges ! Puisse votre amour ou votre amitié ne demander une tendre affection qu'à ceux qui seront le plus dignes de vous.

---

[1] Un poète (*horresco referens*) défia son *reviewer* à un combat à mort. Si cet exemple prévalait, nos censeurs périodiques devraient se plonger dans le Styx; car comment se sauveraient-ils autrement de la nombreuse armée de leurs assaillans furieux?

15. Puissiez-vous ne pas vous écarter un moment du sûr et droit chemin de la vérité; n'être jamais leurré par l'appât des plaisirs! Puissent vos pas imprimer leur trace sur les roses; vos sourires être toujours des sourires d'amour; vos larmes, des larmes de joie!

16. Oh! si vous souhaitez que le bonheur charme vos jours et vos années à venir, et que les vertus couronnent votre front, soyez toujours ce que vous étiez, aussi pur que je vous ai connu; soyez toujours ce que vous êtes aujourd'hui.

17. Une part légère de gloire, qui viendrait réjouir mes ans à leur déclin, me serait alors doublement chère; mais lorsque je bénis votre nom chéri, je renoncerais à la renommée du poète pour être au moins ici un prophète.

III.

GRANTA, MACÉDOINE (1806).

Ἀργυρίαις λόγχαισι μάχου καὶ πάντα κρατήσαις.

1. Oh! si le miracle du démon de Lesage [1] pouvait se réaliser à mon gré, Asmodée, cette nuit, soulèverait mon corps tremblant dans les airs, et irait le placer sur le clocher de Sainte-Marie.

---

[1] *Le Diable Boiteux* de Lesage; le démon Asmodée place Don Cléophas sur un lieu élevé, et découvre à ses regards l'intérieur des maisons.

2. Là, il me montrerait les salles de l'antique Granta, dont les toits découverts n'arrêteraient plus mes regards, pleines d'habitans pédantesques, gens rêvant le surplis de linon ou la stalle d'honneur qui doivent être la proie de leur vote vénal.

3. Là, je verrais les concurrens rivaux, Petty et Palmerston aux aguets, cabaler de toute leur puissance pour le prochain jour d'élection.

4. Quoi? candidats et votans, troupe sainte, tous sont dans les bras du sommeil; c'est une race renommée pour sa piété, et dont les remords ne troublent jamais le repos.

5. Lord Henri [1] ne peut avoir un doute; les votans sont personnes sages et réfléchies; ils savent bien que les promotions ne peuvent arriver que rarement et de tems en tems.

6. Ils savent que le chancelier a maintenant quelques jolis bénéfices à sa disposition; chacun d'eux espère en avoir un en partage, et sourit par conséquent à ses offres.

7. Maintenant que la nuit s'avance, je détourne mes yeux de cette scène soporifique pour voir, sans être le moins du monde aperçu, les studieux enfans de l'*Alma mater* [2].

8. Là, dans une chambre étroite et humide, le

---

[1] Henri Petty. (*N. du Tr.*)

[2] *Alma mater* (mère bienfaisante), mot consacré pour désigner l'université. (*N. du Tr.*)

candidat pour les prix de collége travaille, le nez sur ses cahiers, à la clarté d'une lampe nocturne, se couche tard et se lève matin.

9. Certes, il mérite bien de gagner ces prix avec tous les honneurs de son collége, celui qui, faisant de si pénibles efforts pour les obtenir, court ainsi après un stérile savoir;

10. Celui qui sacrifie ses heures de repos pour scander avec précision les mètres attiques, ou fatigue sa cervelle agitée à résoudre des problèmes mathématiques;

11. Celui qui lit des fautes de quantité dans Sele [1], ou qui se met la tête à la torture sur un triangle énigmatique; qui, privé souvent d'un repas salutaire, est condamné à disputer dans un latin barbare [2],

12. Qui renonce aux pages agréables et utiles des écrivains historiques, et préfère à la littérature le carré de l'hypoténuse [3].

13. Mais du moins ces occupations sont innocentes, et ne font de mal qu'au pauvre étudiant; elles sont louables en comparaison d'autres récréations qui rassemblent la troupe imprudente.

---

[1] L'ouvrage de Sele sur les mètres grecs fait preuve d'un talent et d'une sagacité rares; mais, comme on doit s'y attendre dans un genre de travail si difficile, n'est pas remarquable pour l'exactitude.

[2] Le latin des écoles est de l'espèce canine (*canina species*), et fort peu intelligible.

[3] Théorème découvert par Pythagore : le carré de l'hypoténuse du triangle rectangle est égal à la somme des carrés des deux autres côtés.

14. Comme la vue est choquée de leurs débauches désordonnées, lorsqu'ils unissent le vice et l'infamie, lorsque l'ivresse et les dés les entraînent, lorsque tous leurs sens sont noyés dans le vin !

15. Telle n'est pas la bande des méthodistes, qui méditent des plans de réforme : ceux-ci invoquent le Seigneur dans une humble attitude, et prient pour les péchés d'autrui.

16. Mais ils oublient que leur esprit d'orgueil, leur triomphante fierté dans cette vie d'épreuves, diminue grandement le mérite de cette abnégation dont ils se targuent si fort.

17. C'est le matin. — Je détourne ma vue de ce spectacle. — Que rencontre alors mon regard ? Une foule nombreuse, vêtue de blanc [1], traverse la pelouse à pas mesurés.

18. La cloche de la chapelle retentit à grand bruit dans les airs ; elle se tait : — quels sons entends-je alors ? Les accords doux et célestes de l'orgue pénètrent mon oreille attentive.

19. A cela se joint l'hymne sacré, le chant solennel du roi poète ; et toutefois, lorsqu'on entend long-tems cette musique, on ne désire pas l'entendre une seconde fois.

20. Nos chœurs seraient à peine excusables, même comme troupe de commençans novices : tout

---

[1] Le jour de la fête d'un saint, les étudians portent des surplis dans la chapelle.

pardon, maintenant, doit être refusé à un tel synode de pécheurs croassans.

21. Si David, après avoir achevé sa tâche sublime, eût entendu ces lourdauds chanter en sa présence, jamais ses psaumes ne seraient descendus jusqu'à nous : il les eût déchirés tout en fureur.

22. Les malheureux Israélites, dans leur captivité, étaient, par l'ordre d'un tyran inhumain, obligés de chanter, le cœur plein d'amertume, sur les bords du fleuve de Babylone.

23. Oh! s'ils eussent chanté sur un ton semblable, soit par ruse, soit par crainte, ils auraient pu rassurer leurs esprits; du diable si une ame eût voulu les entendre!

24. Mais si je griffonne le papier encore davantage, au diable si une ame voudra me lire : ma plume est émoussée, mon encre à sec; il est en vérité tems de m'arrêter.

25. Adieu donc, Granta aux vieux clochers! Je ne voltige plus comme Cléophas; tes scènes n'inspirent plus ma muse; le lecteur est fatigué, et moi aussi.

IV.

LACHIN Y GAIR.

AVANT-PROPOS DE L'AUTEUR.

Lachin y Gair, ou, comme on le prononce en langue erse, Loch na Garr, s'élève comme une orgueilleuse tour dans les Highlands du nord, près d'Invercauld. Un de nos modernes *tourists* en parle comme de la plus haute montagne de la Grande-Bretagne; quoi qu'il en soit, c'est à coup sûr une des plus aériennes et des plus pittoresques de nos *Alpes calédoniennes*. L'aspect en est d'une teinte sombre, mais le sommet est le siége de neiges éternelles. Je passai près de Lachin y Gair une partie de mes premières années, et c'est le souvenir de ce tems qui a donné naissance aux stances suivantes.

---

1. Arrière, gais paysages, et vous, jardins de roses! Que les mignons du luxe se promènent au milieu de vous. Qu'on me rende ces rocs où l'avalanche repose, séjour sacré de la liberté et de l'amour. Oui, Calédonie, tes montagnes me sont chères, quoique les élémens se livrent la guerre autour de leurs blanches cimes; oui, quoique au lieu de sources paisibles mugissent les cataractes écumantes, je soupire après la vallée du sombre Loch na Garr.

2. Ah! c'est là que mes pas errèrent dans mon enfance; j'avais la toque pour coiffure, et pour manteau le plaid [1]. Pendant que je faisais ma course quotidienne sous l'ombrage des pins, ma pensée contemplait ces chefs de clans, morts autrefois sur le champ de bataille; je ne regagnais le foyer domestique qu'après que l'éclat mourant du jour eut fait place aux rayons de la brillante étoile polaire : car mon imagination se complaisait dans les traditions que me racontaient les habitans indigènes du sombre Loch na Garr.

3. Ombres des morts! n'ai-je pas entendu vos voix s'élever avec le souffle de la brise murmurante du soir? Certes, l'ame heureuse du héros parcourt, sur l'aile du vent, la vallée qui fut son domaine; autour de Loch na Garr, tandis que les vapeurs de l'ouragan s'amoncellent, l'hiver préside dans son char de glaces; les nuages y environnent les ombres de mes pères, qui séjournent dans les tempêtes du sombre Loch na Garr.

4. Hommes vaillans, nés sous une étoile funeste [2], des visions prophétiques ne vous annon-

---

[1] Ce mot est vicieusement prononcé *plad* : la vraie prononciation, conforme à celle d'Écosse, est connue par l'orthographe.
(*Note de Lord Byron.*)

— Byron fait cette remarque, juste d'ailleurs, parce qu'il fait rimer *plaid* avec *glade* (ombrage).
(*N. du Tr.*)

[2] Je fais ici allusion à mes ancêtres maternels, les Gordon, dont plusieurs combattirent pour l'infortuné prince Charles, plus connu sous le nom de Prétendant. Cette branche était presque alliée aux Stuarts par

cèrent-elles pas que le destin avait abandonné votre cause? Hélas! destinés à mourir à Culloden [1], la victoire n'entoura point votre mort d'applaudissemens! mais vous êtes heureux, tout ensevelis que vous êtes dans le sommeil de la mort. Vous reposez avec votre clan dans les cavernes de Braemar [2]. Vos hauts faits, célébrés au son du pibroch [3], par la voix grave du chanteur montagnard, frappent les échos du sombre Loch na Garr.

5. Que d'années ont fui, Loch na Garr, depuis que je t'ai quitté! Que d'années s'écouleront encore avant que tu reçoives la trace de mes pas! La nature t'a déshérité de verdure et de fleurs : mais qu'importe? tu m'es encore plus cher que les plaines d'Albion. Angleterre! tes beautés sont fades et bourgeoises aux yeux de celui qui erra au loin sur les montagnes. Oh! gloire aux cimes sauvages et majestueuses! Gloire aux rocs escarpés et sourcilleux du sombre Loch na Garr.

---

le sang comme par l'affection. Georges, second comte de Huntley, épousa la princesse Annabella Stuart, fille de Jacques Ier d'Écosse; il laissa d'elle quatre fils, dont j'ai l'honneur de compter le troisième, sir William Gordon, au nombre de mes ancêtres.

[1] Je ne suis pas certain si quelqu'un d'eux périt à la bataille de Culloden; mais comme plusieurs succombèrent dans l'insurrection, j'ai usé du nom de la principale action, *pars pro toto*.

[2] Région des Highlands ainsi appelée : il y a aussi un château de Braemar.

[3] Nom de la cornemuse écossaise. (*Note de Lord Byron.*)

— Erreur de Byron, amèrement relevée par la *Revue d'Édimbourg*. Le pibroch est proprement un air de cornemuse.

(*N. du Tr.*)

V.

AU ROMAN.

1. Mère des rêves dorés, ô muse du roman! reine sacrée des joies enfantines! toi qui guides au milieu de danses aériennes ton fidèle cortége de jouvencelles et de jeunes garçons; enfin, tes charmes ne me retiennent plus, je brise les fers de mon premier âge, je ne prends plus part à ta ronde mystérieuse; mais j'abandonne tes royaumes pour ceux de la vérité.

2. Et pourtant il est pénible de laisser les rêves qui habitent l'ame libre de toute défiance, qui nous font voir chaque nymphe comme une déesse dont les yeux rayonnent d'immortelles flammes, lorsque l'imagination tient son sceptre tout-puissant, et qu'elle embellit tout de mille couleurs variées, lorsque les vierges ne semblent plus une chimère, que tout est vrai, jusques aux sourires de la femme.

3. Mais devons-nous avouer que tu n'es qu'un nom; et descendus de ton palais de nuées, ne plus trouver une Sylphide dans chaque dame, un Pylade [1] dans chaque ami? laisser tes royaumes aé-

---

[1] Il est à peine nécessaire d'annoter que Pylade fut le compagnon d'Oreste et un héros de ces amitiés célèbres qui, avec celles d'Achille et Patrocle, Nisus et Euryale, Damon et Pythias, ont été transmises à la postérité, comme des exemples remarquables d'un attachement qui, suivant toute probabilité, n'a jamais existé hors de l'imagination du poète et de la page d'un historien ou d'un romancier moderne.

riens à la troupe des fées; avouer enfin que la femme est aussi fausse que belle, et que les amis ont de la sensibilité — pour eux seuls?

4. Je l'avoue avec honte, j'ai senti ta puissance: je me repens aujourd'hui, ton règne est passé, je n'obéirai plus à tes préceptes, je ne m'élancerai plus sur les ailes de l'imagination. Pauvre sot! aimer un œil étincelant, et croire cet œil cher à la vérité; se confier à la première coquette qui soupire, et mollir devant la coquette qui pleure.

5. O muse trompeuse! Dégoûté de tes illusions, je fuis loin de ta cour bigarrée, où siégent l'affectation et la languissante sensibilité, dont les sottes larmes ne peuvent jamais couler pour d'autres douleurs que pour les tiennes; qui se détourne des maux réels pour baigner de pleurs tes pompeuses idoles.

6. Unis-toi maintenant à la sympathie, vêtue de noir, couronnée de cyprès, qui niaisement soupire avec toi, dont le cœur saigne pour toutes les ames; appelle ta cour féminine et champêtre pour pleurer un adorateur perdu à jamais, qui jadis put brûler d'une ardeur égale, mais ne s'incline plus aujourd'hui devant ton trône.

7. Et vous, tendres nymphes, dont les larmes sont prêtes à couler à grands flots en toute occasion, dont les cœurs gémissent sous le poids de craintes imaginaires, et brûlent d'imaginaires délires: dites, pleurerez-vous mon nom absent, pleurerez-vous un apostat de votre aimable cortége? Un barde enfant

peut du moins réclamer de vous quelques accens de sympathie.

8. Adieu, troupe folâtre; adieu pour toujours! L'heure du destin approche; déjà paraît le gouffre où vous devez être englouties sans causer de regrets: je vois le lac noir de l'oubli, agité par des vents que vous ne sauriez apaiser, abîme où vous et votre gracieuse souveraine devez, hélas! périr ensemble.

VI.

ÉLÉGIE SUR L'ABBAYE DE NEWSTEAD[1].

> *It is the voice of years that are gone! They roll before me with all their deeds.*
>
> (OSSIAN.)
>
> C'est la voix des ans qui sont passés! Ils roulent devant moi avec tous leurs événemens.

1. Newstead! que le tems dévore si vite! séjour autrefois si brillant! asile de la religion, gloire de Henri repentant[2]! Cloître, qui renfermes les tombes de tant de guerriers, de moines et de nobles dames, dont les ombres mélancoliques rôdent autour de tes ruines!

2. Salut! édifice plus honoré dans ta décadence que nos modernes demeures encore debout sur leurs

---

[1] Comme un poème sur ce sujet est imprimé au commencement du recueil, l'auteur n'eut pas primitivement l'intention d'y insérer celui-ci: en l'y ajoutant aujourd'hui, il cède au désir de quelques amis.

[2] Henri II fonda Newstead peu après l'assassinat de Thomas Becket.

colonnes! L'orgueil majestueux de tes voûtes porte un sombre défi aux orages de la destinée.

3. Je ne chante pas les serfs[1] qui, revêtus de leurs cottes de mailles, pour obéir à leur suzerain, demandent, dans un sombre appareil, la croix d'écarlate[2], ou s'assemblent pleins d'allégresse autour de la table du festin, fidèles soldats de leur chef, bande vaillante et immortelle.

4. Autrement, le magique regard de l'imagination pourrait suivre leur marche à travers le cours du tems, et contempler toute cette ardente jeunesse, destinée à mourir sous le ciel de la Judée, pour accomplir le pélerinage dont elle fit vœu.

5. Mais ce n'est pas de tes noires murailles, ô Newstead! que le baron part pour la guerre; son domaine féodal est dans d'autres contrées. Dans ton enceinte, la conscience déchirée cherche le repos et fuit l'éclat importun du jour.

6. Oui, dans tes obscures cellules et sous tes ombrages profonds, le moine abjura un monde qu'il ne pouvait plus revoir; — le crime, taché de sang, vint, en son repentir, chercher la consolation, et l'innocence échappa à la tyrannie de ses oppresseurs.

7. Un monarque ordonna que tu t'élevasses près

---

[1] Ce mot est employé par Walter-Scott dans son poème: *The wild Huntsman* (le *Chasseur sauvage*), comme synonyme de *vassal*.
(*Note de Lord Byron.*)

— Les mots anglais sont comme en français: *serf*, *vassal*. Tous nos lecteurs en connaissent la différence.
(*N. du Tr.*)

[2] La croix de drap rouge était le signe des croisés.

de ces bois déserts, où jadis les bannis de Sherwood avaient coutume de rôder ; et les crimes de la superstition, à couleurs si diverses, trouvèrent un abri sous le froc protecteur du prêtre.

8. Où maintenant croît l'herbe mouillée de rosée, humide vêtement de l'argile dont la vie s'est éteinte, là jadis les révérends pères vivaient en odeur de sainteté, et n'élevaient leurs voix pieuses que pour prier.

9. Où maintenant la chauve-souris agite ses larges ailes, aussitôt que le crépuscule [1] étend son ombre sur le jour qui s'évanouit ; là jadis le chœur unit ses chants pour les vêpres, ou paya le tribut des matines à la Sainte-Vierge Marie [2].

10. Les ans suivent les ans : les siècles chassent les siècles ; les abbés se succèdent l'un à l'autre sans interruption : la charte de la religion est leur égide, jusqu'à ce qu'un royal sacrilége ait décrété leur condamnation.

11. Un Henri [3], de pieuse mémoire, éleva ces gothiques murailles, et donna à leurs saints habi-

---

[1] Byron, pour dire *crépuscule*, s'est servi du mot écossais *gloaming* ; il fait à ce sujet la remarque suivante : — Comme *gloaming*, mot écossais pour *twilight*, est plus poétique, et a été recommandé par plusieurs littérateurs éminens, particulièrement par le docteur Moore, dans ses *Lettres à Burns*, je me suis hasardé à l'employer en raison de son harmonie.

[2] Le prieuré était dédié à la Vierge.

[3] A l'époque de la suppression des monastères, Henri VIII conféra l'abbaye de Newstead à sir John Byron.

tans le repos et la paix ; un autre Henri révoque ce généreux bienfait, et fait taire les sacrés accens de la dévotion.

12. Vaine est la menace ou la suppliante prière ! Il les chasse de leur fortuné séjour ; les condamne à errer dans un monde odieux, proscrits, désespérés, sans ami, sans asile, sans refuge, hormis leur Dieu.

13. Écoutez ! Les échos répondent aux nouveaux bruits de cette musique martiale qui les ébranle ! Les hérauts d'un seigneur belliqueux et hautain agitent les hautes bannières dans l'enceinte de ces murs.

14. Les cris lointains échangés par les sentinelles, le bruit des fêtes, le cliquetis des armes éclatantes, les hennissemens de la trompette et les sons graves du tambour s'unissent de concert et accroissent l'alarme.

15. Antique abbaye, te voilà devenue une forteresse royale [1] ! entourée d'une armée rebelle qui t'insulte ! La guerre dirige ses redoutables machines contre ton front menaçant, et lance sur toi la destruction en pluie de soufre.

16. Vaine défense ! Un traître ennemi, quoique vingt fois repoussé dans ses assauts, triomphe enfin de la bravoure par la ruse. Les assaillans à flots pressés écrasent le vassal fidèle ; les étendards fumans de la rébellion flottent au-dessus de sa tête.

17. Le baron furieux ne cède pas la place sans

---

[1] Newstead soutint un siége considérable durant la guerre de Charles Ier contre son parlement.

vengeance; il engraisse du sang des traîtres la plaine couleur de pourpre. Toujours invaincu, il demeure armé de son sabre, et les jours de la gloire luisent encore pour lui.

18. En ce moment le guerrier souhaitait de s'ouvrir à lui-même une tombe au milieu des lauriers qu'il cueillait; mais sans doute une fée, protectrice de Charles, vint sauver l'ami et l'espoir du monarque.

19. Tremblante, elle le retira de cette lutte inégale, pour l'opposer au torrent sur d'autres champs de bataille; elle réservait sa vie pour de plus nobles combats[1] : il devait conduire les rangs où tomba le divin Falkland[2].

20. Et toi, pauvre abbaye, livrée au plus effréné pillage, tandis que les mourans soupirent leur dernière prière, combien est changé l'encens que tu fais monter vers le ciel! Que de victimes se débattent sur ton sol ensanglanté!

21. Plus d'un brigand farouche souille ton gazon sacré de son cadavre horrible et pâle: sur les hommes et les chevaux entassés, amas d'impure corruption, court une bande sauvage de pillards.

---

[1] Lord Byron et son frère sir William occupèrent des postes éminens dans l'armée royale; le premier fut général en chef en Irlande, lieutenant de la Tour et gouverneur de Jacques, duc d'Yorck, depuis Jacques II; le second prit une part active à plusieurs batailles. Voir Clarendon, Hume, etc.

[2] Lucius Cary, lord vicomte Falkland, l'homme le plus accompli de son tems, fut tué au combat de Newberry, en chargeant dans les rangs du régiment de cavalerie de lord Byron.

IV.

22. Les sépulcres rangés en longues allées, et couverts des tristes insignes du deuil, sont eux-mêmes saccagés, et rendent par force à la lumière la poussière mortelle. Les morts n'échappent pas aux griffes de ces bandits, qui troublent le repos de la tombe, pour chercher l'or enseveli.

23. La harpe se tait ; la lyre guerrière est silencieuse ; la mort a glacé la main du ménestrel, qui attaquait avec tant de feu les cordes frémissantes, et chantait la gloire de la palme martiale.

24. Enfin, les meurtriers, rassasiés de sang et gorgés de butin, se retirent. — On n'entend plus le bruit des combats. Le silence rentre dans son auguste empire, et l'horreur, noir fantôme, garde la porte massive.

25. C'est là que la désolation établit sa redoutable cour. Quels satellites annoncent son funeste avènement? Des oiseaux de sinistre augure accourent avec des cris funèbres pour veiller dans le temple sacré.

26. Bientôt les rayons réparateurs d'une nouvelle aurore chassent du ciel de la Bretagne les nuages de l'anarchie ; le fier usurpateur redescend dans l'enfer, sa patrie : la nature triomphe de joie à la mort du tyran.

27. La tempête salue les gémissemens de son agonie : la voix des orages répond à ses derniers soupirs : la terre tremble en recevant ses ossemens ;

elle accueille à regret l'offrande d'une si sombre mort [1].

28. Le pilote légitime [2] reprend le gouvernail; il guide le navire de l'état à travers de paisibles mers. L'espérance, comme jadis, réjouit de son sourire le tranquille royaume, et guérit les blessures saignantes de la haine lassée.

29. Alors, Newstead! les mornes habitans de tes cellules abandonnent en hurlant leurs nids violés; le suzerain reprend possession de son fief, dont, après tant d'absence, il jouit avec enthousiasme.

30. Les vassaux, dans ton enceinte hospitalière, bénissent à grands cris, et le verre en main, le retour de leur seigneur; la culture embellit de nouveau la joyeuse vallée, et les femmes, naguère en deuil, cessent de se lamenter.

31. Mille chants frappent les échos mélodieux; les arbres se vêtissent d'un feuillage inaccoutumé. Écoutez! le cor résonne sur un ton suave; le cri du chasseur se prolonge dans le souffle de la brise.

32. Les vallées s'ébranlent sous les pas des coursiers. Que de craintes, que d'inquiètes espérances

---

[1] C'est un fait historique. Une tempête violente arriva immédiatement après la mort ou l'enterrement de Cromwell: ce qui occasiona mainte dispute entre ses partisans et les cavaliers. Les deux partis s'accordèrent à y voir une manifestation de la pensée divine; mais était-ce approbation ou improbation? c'est ce que nous laissons à décider aux casuistes de ce siècle. J'ai tiré parti de cette circonstance comme il convenait au sujet de mon poème.

[2] Charles II.

accompagnent la chasse! Le cerf expirant cherche un refuge dans le lac ; de cris de triomphe annoncent que tout est fini..

33. Jours heureux! trop heureux pour durer! Voilà les plaisirs simples que connaissaient nos vertueux ancêtres. Aucun vice brillant ne les leurrait de son éclat trompeur : leurs joies étaient nombreuses, et rares étaient leurs soucis.

34. Durant un long espace, les fils succèdent aux pères ; le tems emporte les années, et la mort lance son dard. Un autre baron presse le cheval écumant : une autre bande poursuit le cerf haletant.

35. Newstead! quel triste changement de spectacle! Ta nef qui s'entr'ouvre présage les progrès d'une lente décadence. Le dernier et le plus jeune d'une noble race tient aujourd'hui sous son empire tes tourelles tombant en poudre.

36. Il escalade tes vieilles tours grises, maintenant si désertes ; il regarde tes voûtes, à l'abri desquelles dorment les morts des âges féodaux, tes dortoirs ouverts aux pluies de la froide saison : il regarde, il regarde et pleure.

37. Pourtant ses larmes ne sont point l'emblême du regret ; c'est une affection bien chère qui leur commande de couler : la fierté, l'espérance et l'amour lui défendent de t'oublier, et allument dans son sein une flamme brûlante.

38. Oui, il te préfère aux dômes brillans d'or, ou aux mesquines grottes que la vanité des grands dé-

core d'ornemens bizarres : oui, il soupire au milieu de tes tombes humides et moussues, sans exhaler un murmure contre la volonté du sort.

39. Peut-être ton soleil encore se lèvera, et t'éclairera des éblouissans rayons de son midi; peut-être les heures redeviendront pour toi aussi brillantes que jadis, et tes jours à venir n'envieront rien à tes jours passés.

VII.

A E. N. L. Esq.

Nil ego contulerim jucundo sanus amico.

(Hor. *Epist.*)

Cher L***, dans cette retraite isolée, quand tout autour de moi est plongé dans le sommeil, les jours heureux de notre vie passée renaissent et se déroulent au regard de l'imagination. Ainsi, lorsque au milieu de l'orage, et malgré les nuages amoncelés qui obscurcissent le jour, je vois une bande étincelante de couleurs variées se dessiner sur l'horizon, alors je salue l'arc céleste qui répand le signal de la paix future, et qui commande aux élémens de cesser leur guerre. Ah! quoique le présent n'apporte que des peines, je songe que ces jours d'autrefois peuvent revenir; ou si, dans un moment de noire mélancolie, une crainte, envieuse de mon bonheur, se glisse par surprise en mon sein, combat ma plus chère pensée et interrompt mon songe doré, — j'exorcise le malin esprit, et je m'abandonne encore à ma rêverie accoutumée. Quoique nous ne devions plus désormais répéter dans la vallée de Granta la leçon du pédant, ni poursuivre à travers les bocages de l'Ida nos délicieuses visions; quoique la jeunesse ait fui sur ses ailes de rose, et que l'âge mûr fasse valoir ses droits sévères, le tems ne détruira pas toute espérance, et nous accordera quelques heures d'une joie modérée.

Oui, j'espère que l'aile vaste du tems versera autour de nous quelques rosées printanières; mais si la fatale faux doit moissonner toutes les fleurs de ces bosquets magiques, où la riante jeunesse se plaît à demeurer, où les cœurs palpitent d'un naïf enthousiasme; si l'âge mûr, au front sombre, aux froides contraintes, arrête l'entraînement de l'âme, glace dans l'œil les larmes de la pitié, ou comprime le soupir de la sympathie, s'il entend sans émotion le gémissement de l'infortune, et qu'il m'ordonne de n'avoir plus de sensibilité que pour moi seul, oh! puisse mon cœur n'apprendre jamais à étouffer ses naïfs et généreux instincts! puisse-t-il toujours mépriser un sévère censeur, et n'oublier jamais le malheur d'autrui! Oui, tel que vous m'avez connu dans ces jours sur lesquels mon souvenir s'arrête encore, puissé-je errer toujours sans guide, sans sociales entraves, et jusques au déclin de l'âge, rester enfant par le cœur! Quoique emportée aujourd'hui par d'aériennes visions, mon ame est toujours la même pour vous; ç'a été souvent mon destin de pleurer, et toutes mes anciennes joies sont refroidies. Mais, loin de moi, heures aux couleurs noires! votre sombre empire est passé, mon chagrin n'est déjà plus; j'en jure par toutes les félicités que connut mon enfance; ma pensée ne se fixera plus sur votre ombre. Ainsi, quand la colère de l'ouragan est tombée, et que les cavernes de la montagne ne laissent plus échapper leurs tristes mugissemens, nous ne songeons plus à la bise d'hiver, invités au repos par la douce haleine du zéphir. Trop souvent ma muse enfantine mit au ton de l'amour sa lyre languissante; mais aujourd'hui, sans objet aucun que je puisse choisir, mes chants expirent en soupirs à demi formés. Hélas! mes jeunes nymphes ont fui; E— est épouse, C— est mère, Caroline soupire solitaire, Marie s'est donnée à un autre, et Cora, dont le regard se promenait naguère sur moi, ne saurait plus aujourd'hui ranimer mon amour. En vérité, cher L***, il est tems de fuir, car le regard de Cora brille pour tous. Et quoique le soleil dispense également à tous la lumière de ses rayons bienfaisans, et que l'œil d'une femme soit un *soleil*, ce dernier ne devrait luire que pour un seul. Le méridien de l'ame ne convient pas à celle dont le soleil dispense un universel *été*. Ainsi, toutes mes anciennes flammes sont éteintes; et l'amour, pour moi, n'est plus qu'un nom. Quand les flammes de l'incendie s'affaissent, ce qui naguères en accroissait la lumière et la dévorante ardeur, en disperse maintenant dans l'ombre toutes les étincelles : ainsi fait le feu des passions, lorsque le jeune garçon ou la jeune fille se souviennent encore, mais que toute la force de l'amour expire et s'éteint sur une braise mourante. Mais aujourd'hui, cher L***, il est minuit, et les nuages obscurcissent la lune vaporeuse, dont je ne rédirai pas les beautés, décrites dans les vers de tous les écoliers; car pourquoi marcherai-je dans le sentier que tout barde a foulé avant moi? Toutefois, avant que ce flambeau argenté des nuits ait trois fois parcouru son cercle accoutumé, trois fois renouvelé sa course de lumière et chassé les ténèbres profondes, je compte, ô mon aimable ami, que nous verrons son disque errant au-dessus du séjour paisible et chèrement aimé qui servit naguère d'asile à notre premier âge. Là, nous nous mêlerons à la bande joyeuse de ceux que connut notre enfance; maint récit des jours passés emportera les heures riantes, et nos ames s'inonderont de la rosée sacrée des plaisirs intellectuels, jusqu'à ce que le croissant de Diane pâlisse et luise à peine à travers le brouillard du matin.

VIII.

A *** [1].

1. Oh! si ma destinée eût été jointe à la tienne comme jadis ce don en semblait le gage, jamais tant de folies ne m'eussent entraîné : car alors ma paix n'eût point été troublée.

2. A toi, je dois ces fautes de mon jeune âge ; à toi, la censure des sages et des vieillards : car ils savent mes péchés, et ils ne savent pas que le tien fut de rompre les liens de l'amour.

3. Naguère mon ame était pure comme la tienne, et pouvait étouffer toutes ses flammes naissantes. Mais où sont aujourd'hui tes sermens ? c'est un autre qui les a reçus.

4. Peut-être je pourrais détruire la paix de mon rival, lui ravir le bonheur qui l'attend : mais que la joie lui sourie toujours : en mémoire de toi, je ne puis le haïr.

5. Ah! depuis que je t'ai perdue, ange de beauté! mon cœur ne peut rester fidèle à aucune femme. Ce qu'il cherchait en toi seule, il tente, hélas! de le trouver en plusieurs maîtresses.

6. Adieu donc, ô fille perfide! Te regretter serait vain et stérile. Ni l'espérance ni le souvenir ne

---

[1] Il est aisé de voir que ces vers sont adressés à Marie Chaworth. Voir la Vie de Byron.

(*N. du Tr.*)

me prêtent leur aide, mais l'orgueil seul peut m'apprendre à t'oublier.

7. Et pourtant toute cette folle dépense d'années, cercle fatigant de plaisirs éventés, ces mille et mille amours, ces craintes d'une matrone, ces chants de délire inspirés par la passion,

8. Si tu avais été à moi, tout cela ne serait pas : — ces joues, que les désordres de mon jeune âge ont pâlies, n'auraient jamais été colorées par la fièvre des passions, mais auraient fleuri dans le calme du bonheur domestique.

9. Oui, naguère les scènes champêtres m'étaient douces, car la nature semblait sourire devant toi : naguère mon cœur abhorrait l'illusion, car il ne battait que pour t'adorer.

10. Mais aujourd'hui je cours après d'autres joies : la réflexion jetterait mon ame dans la démence ; au milieu d'une foule irréfléchie et d'un bruit vide de pensées, je triomphe à demi de ma profonde tristesse.

11. Cependant une idée funeste se glisse encore dans mon sein, en dépit de mes vains efforts ; et des démons eux-mêmes plaindraient ce que je sens à penser que tu es perdue pour jamais.

IX.

STANCES.

1. Plût à Dieu que je fusse encore un enfant étourdi, séjournant encore dans ma caverne des *Highlands*, errant dans la sombre forêt ou jouant sur la vague bleuâtre ! La pompe incommode de l'orgueil saxon [1] ne va pas à une ame libre qui aime les flancs escarpés de la montagne et cherche les rocs où se brisent les ondes.

2. Fortune ! reprends ces plaines cultivées, reprends ce nom éclatant ! Je hais l'attouchement des mains serviles ; je hais les esclaves qui rampent autour de moi : place-moi sur les rochers que j'aime, qui répondent aux rugissemens sauvages de l'océan. Je ne te demande qu'une faveur, — celle d'errer encore au milieu des scènes que ma jeunesse a connues.

3. J'ai vécu peu d'années, et je sens déjà que le monde n'est pas fait pour moi. — Ah ! pourquoi d'épaisses ténèbres cachent-elles l'heure où l'homme doit cesser d'être ? Autrefois j'avais devant les yeux un rêve éblouissant, une scène imaginaire de bonheur. O vérité ! — pourquoi tes odieux rayons éclairèrent-ils à mon réveil un monde tel que celui-ci ?

4. J'aimais ; — mais ceux que j'aimais ne sont plus ;

---

[1] Sassenagh ou Saxon, mot de la langue erse, signifiant ou Lowlander (habitant de la partie basse de l'Écosse), ou Anglais.

j'avais des amis,—mes jeunes amis ont disparu. Ah! quelle tristesse pèse sur un cœur solitaire, quand toutes ses espérances sont mortes! Quoique de gais compagnons, le verre en main, chassent un instant le sentiment du malheur, quoique le plaisir agite l'ame délirante, ah! le cœur—le cœur est toujours vide.

5. Quel ennui! Entendre la voix de ceux que le rang ou le hasard, que la richesse ou le pouvoir associent sans amitié ou inimitié à nos heures de fête. Rendez-moi quelques amis fidèles, dont l'âge et les sentimens soient les miens, et je fuirai la réunion nocturne et bruyante où la joie n'est pourtant qu'un nom.

6. Et toi, femme! être adorable! mon espoir, ma consolation, mon tout! Combien mon sang doit être refroidi, puisque je commence à me blâser de tes sourires! J'abandonnerais sans soupirer cette scène agitée de maux brillans, pour posséder ce contentement calme que la vertu connaît ou semble connaître.

7. Je fuirais volontiers les demeures des hommes. Je veux fuir, et non haïr le genre humain; mon cœur soupire après la sombre vallée dont l'obscurité convient aux sombres pensers. Oh! que n'ai-je les ailes qui portent la tourterelle à son nid! je m'élancerais vers la voûte des cieux, pour m'enfuir et m'aller reposer [1].

---

[1] Psaume LV, vers. 6. — « Et je dis, Oh! que n'ai-je des ailes comme

X.

VERS ÉCRITS SOUS UN ORME
DANS LE CIMETIÈRE DE HARROW-ON-THE-HILL.

Septembre 2, 1807.

Asile de ma jeunesse! toi dont les vieux arbres soupirent agités par la brise qui rafraîchit ton ciel serein, tu me vois rêver solitaire, moi qui souvent ai foulé ton doux et verdoyant gazon avec ceux que j'aimais, avec ceux qui, dispersés au loin, déplorent peut-être comme moi les heureuses scènes de leurs jours passés. En suivant de nouveau les contours de la colline, mes yeux t'admirent, mon cœur t'adore encore, toi, vieil ormeau, dont l'ombrage m'abrita tant de fois pendant ces rêveries qui emportaient rapidement les heures du crépuscule. Je viens encore reposer mes membres au même lieu; mais, hélas! mes pensées ne sont plus les mêmes. Oh! comme tes branches, gémissant sous l'effort du vent, invitent mon cœur à rappeler le passé, et semblent dire dans leur aimable murmure : « Jouis, quand tu le peux encore, d'un long et dernier adieu. »

Quand le sort, enfin, glacera ce sein brûlant de fièvre, et en calmera pour jamais les soucis et les passions... Souvent j'ai pensé qu'il serait doux à ma

---

» la colombe, alors je m'enfuirais et m'irais reposer. » Ce verset fait partie de la plus belle antienne de notre langue.

dernière heure (si quelque chose peut être doux à l'instant où la vie résigne sa puissance) de savoir qu'une humble tombe, une cellule étroite, renfermerait mon cœur là où il aima demeurer. Oui, je le crois, il y aurait un charme à mourir dans ce rêve : ici battit mon cœur; ici puisse-t-il reposer! Puissé-je dormir où naquirent toutes mes espérances! dans ce lieu, théâtre de mon jeune âge, et asile de mon éternel sommeil; puissé-je rester à jamais étendu sous ce dais de feuillage, caché par le gazon sur lequel joua mon enfance, couvert par le sol qui revêt un lieu bien aimé, confondu avec la terre que foulèrent mes pas; béni par les voix qui charmèrent ma jeune oreille, pleuré du petit nombre d'amis que mon ame reconnaissait ici, regretté par ceux qui furent mes compagnons à l'aurore de mes jours, et oublié de tout le reste du monde.

LA MORT DE CALMAR

ET D'ORLA,

IMITATION D'OSSIAN MACPHERSON [1].

---

[1] Il est peut-être nécessaire de remarquer que cette histoire, quoique la catastrophe soit fort différente, est tirée de l'épisode de Nisus et Euryale, dont nous avons déjà donné une traduction dans ce volume.

(*Note de Lord Byron.*)

Voir la liste des pièces classiques traduites ou imitées par Byron. Il est à peine besoin d'avertir que cette histoire est écrite en prose dans l'original.

(*N. du Tr.*)

LA MORT DE CALMAR

ET D'ORLA.

Chers sont les jours de la jeunesse! La vieillesse arrête son regard sur leurs souvenirs à travers le brouillard du tems. Elle rappelle, au crépuscule de la vie, les heures éclairées par le soleil du matin. Elle lève sa lance d'une main tremblante. « C'est avec un bras moins faible, s'écrie-t-elle, que je maniai le fer devant mes pères! » La race des héros n'est plus! mais leur renommée retentit sur la harpe; leurs ames volent sur les ailes du vent! Ils entendent le chant de gloire à travers les soupirs de la tempête, et se réjouissent dans leurs palais de nuages! Tel est Calmar : la pierre grise marque l'étroite demeure de sa cendre; il regarde la terre du haut des orages; il roule son ombre dans le tourbillon de l'ouragan, et plane sur la brise de la montagne.

Morven [1] était la patrie de ce chef, foudre de guerre en l'armée de Fingal [2]. Ses pas, sur le champ de bataille, laissaient leurs traces dans le sang; les

---

[1] Montagne élevée de l'Aberdeenshire. (*N. du Tr.*)

[2] Fingal, chef suprême du clan de Morven. (*Note du Tr.*)

enfans de Lochlin[1] avaient fui devant sa lance irritée. Mais doux était l'œil de Calmar : douces étaient les ondes de sa jaune chevelure, qui brillait comme le météore de la nuit. Aucune vierge ne fit soupirer son cœur ; ses pensées étaient toutes données à l'amitié, à Orla, dont les cheveux sont noirs, à Orla, destructeur des héros ! Leurs épées étaient égales dans le combat : Orla avait un orgueil farouche qui ne s'adoucissait que pour Calmar. Tous deux ils demeuraient dans la caverne d'Oïthona.

De Lochlin, le roi Swaran s'élança sur les flots bleus. Les enfans d'Érin[2] tombèrent sous sa puissance. Fingal excita ses chefs au combat : leurs vaisseaux couvrent l'océan. Leurs troupes se pressent sur les vertes collines. Ils accourent au secours d'Érin.

La nuit s'éleva dans les nues. Les ténèbres couvrent les armées ; mais les chênes qui flambent brillent dans la vallée. Les enfans de Lochlin dormaient ; leurs rêves étaient de sang. Ils brandissent en pensée leurs lances, et Fingal s'enfuit... Autre est l'armée de Morven. Veiller fut le poste d'Orla. Calmar se tenait à son côté. Leurs lances étaient dans leurs mains. Fingal appela ses chefs : ils s'assemblèrent autour de

---

[1] Lochlin, clan rival de celui de Morven : Swaran en était le roi.
(*N. du Tr.*)

[2] Les enfans d'Érin, c'est-à-dire les Irlandais : Érin est le nom erse de l'Irlande. (*Ireland* vient lui-même d'*Erin* et *land*, terre, pays.)
(*N. du Tr.*)

lui. Le roi était dans le milieu ; ses cheveux étaient gris ; mais redoutable encore était le bras du roi. Les ans n'avaient point flétri ses forces. « Enfans de Morven, dit le héros, demain nous attaquons l'ennemi ; mais où donc est Cuthullin, ce bouclier d'Érin ? Il se repose dans les palais de Tura ; il ne sait pas notre venue. Qui volera vers le héros à travers le camp de Lochlin, et appellera aux armes le chef vaillant ? La route est au milieu des épées ennemies ; mais nombreux sont mes héros : ce sont tous des foudres de guerre. Parlez, chefs ! qui se lèvera ?

— Fils de Trenmor ! que cet exploit me soit accordé, dit le noir Orla, et accordé à moi seul. Qu'est-ce que la mort pour moi ? J'aime le sommeil des forts, mais le danger est petit. Les enfans de Lochlin rêvent à cette heure. J'irai chercher Cuthullin dont le char est si rapide. Si je tombe, commandez le chant des bardes, et placez-moi sur les bords des ondes du Lubar. — Et tomberas-tu seul ? dit le blond Calmar. Laisseras-tu ton ami loin de toi ? chef d'Oïthona ! Mon bras n'est pas faible dans la bataille. Te verrais-je mourir sans lever ma lance ? Non, Orla ! nous avons ensemble chassé le chevreuil et pris place au festin, ensemble parcouru le chemin du péril, ensemble habité la caverne d'Oïthona : ensemble donc dormons dans une place étroite sur les bords du Lubar. — Calmar, dit le chef d'Oïthona, pourquoi ta jaune chevelure se ternirait-elle dans la poussière d'Érin ? Laisse-moi tomber seul. Mon père habite son palais aérien ; il se réjouira d'accueillir son fils : mais Mora, aux yeux bleus, prépare le festin pour son fils sur le Morven. Elle prête l'oreille aux pas du chasseur sur la bruyère, et croit reconnaître la marche de Calmar. Je ne veux pas que l'on dise : *Calmar est tombé sous le fer de Lochlin ; il est mort avec le sombre Orla, le chef au noir sourcil.* Pourquoi les larmes obscurciraient-elles l'œil azuré de Mora ? Pourquoi la forcer à maudire Orla, qui guida Calmar à la mort ? Vis donc, Calmar ! vis, pour élever sur ma cendre une pierre que couvrira la mousse : vis pour me venger dans le sang de Lochlin. Joins-toi au chant des bardes sur ma tombe. La voix de Calmar rendra le chant de mort bien doux à Orla. Mon ombre sourira au bruit des éloges. — Orla, dit le fils de Mora, pourrais-je unir ma voix au chant de mort de mon ami ? pourrais-je livrer aux vents sa renommée ? Non, mon cœur ne parlerait qu'en soupirs : faibles et brisés sont les accens du chagrin. Orla ! nos âmes entendront ensemble le chant funèbre. Une seule urne nous enfermera tous deux là-haut : les bardes mêleront les noms d'Orla et de Calmar.

Ils quittent le cercle des chefs. Leurs pas se dirigent vers le camp de Lochlin. La mourante flamme du chêne ne répand plus qu'une sombre lueur dans les ténèbres. L'étoile du nord dirige leur course vers Tura. Swaran repose sur sa colline solitaire. Là, les troupes sont confondues ; le sommeil fronce leurs paupières. Les soldats ont mis leurs boucliers sous leurs têtes. Leurs épées brillent au loin, réunies en faisceaux. Les feux sont expirans; les tisons s'en vont en fumée. Tout se tait; mais la brise gémit sur les rochers au-dessus du camp. D'un pas léger, nos héros se coulent à travers l'armée endormie. Déjà la moitié du voyage est faite, quand Mathon, reposant sur son bouclier, frappe le regard d'Orla. Soudain l'œil du guerrier darde, au milieu des ténèbres, d'étincelans éclairs : la lance est en arrêt : « Pourquoi froncer ce sourcil furieux, chef d'Oïthona? dit le blond Calmar, nous sommes au milieu des ennemis. Est-il tems de s'arrêter!—Il est tems de me venger, dit Orla, chef aux noirs sourcils, Mathon de Lochlin dort : vois-tu sa lance? c'est le sang de mon père qui en rouille la pointe. Le sang de Mathon fumera sur le mien; mais le tuerai-je endormi, fils de Mora? Non, il sentira sa blessure; ma renommée ne s'élevera pas sur le sang du sommeil. Debout, Mathon! debout! le fils de Connal t'appelle, ta vie lui appartient; debout! au combat! » Mathon se réveille en sursaut, mais se leva-t-il seul? non : les chefs se lèvent en foule dans la plaine : « Fuis! Calmar! fuis! dit le noir Orla, Mathon est à moi, je mourrai avec joie; mais Lochlin s'amasse à l'entour; fuis à travers l'ombre de la nuit. » Orla se retourne, le heaume de Mathon est fendu, son bouclier tombe de son bras, Mathon frissonne baigné dans son sang; il roule à terre près du chêne enflammé. Strumon le voit tomber : sa colère s'allume ; son arme flamboie sur la tête d'Orla ; mais une lance a percé son œil, sa cervelle s'échappe à travers la blessure ; elle écume sur la lance de Calmar. Comme roulent les vagues de l'océan contre deux puissans navires du nord, ainsi se jettent les hommes de Lochlin sur les deux chefs. Comme, en brisant la houle écumante, naviguent fièrement les navires du nord, ainsi s'élèvent les chefs de Morven sur les casques dispersés de Lochlin. Le cliquetis des armes est venu à l'oreille de Fingal. Il frappe son bouclier ; ses enfans se pressent à l'entour ; les soldats foulent aux pieds la bruyère ; Ryno bondit de joie. Ossian accourt en armes. Oscar brandit sa lance. Les plumes d'aigle de Fillan flottent au gré des vents. Terrible est le bruit de la mort ! Nombreuses sont les veuves de Lochlin. La force de Morven a prévalu.

L'aurore éclaire les collines ; on ne voit aucun ennemi vivant ; mais ceux qui dorment sont en grand nombre ; ils sont gisans, l'air farouche, sur le sol d'Erin. La brise de l'océan soulève leurs cheveux ; cependant ils ne s'éveillent point. Les éperviers poussent des cris aigus au-dessus de leur proie.

Quelle est cette jaune chevelure qui ondoie sur la poitrine d'un chef? Brillante comme l'or de l'étranger, elle se mêle à la noire chevelure de son ami. C'est Calmar ; il gît sur le sein d'Orla. Il n'y a qu'un seul ruisseau de sang. Farouche est le regard du noir Orla. Ce héros ne respire plus ; mais son œil est encore une flamme; il brille dans la mort à travers sa paupière ouverte. La main d'Orla est fortement serrée dans celle de Calmar; mais Calmar vit encore! Il vit, quoique d'un souffle bien faible. : « Lève-toi, dit le roi; lève-toi, fils de Mora; c'est à moi de panser les blessures des héros. Calmar peut encore courir sur les collines de Morven.

— Calmar ne chassera plus le daim de Morven avec Orla, dit le héros : qu'est pour moi la chasse sans mon ami? Qui partagerait les dépouilles du combat avec Calmar? Orla repose pour toujours. Ton ame était âpre, Orla! mais elle m'était douce comme la rosée du matin. C'était pour les autres l'éclair de la foudre : pour moi, le rayon argenté du jour. Portez mon épée à Mora aux yeux bleus : qu'on la suspende en ma salle déserte; elle n'est pas pure de sang; mais elle n'a pu sauver Orla. Placez-moi avec mon ami : commandez le chant des bardes, quand je ne serai plus. »

Ils sont ensevelis près des ondes du Lubar. Quatre pierres grises marquent la demeure d'Orla et de Calmar.

Quand Swaran eût été soumis, nos voiles s'élevèrent sur les flots bleus. Les vents rendirent nos navires à Morven. Les bardes commencèrent leur chant.

« Quelle ombre s'élève sur le rugissement des mers? quel sombre fantôme paraît sur le torrent rouge de feu des tempêtes? sa voix roule dans le tonnerre : c'est Orla, le chef d'Oïthona, dont les cheveux étaient noirs. Il était sans pareil dans la guerre. Paix à ton ame, Orla ! ta renommée ne périra pas. Ni la tienne, ô Calmar ! Qu'aimable était ta grâce, fils de Mora aux yeux bleus : mais ton épée n'était pas inactive. Elle pend aujourd'hui dans ta caverne. Les fantômes de Lochlin gémissent autour de ce fer: Entends ta louange, Calmar ! Elle habite dans la voix des forts. Ton nom ébranle les échos de Morven. Lève donc ta blonde chevelure, fils de Mora : étends-la sur l'arc-en-ciel, et souris à travers les pleurs de la tempête [1]. »

[1] Je crains que la dernière édition de *Laing* n'ait tout-à-fait renversé l'espérance que l'*Ossian* de Macpherson fût une traduction d'un recueil de poèmes complets en eux-mêmes ; mais, l'imposture une fois découverte, le mérite de l'ouvrage demeure incontesté, quoiqu'il y ait des fautes, et particulièrement, en quelques passages, des formes de style fort ampoulées. — L'humble imitation qu'on vient de lire trouvera grâce devant les admirateurs de l'ouvrage original ; c'est un essai, bien inférieur, il est vrai ; mais qui fait preuve d'attachement pour leur auteur favori.

FIN DES HEURES DE LOISIR.

LA PROPHÉTIE

DU DANTE.

*'Tis the sunset of life gives me mystical lore.
And coming events cast their shadows before.*

(Campbell.)

C'est le soir de la vie qui me donne une mystérieuse leçon; et l'avenir projette son ombre devant moi.

DÉDICACE.

Femme adorée [1] ! Si pour le froid et nuageux climat où je suis né, mais où je ne voudrais pas mourir, j'ose imiter le patriarche de la poésie italienne, et bâtir en rimes dures une copie runique [2] des sublimes chants du sud, c'est toi seule qui en es la cause ; et quoique je demeure au-dessous de son immortelle harmonie, ton cœur aimant me pardonnera mon crime. Oui, fière de beauté et de jeunesse, tu parlas : et pour toi, parler, être obéie, c'est même chose ; mais ce n'est que sous le soleil du sud que de tels sons se prononcent, que de tels charmes se déploient, qu'un si doux langage sort d'une si jolie bouche. — Ah ! quels efforts ta parole ne pourrait-elle inspirer ?

Ravenne, juin 21, 1819 [3].

[1] M. A. P. traduit *lady* par *belle Ausonienne*.
(*N. du Tr.*)

[2] Nom donné à la langue, aux caractères alphabétiques, aux poésies, aux monumens des anciens Scandinaves ou peuples du nord.
(*N. du Tr.*)

[3] La date seule nous apprendrait que cette dédicace est adressée à la comtesse Guiccioli, alors maîtresse de Byron.
(*N. du Tr.*)

PRÉFACE.

Pendant le cours d'une visite à la cité de Ravenne, on fit entendre à l'auteur qu'ayant composé quelque chose sur l'emprisonnement du Tasse, il devrait en faire autant sur l'exil du Dante : — le tombeau du poète étant un des objets les plus intéressans de cette ville, tant pour les habitans eux-mêmes que pour les étrangers.

« Sur cet avis, je parlai; » et il en est résulté les quatre chants *in terza rima*[1] que j'offre aujourd'hui au lecteur. S'ils sont compris et approuvés, c'est mon dessein de continuer le poème en divers autres chants jusques à sa conclusion naturelle, c'est-à-dire jusqu'au siècle

---

[1] *Terza rima*. On nomme ainsi, dans la métrique italienne, un mode de versification dans lequel trois vers de même rime se croisent toujours avec trois autres vers également de même rime, de telle sorte que le poème entier est disposé en tercets, dont le dernier vers reproduit la rime pour la troisième et dernière fois. Citons, pour exemple, les six premiers vers de la *Prophétie* :

> *Once more in man's frail world! which I had left*
> *So long that 't was forgotten ; and I feel*
> *The weight of clay again, — too soon bereft*
> *Of the immortal vision which could heal*
> *My earthly sorrows, and to God's own skies*
> *Lift me from that deep gulf without repeal*, etc.

(*N. du Tr.*)

présent. Le lecteur est prié de supposer que le Dante s'adresse à lui, durant l'intervalle qui sépare l'achèvement de la *Divine Comédie* et l'époque de sa mort, et que c'est même peu de tems avant ce dernier événement qu'il prophétise d'une manière générale les destinées de l'Italie dans les siècles suivans. En adoptant ce plan, j'ai eu dans l'esprit la *Cassandre* de Lycophron et la *Prophétie de Nérée* d'Horace, aussi bien que les prophéties de l'Écriture-Sainte. Le rhythme adopté est le tercet du Dante, rhythme que je ne sais pas avoir été, jusqu'à ce jour, employé dans notre langue, si ce n'est peut-être par M. Hayley, de la traduction duquel je n'ai jamais vu qu'un extrait, cité dans les notes de *Caliph Vathek*. Ainsi donc, — si je ne me trompe, — ce poème peut être considéré comme une expérience de métrique. Les chants sont courts, et à peu près de la même longueur que ceux du poète dont j'ai emprunté le nom, et très-probablement emprunté en vain.

Entre autres inconvéniens qu'éprouvent les auteurs dans ce siècle-ci; il est difficile à quelqu'un qui s'est fait une réputation, bonne ou mauvaise, d'échapper à la traduction. J'ai eu l'occasion de voir le quatrième chant de *Childe-Harold* traduit en ce que les Italiens nomment *versi sciolti*, — c'est-à-dire, un poème écrit en *vers blancs*, suivant le mode de la *stance spensérienne*, sans aucun égard aux divisions naturelles de la stance ou du sens. Si le présent poème, roulant sur un sujet national, éprouve le même sort, je prierai le lecteur italien de se rappeler qu'en échouant dans l'imitation de son grand *Padre Alighieri*, j'ai échoué à imiter ce que tous étudient et ce que peu comprennent; puisque, jusqu'à ce jour, on n'a pas encore déterminé le sens de l'allégorie du premier chant de l'*Enfer*, à moins que l'ingénieuse et probable conjecture du comte Marchetti ne soit considérée comme ayant décidé la question.

Mais j'obtiendrai d'autant mieux le pardon de mon insuccès, que je ne suis pas du tout sûr que mon succès fasse plaisir, puisque les Italiens, par un sentiment excusable de nationalité, sont particulièrement jaloux de tout ce qui leur reste de national — de leur littérature, et puisque, dans l'amertume de la guerre actuelle entre le classicisme et le romantisme, ils sont fort peu disposés à permettre à un étranger de les approuver ou de les imiter, et à ne pas trouver quelque blâme dans sa présomption ultramontaine [1]. Je le conçois aisément, sachant ce qu'on

---

[1] En français, *ultramontain* signifie le plus ordinairement *ce qui existe en Italie*. Cela est simple; le mot, dans son étymologie, veut dire : *qui est au-delà des monts*. Pour un Français, un Italien est un ultramontain; mais pour un Italien, c'est l'Anglais, le Français, l'Alle-

penserait en Angleterre d'un Italien qui imiterait Milton, ou bien encore si une traduction de Monti, de Pindemonte ou d'Arici était présentée, à la génération qui s'élève, comme un modèle pour leurs essais poétiques à venir. Mais je m'aperçois que ma préface dégénère en adresse aux lecteurs italiens, lorsque réellement je n'ai affaire qu'aux lecteurs anglais : et d'ailleurs, que le nombre en soit petit ou grand, je dois prendre congé des uns et des autres.

mand, etc., qui sont ultramontains. Ici, Lord Byron a employé le mot dans le dernier sens.

(*N. du Tr.*)

Chant Premier.

Me voici encore une fois dans le frêle monde de l'homme! j'en avais été si long-tems absent, que je l'avais oublié : mais je sens de nouveau le poids de mon argile, — trop tôt privé de l'immortelle vision, qui, guérissant mes terrestres chagrins, m'enleva jusqu'au céleste séjour de Dieu, du fond même de cet immense gouffre où il n'y a plus d'espérance, où naguère mes oreilles avaient retenti des hurlemens des esprits à jamais damnés : — m'enleva de ce lieu de moindres tourmens, d'où les hommes peuvent s'élever, purifiés par le feu, pour se joindre à la race angélique, parmi laquelle la brillante lumière de ma Béatrix[1] éclaira mon ame ravie ; — m'enleva jusqu'aux pieds de l'éternelle Trinité ; du Dieu grand, origine et fin de toutes choses, très-bon, mystérieux, triple, unique, infini, ame universelle : — enfin, conduisit d'étoile en étoile le voyageur

---

[1] Le lecteur est prié d'adopter pour le mot de *Beatrice* (Béatrix) la prononciation italienne, où aucune syllabe ne reste muette.

(*Note de Lord Byron.*)

— Byron fit cette remarque afin que les Anglais ne prononçassent pas *Beatrice* en trois syllabes, mais en quatre, sans quoi son vers se fût trouvé faux.

(*N. du Tr.*)

mortel, que tant de gloire ne foudroyait pas, jusqu'au trône de la toute-puissance. O Béatrix! dont le beau corps est si long-tems demeuré sous le gazon et sous la froide pierre de marbre! toi qui fus seule à mes jeunes années un pur ange d'amour! — amour ineffable, qui s'empara de mon cœur tout entier; car rien autre que toi sur la terre ne fit dès-lors palpiter mon sein; car te rencontrer dans le ciel, c'était rencontrer ce que cherchait mon ame errante, semblable à la colombe de l'arche, qui ne reposa son aile qu'après avoir trouvé le rameau d'heureux présage; — oui, Béatrix, sans ta lumière, mon paradis eût toujours été incomplet [1]. Dès que le soleil eût réjoui ma vue de mon dixième été, tu fus ma vie, tu fus l'essence de ma pensée; je t'aimai avant de connaître le nom d'amour; tu brilles encore dans les yeux ternes du vieillard, tout affaiblis qu'ils sont par la persécution, par les ans, par le bannissement, par les larmes pour toi versées, et que d'autres douleurs n'auraient pu m'arracher: car ce n'est point ma nature de fléchir sous la tyrannie d'une faction, ou devant les criailleries de la multitude. Après une lutte longue et vaine, je fus chassé : jamais, si ce n'est quand le

---

[1] *Che sol per le belle opre*
Che fanno in cielo il sole e l' altre stelle
Dentro di lui si crede il paradiso,
Così se guardi fiso
Pensar ben dei ch' ogni terren piacere.

Canzone, où Dante décrit la personne de Béatrix, strophe 3.

regard de mon esprit, perce les nuages suspendus sur l'Apennin, et s'étend jusqu'à Florence, jadis si fière de moi ; non, jamais je ne puis retourner sur mon sol natal, même pour y mourir : n'importe, ils n'ont pas encore dompté l'ame sévère et haute du vieil exilé. Mais le soleil, quoique brillant encore sur l'horizon, doit enfin se coucher ; la nuit vient ; je suis vieux en jours, en actions et en méditations ; j'ai rencontré la destruction face à face dans toutes les voies. Le monde m'a laissé aussi pur qu'il m'a trouvé ; et si je n'en ai pas encore obtenu les louanges, je ne les ai point recherchées à l'aide de vils artifices. L'homme outrage, le tems venge ; mon nom formera peut-être un monument entouré de quelque clarté : et certes, ce n'eût point été le but, la fin suprême de mon ambition, que de grossir la vaine liste de ceux qui naviguent dans la basse mer de la renommée ; et font enfler leurs voiles par l'inconstante haleine des hommes ; que d'obtenir la fausse gloire d'être classé, avec les conquérans et les autres ennemis de la vertu, dans les sanglantes chroniques des âges passés. J'aurais voulu voir ma Florence grande et libre [1] : ô Florence ! Florence ! Tu fus pour moi comme cette

---

[1] *L'Esilio che m' è dato onor mi tegno.*
....
Cader tra' buoni è pur di lode degno.
Sonnet de Dante,
dans lequel il représente la justice, la générosité et la tempérance comme bannies de chez les hommes, et cherchant un refuge dans l'amour qui habite en son cœur.

Jérusalem sur laquelle le Tout-Puissant a pleuré ; *mais tu ne voulus pas* : comme l'oiseau cache sa tendre couvée, je t'aurais cachée sous une aile paternelle si tu avais écouté ma voix : mais sourde et farouche, comme la couleuvre, tu dirigeas ton venin contre le sein qui te chérissait ; tu confisquas mes biens, et condamnas au feu ma personne maudite. Hélas ! combien sont amères les imprécations de la patrie, à celui qui *pour* elle aurait expiré, mais ne méritait pas d'expirer *par* elle ; à celui qui l'aime, oui, l'aime encore malgré son injuste colère. Le jour viendra peut-être, où elle cessera de fermer les yeux à la vérité ; le jour viendra peut-être, où elle serait fière de posséder la poussière qu'elle condamne à être le jouet des vents [1], et de transférer dans son enceinte le tombeau de celui à qui elle a refusé une demeure. Mais cela ne lui sera point accordé ; il faut que ma poussière dorme où je serai tombé ; non, le pays où je respirai pour la première fois, mais qui, dans un accès de furie, m'envoya respirer l'air d'un ciel étranger, ne reprendra pas mes ossemens indignés, parce qu'en son caprice il oublie son courroux et révoque sa sentence ; non, — il m'a refusé ce qui était à moi, — mon toit ; il n'aura pas ce qui n'est pas à lui, — ma tombe ! Trop long-tems ses armes irritées ont maintenu loin de lui

---

[1] « *Ut si quis prædictorum ullo tempore in fortiam dicti communis pervenerit, talis perveniens igne comburatur, sic quod moriatur.* » Deuxième sentence de Florence contre le Dante et les quatorze co-accusés. — Le latin est digne de la sentence.

le sein qui pour lui aurait saigné, le cœur qui pour lui a battu, l'ame qui fut à l'épreuve de la tentation, l'homme qui combattit, fatigua, voyagea, remplit enfin tous les devoirs d'un fidèle citoyen, et vit, pour récompense, les artifices triomphans des Guelfes ! faire passer sa proscription en loi. Ces choses ne sont point faites pour l'oubli ; Florence sera plutôt oubliée. Trop profonde est la blessure, l'injure trop cruelle, la durée d'une telle misère trop prolongée, pour que j'accorde un pardon plus complet, pour que l'injustice soit moindre après un tardif repentir : et pourtant, — je sens pour ma patrie une tendre sympathie, et pour toi aussi, ma Béatrix : c'est avec peine que tomberait ma vengeance sur la terre, qui jadis fut la mienne, et m'est encore sacrée comme asile de tes cendres ; oui, ces cendres, comme un saint reliquaire, protégeraient la ville meurtrière, et l'urne seule qui les renferme sauverait dix mille de mes ennemis. Quelquefois, il est vrai, mon cœur solitaire, comme celui du vieux Marius, dans le marais de Minturnes,[2] ou sur les ruines de Carthage, peut se gonfler de mauvais sentimens, de passions brûlantes et

---

[1] Dante appartenait au parti des Gibelins ou des Blancs, toujours opposé en Italie à celui des Guelfes ou des Noirs. Voir Sismondi, *Hist. des républiques ital.*

(*N. du Tr.*)

[2] Marius, fuyant de Rome pour échapper à Sylla, s'enfonça jusqu'au cou dans un marais près Minturnes : il en fut retiré, et conduit dans cette prison où il effraya par son regard le soldat cimbre envoyé pour le tuer.

(*N. du Tr.*)

terribles : quelquefois, un rêve m'offre un vieil ennemi se débattant dans les angoisses de l'agonie, et mon sourcil s'épanouit dans l'espoir du triomphe : — arrière, telles pensées! Voilà les dernières faiblesses de ceux qui long-tems ont souffert une misère plus qu'humaine, et qui néanmoins étant hommes, n'ont de repos que sur la couche de la vengeance, — la vengeance, qui, dans le sommeil, ne rêve que de sang, et, durant la veille, brûlé du désir inextinguible, et souvent déçu, d'un changement qui nous remonte sur le faîte, qui mette sous nos pieds ceux dont les pas nous foulaient, après que la Mort et Até [1] auront couru sur les fronts humiliés et sur les têtes tranchées. — Grand Dieu! éloigne de moi ces idées; — je remets dans tes mains mes injures nombreuses, et ta verge toute-puissante tombera sur ceux qui me frappèrent : — sois mon égide! comme tu l'as été dans les périls, dans les peines, dans les cités turbulentes, et au milieu des tentes guerrières, — dans les fatigues, dans les travaux sans nombre que j'ai supportés en vain pour Florence. — J'en appelle d'elle à toi! à toi, que j'ai vu dans ton sublime empire! vision glorieuse! jusqu'à ce jour il n'avait point été donné d'en jouir et de vivre, et cependant, tu me l'as permis. Hélas! avec quelle lourdeur retombe sur ma tête le sentiment de la terre et des choses ter-

---

[1] Déesse du mal. Ἄτη, misère : souvent personnifiée dans Homère.

(*N. du Tr.*)

restres : passions dévorantes, affections tristes et basses, rapides palpitations du cœur répondant aux tortures de l'esprit, longues journées, nuits cruelles, souvenirs d'un demi-siècle sanglant et sombre, et le peu d'années que je peux encore attendre, brisées par la vieillesse, abandonnées de l'espérance, — mais moins pénibles à supporter ; car trop long-tems a duré mon horrible naufrage sur le roc solitaire du morne désespoir, pour que je porte dorénavant mes yeux vers le navire qui passe, et qui fuit cet écueil si affreux et si nu, pour que j'élève la voix ; — qui donc ferait attention à ma plainte ? Je ne suis pas de ce peuple, ni de cet âge : et cependant, mes chants dérouleront un tableau qui éternisera la mémoire de ces tems, lorsque pas une page de leurs annales semées de troubles n'attirerait un regard sur la rage des discordes civiles, si mes vers, comme un parfum préservateur, n'eussent pas conservé maintes actions aussi indignes que ceux qui les firent. C'est le destin des esprits de ma trempe, que d'être tourmentés dans la vie, d'user leurs cœurs, de consumer leurs jours dans une lutte sans fin, et de mourir dans l'abandon; puis les générations futures se pressent autour de leur tombe : mille et mille pélerins arrivent des climats divers, où ils ont appris le nom de cet homme, — qui n'est plus qu'un nom ; et, prodiguant leurs hommages sur la pierre funèbre, ils répandent au loin la renommée de qui n'entend plus ce bruit, de qui n'en est plus touché. La mienne au moins m'a coûté cher : mourir n'est rien, mais languir ainsi, — étouffer l'ardeur immense de mon esprit, — vivre à l'étroit avec de petits hommes, en vulgaire spectacle à tout regard vulgaire; errer à l'aventure, lorsque les loups eux-mêmes trouvent une tanière ; sans famille, sans foyers, sans rien de ce qui rend la société douce et allège la peine; — me sentir dans la même solitude que les rois, avec le pouvoir et la couronne de moins; — envier au ramier son nid, et les ailes qui le transportent jusqu'aux lieux où l'Apennin voit l'Arno couler à ses pieds, jusqu'à son perchoir qu'il choisit peut-être dans l'enceinte de mon inexorable patrie, où sont encore mes enfans, et cette femme funeste[1], leur mère, froide com-

---

[1] Cette femme, dont le nom était *Gemma*, appartenait à une des plus puissantes familles du parti guelfe, à la famille *Donati*. Corso Donati fut le principal adversaire des Gibelins. Gemma est représentée comme étant *admodum morosa, ut de Xantippe Socratis philosophi conjuge scriptum esse legimus*, suivant Giannozzo Manetti. Mais Lionardo Aretino, dans sa Vie du Dante, s'irrite contre Boccace, qui a dit que les hommes de lettres ne devraient pas se marier : *Qui il Boccacio non ha pazienza, e dice, le mogli esser contrarie agli studi; e non si ricorda che Socrate il più nobile filosofo che mai fusse ebbe moglie, e figliuoli e uffici della republica nella sua città; e Aristotele che, etc., ebbe due mogli in vari tempi, ed ebbe figliuoli, e richezze assai. — E Marco Tullio — e Catone — e Varrone, e Seneca — ebbero moglie*, etc. Il est bizarre que les exemples de l'honnête Lionardo, à l'exception de Sénèque et peut-être d'Aristote, ne soient pas les plus heureux. La Terentia de Cicéron, et la Xantippe de Socrate ne contribuèrent nullement au bonheur de leurs époux; si toutefois elles contribuèrent à leur philosophie. — Caton répudia sa femme : — nous ne savons rien de celle de Varron ; — quant à celle de Sénèque, nous savons seulement qu'elle était disposée à mourir avec lui, mais qu'elle

pagne, qui m'apporta la ruine en douaire; — à voir et sentir tous ces maux, à les savoir irréparables, j'ai reçu une amère leçon; mais je suis resté libre : j'ai subi mon sort sans déshonneur, comme je me l'étais attiré sans bassesse : ils ont fait de moi un exilé, — non un esclave.

se ravisa, et vécut encore plusieurs années. Mais, dit Lionardo : *L'uomo è animale civile, secondo piace a tutti i filosofi;* et il conclut de là que la plus grande preuve du *civisme de l'animal* est *la prima congiunzione dalla quale multiplicata nasce la città.*

Chant Deuxième.

L'esprit des anciens jours de ferveur, alors que la parole était chose révérée, et que, l'avenir se dévoilant à la pensée, elle commandait aux hommes de lire le destin des enfans de leurs enfans dans l'abîme ouvert du tems qui doit être, et de contempler le chaos des événemens, où gisent, à demi formés, les êtres qui subiront un jour l'humaine condition; — cet esprit, que les illustres voyans d'Israël portaient dans leur sein, est aujourd'hui en moi comme jadis en eux : et, si j'ai le sort de Cassandre, si, au milieu du bruit des factions, personne n'entend ou n'écoute cette voix qui crie du désert, la faute en soit à eux! et que ma conscience me donne la seule récompense que j'aie jamais connue! N'as-tu pas versé ton sang? et dois-tu le verser encore, Italie? Ah! un tel avenir, que me dévoile une lumière sombre et sépulcrale, m'ordonne d'oublier, dans les maux irréparables qui te frappent, ceux qui m'ont frappé moi-même. Nous ne pouvons avoir qu'une patrie, et tu es encore la mienne; — mes ossemens seront dans ton sein, mon ame dans ton langage, qui régna jadis avec notre vieil empire romain dans toute l'étendue de l'Occident; mais je ferai surgir une autre langue, aussi sublime et plus douce, dans laquelle l'ardeur du héros, où les soupirs de l'amant, tout sujet enfin trouvera pour son expression de tels accens, que chaque mot, aussi brillant que ton ciel, réalisera le plus beau rêve d'un poète, et te fera proclamer reine du chant par l'Europe entière; ainsi, toute parole, comparée à la tienne, semblera ce qu'est à la voix du rossignol celle des autres oiseaux, et toute langue, devant la tienne, confessera sa barbarie; et cet honneur, tu le devras à celui que tu as tant outragé, à ton barde toscan, au Gibelin banni. Malheur! malheur! le voile des siècles futurs est déchiré; — mille années, qui restent encore immobiles, comme les vagues de l'Océan, tant que les vents ne se lèvent pas, s'avancent, balancées d'une sombre et morne ondulation, du fond de l'éternité jusques à mon regard; les orages dorment encore, les nuages se maintiennent toujours en leur place, le volcan souterrain qui ébranlera le sol n'est pas encore allumé, le sanglant chaos attend encore la création; mais tout est disposé pour l'exécution de ta sentence, les élémens n'ont besoin que d'un mot : « Que les ténèbres soient [1] ! » et soudain, tu deviens un tombeau ! Oui, toi, contrée si belle, tu sentiras le glaive ! toi, Italie, lieu charmant, paradis ressus-

---

[1] Allusion au mot fameux de la *Genèse* : « Que la lumière soit. » M. A. P. traduit : « Que tout soit dans les ténèbres. »

(*N. du Tr.*)

cité, où l'homme retrouve sa félicité primitive! Ah! les fils d'Adam doivent-ils donc perdre deux fois leur heureuse demeure? Italie! dont les plaines fécondes pourraient, sans la charrue, et par le seul bienfait du soleil, suffire à nourrir le monde; toi, où le ciel se dore d'étoiles plus brillantes, se revêt d'un bleu plus foncé; toi, où l'été bâtit son palais en maint endroit délicieux; berceau de cet empire, qui orna la ville éternelle de la dépouille des rois, vaincus par les hommes libres: patrie des héros, asile des saints, où d'abord la gloire terrestre, puis la gloire céleste a fixé son séjour; toi, qui nous reproduis tout ce qu'a rêvé l'imagination la plus vive, et dont l'aspect efface les faibles couleurs du portrait que nous nous en étions figuré, aussitôt que notre regard,— du haut des Alpes, au milieu des neiges affreuses, des rochers, et de l'ombrage sombre du pin, ami des déserts, dont la cime d'émeraude obéit à l'orage,— s'étend avec complaisance sur toi, et, pour ainsi dire, appelle avec ardeur à son aide la vue de tes campagnes dorées par le soleil, de tes campagnes qui, devenant de plus en plus proches, deviennent de plus en plus chères, et le deviendraient encore davantage si elles étaient libres; c'est donc toi, mon Italie, — c'est toi qui dois te flétrir au gré de tous les tyrans! Le Goth a été, — le Germain, le Franc et le Hun sont encore à venir, — et du haut de l'impériale colline, la destruction, déjà fière des œuvres accomplies par les anciens barbares, attend ceux des âges nouveaux; assise, au mont Palatin, sur un trône, elle voit, à ses pieds, Rome, vaincue et prisonnière, nager dans le sang de ses enfans; tant de victimes humaines, tant de Romains massacrés, répandent une teinte sanglante dans l'air naguère si bleu, et colorent en rouge les eaux safranées du Tibre comblé de cadavres; le faible prêtre, et la vierge, encore plus faible et non moins sainte, qui avaient voué leur vie à Dieu, se sont enfuis en criant, et ont cessé leur ministère; les nations saisissent leur proie; voici venir Ibériens, Allemands, Lombards; voici venir aussi bêtes féroces et oiseaux dévorans, loups, vautours, plus humains que ces hommes : car la brute mange la chair et boit le sang des morts, puis passe son chemin; mais ces sauvages à face humaine épuisent tous les genres de tourmens, et cherchent toujours un nouvel aliment à leur rage aussi insatiable que la faim d'Ugolin. La lune neuf fois se lèvera, neuf fois se couchera durant ces horribles scènes [1]; l'armée, qui se rassembla sous la bannière d'un prince félon, a perdu son chef, et en a laissé les restes inanimés aux portes de la ville; si le royal rebelle eût vécu, tu aurais peut-être été épargnée; mais sa destinée a entraîné la tienne, ô Rome, qui tour à tour pillas la France, ou

---

[1] Voir *Sacco di Roma*, généralement attribué à Guichardin. Il y a un autre récit composé par un Jacopo *Buonaparte*, *gentiluomo samminiatese che vi si trovò presente*.

fus pillée par elle, depuis Brennus jusqu'à Bourbon [1]; jamais, non jamais l'étendard étranger ne s'avancera contre tes murs, sans que le Tibre ne devienne une rivière de deuil. Oh! quand les étrangers franchissent les Alpes et le Pô, écrasez-les, ô rochers! et vous, flots, abîmez-les, et pour toujours. Pourquoi sommeillent ainsi les avalanches oisives, qui fondront ensuite sur la tête du pélerin solitaire? Pourquoi l'Éridan [2] ne sort-il de son lit turbulent que pour engloutir la moisson du laboureur? Les hordes barbares ne seraient-elles pas une plus noble proie? Le désert répandit son océan de sable sur l'armée de Cambyse; l'empire des ondes amères ensevelit Pharaon et ses mille et mille soldats, — pourquoi donc, montagnes et rivières, ne faites-vous point ainsi! Et vous, Romains, qui n'osez mourir, vous, fils des conquérans qui vainquirent ceux qui avaient vaincu le fier Xerxès aux lieux où gisent encore les guerriers dont la tombe ne connut jamais l'oubli, les Alpes sont-elles donc plus faibles que les Thermopyles? leurs passages plus propices à l'invasion? N'est-ce pas vous plutôt qui ouvrez la porte à toute armée, qui laissez les envahisseurs marcher librement et en paix à travers vos montagnes? Quoi

---

[1] Charles de-Bourbon, connétable, qui mourut en 1537, en donnant l'assaut à Rome: c'est le grand-père de Henri IV. (*N. du Tr.*)

[2] Nom poétique du Pô.
Fluviorum rex Eridanus.
Virg.
(*N. du Tr.*)

donc! la nature elle-même arrête le char du vainqueur, et rend votre pays imprenable, autant du moins que cela est possible : car la terre, toute seule, ne se défendra pas, mais elle aide le guerrier digne d'être né sur un sol où les mères donnent le jour à des hommes. Il n'en est pas de même pour ceux dont les ames n'ont que peu de valeur; nulle forteresse ne peut leur servir; — la retraite du pauvre reptile qui conserve son dard est plus sûre que des murailles de diamant, quand il n'y a dans leur enceinte que des cœurs tremblans. N'êtes-vous pas braves? Oui; le sol de l'Ausonie a encore des cœurs, des bras, des armes, des soldats à opposer à l'oppression; mais tout effort sera vain, tant que la dissension sèmera les germes du malheur et de la faiblesse; et toujours l'étranger viendra remporter nos dépouilles. O ma belle patrie! si long-tems humiliée, si long-tems le tombeau des espérances de tes propres enfans, quand il n'est besoin que d'un seul coup pour briser la chaîne; mais — le vengeur hésite; le doute et la discorde se placent entre toi et les tiens; et joignent leur force à qui vient t'assaillir. Que faut-il pour t'assurer la liberté, et pour montrer ta beauté dans son plus grand éclat? Il faut rendre les Alpes impénétrables; et, nous, tes fils, nous pouvons le faire en accomplissant *un seul* devoir : — celui de nous unir.

M. A. P. traduit : « Le *sol* ne combattra pas *seul.* »

(*N. du Tr.*)

Chant Troisième.

Que vois-je sortir de l'inépuisable océan du mal ? pestes, princes, étrangers et glaives, vases de colère ne se vidant que pour se remplir et déborder de nouveau ; je ne puis dire tout ce qui s'offre en foule à mon œil prophétique : la terre et la mer ne fourniraient pas assez d'espace pour écrire cette histoire, et pourtant elle s'accomplira ; oui, tout a été gravé, mais non par le burin de l'homme, là où prennent naissance les soleils et les astres les plus lointains. Déployée comme une bannière, à la porte des cieux, flotte la sanglante page de nos mille années de misère ; et l'écho de nos gémissemens se prolonge à travers les sons du chant des archanges. Italie, nation martyre, la vapeur de ton sang ne montera pas en vain jusqu'au trône éternel de la toute-puissance et de la miséricorde : comme le vent frappe les cordes de la harpe, ainsi le bruit de tes lamentations s'élèvera sur les voix des séraphins, et ira toucher le Très-Haut. Pour moi, le plus humble de tes enfans, limon terrestre éveillé par l'immortalité au sentiment et à la souffrance ; oui, quelles que puissent être les railleries des superbes, et les menaces des tyrans, quoique de plus faibles victimes puissent se courber devant l'orage dont le souffle est si rude; c'est à toi, ma patrie, terre jadis aimée, encore aimée aujourd'hui, c'est à toi que je dévoue ma lyre en deuil, et le triste privilége que j'ai de lire dans l'avenir! Si ma verve n'est pas ce que tu la vis autrefois, pardonne! Je ne peux que prédire tes destins.—puis expirer! Ne crois pas que, après un tel spectacle, je puisse vivre encore. L'esprit me force de voir et de parler, et m'accorde pour récompense de ne pas y survivre : mon cœur sera brisé et se fondra en larmes sur toi. Mais avant que je déroule de nouveau le noir tissu de tes infortunes, je veux, parmi les éclairs qui étincellent dans tes ténèbres, saisir un rayon de douce lumière; dans ta nuit même brillent quelques astres et plusieurs météores; sur ta tombe se penche une statue dont la beauté défie la mort; de tes cendres s'élèvent maints esprits puissans qui feront ta gloire, et le charme du monde; ton sol sera toujours fertile en hommes sages, gais, savans, généreux ou braves : tu es leur patrie naturelle, comme tes cieux le sont de l'été. Tes fils font des conquêtes sur les rivages étrangers et sur les mers lointaines [1]; découvrent des mondes nouveaux qui prennent leur nom [2]; c'est pour *toi* seule que leur bras est impuissant; et toute ta récompense

---

[1] Alexandre de Parme, Spinola, Pescaire, Eugène de Savoie, Montecuculli.

[2] Christophe Colomb, Améric Vespuce, Sébastien Cabot.

est dans leur renommée, noble il est vrai pour eux, mais non pour toi. — Ils seront donc illustres, et toi tu resteras la même ? Oh ! bien plus grande que la leur sera la gloire du grand homme — qui peut-être est déjà né ; — du sauveur mortel qui te rendra libre, qui replacera sur ton front ce diadême tant usé et déformé par les modernes barbares ; qui verra le soleil bienfaisant éclairer tout ton horizon, ton horizon moral, trop long-tems obscurci par les nuages et par ces infectes vapeurs de l'Averne, faites pour n'être respirées que par ceux qui sont avilis par la servitude et qui ont leur ame en prison. Cependant, au milieu de cette éclipse millénaire de ta prospérité, quelques voix se feront entendre, et la terre prêtera l'oreille ; maints poètes me suivront dans la route que j'ouvre, et la rendront plus large ; ce même ciel dont l'éclat anime le chant des oiseaux, enflammera leur verve, et leur inspirera des accens aussi naturels et aussi beaux ; harmonieux seront leurs vers : beaucoup chanteront l'amour ; quelques-uns la liberté ; mais peu prendront l'essor de l'aigle, et jetteront un regard d'aigle sur le soleil avec l'aisance et l'intrépidité du roi des airs : leur vol sera plus près de la terre. Combien de phrases sublimes seront prodiguées à quelque petit prince avec une profusion adulatrice ! Le langage, éloquemment faux, trahira l'avilissement du génie, qui, comme la beauté, oublie trop souvent le respect qu'il se doit à lui-même, et regarde la prostitution comme un devoir. *Celui qui* entre comme hôte dans le palais d'un tyran [1], devient aussitôt un esclave ; ses pensées sont la proie d'autrui ; *et le jour qui voit le captif attaché à la chaîne* [2], *le voit soudain moitié moins homme* ; — la castration de l'ame éteint toute son ardeur : ainsi le barde, trop voisin du trône, perd sa verve, obligée à *plaire*. — Quelle tâche servile, que de ne travailler qu'à plaire ! Polir ses vers pour les rendre agréables aux heures d'aise et de loisir de son souverain ; ne s'étendre trop long-tems sur rien, sauf l'éloge du prince; trouver et saisir, par force ou ruse [3], quelque sujet heureux ! Ainsi entravé, ainsi condamné aux accens de la flatterie, le poète fatigue, tremblant toujours de faillir : comme il craint qu'une noble pensée, par une rébellion céleste, ne s'élève dans son cerveau coupable de haute trahison, il chante, comme parlait l'orateur athénien, avec des cailloux dans la bouche, afin que la vérité ne puisse bégayer dans son style. Mais dans la longue file des faiseurs de sonnets, il y en aura qui ne chanteront pas en vain : et l'un d'eux [4], prince de la troupe, prendra rang parmi mes pairs ; l'amour sera son tourment, mais sa douleur produira une immortalité de larmes; l'Ita-

---

[1] Vers d'une tragédie grecque, que Pompée prononça en prenant congé de Cornélie, lorsqu'il entrait dans la barque où il fut tué.

[2] Le vers et la pensée se trouvent dans Homère.

[3] Il y a dans le texte un jeu de mots, une *paronomase* intraduisible : *or force, or forge*.

(*N. du Tr.*)

[4] Pétrarque.

lie le saluera comme le chef des poètes-amans, et le chant de liberté, qu'un plus sublime enthousiasme lui aura inspiré, lui vaudra encore une couronne de lauriers non moins verts. Mais plus tard naîtront, sur les bords du Pô, deux hommes encore plus grands que lui : le monde lui avait souri; mais eux, ils seront persécutés jusqu'à ce qu'ils ne soient plus que poussière, et qu'ils soient venus reposer avec moi. Le premier[1] créera une époque avec sa lyre, et remplira l'univers des exploits de la chevalerie : son imagination ressemble à l'arc-en-ciel ; le feu de son génie est immortel comme celui du ciel ; sa pensée est emportée d'un vol infatigable ; le plaisir, comme le papillon qu'un enfant vient de saisir, agitera sur le poème ses charmantes ailes ; et l'art lui-même semblera devenir nature, tant le rêve brillant du poète aura de transparence ! — Le second[2], sur un ton plus tendre et plus triste, épanchera son ame sur Jérusalem ; lui aussi, il chantera les armes, et le sang chrétien versé aux lieux où le Christ versa le sien pour l'homme ; sa harpe sublime renouvellera le chant de Sion près des saules du Jourdain : combats opiniâtres, triomphe complet des guerriers braves et pieux, efforts variés de l'enfer pour détourner ces héros de leur grand dessein, bannières à croix rouge flottant enfin où la première croix fut

---

[1] L'Arioste. (*N. du Tr.*)

[2] Le Tasse. (*N. du Tr.*)

rouge du sang des veines de notre *sauveur*, voilà l'argument sacré du poète. La perte de ses années, de sa faveur, de sa liberté, même de sa gloire qu'on lui conteste quelque tems, lorsque le langage poli des cours glisse sur son nom oublié, et nomme sa captivité un bienfait qui le protège contre la folie ou la honte; voilà quel sera son salaire, à lui qui fut envoyé pour être le poète-lauréat du Christ! — Les hommes le récompensent bien! Florence ne me condamne qu'à la mort ou au bannissement; Ferrare le condamne à la ration et au cachot du criminel, sort plus dur et moins mérité; car, moi, j'ai attaqué les factions que je m'efforçai de dompter : mais cet homme doux, qui regardera la terre et le ciel avec l'œil d'un amant, qui daignera immortaliser de sa céleste flatterie le plus pauvre être qui ait jamais été mis au monde pour régner, — que fera-t-il pour mériter un tel sort? Peut-être il aimera. — Quoi donc! aimer en vain, n'est-ce pas là une torture suffisante? Faut-il donc encore être enseveli vivant dans une tombe? Cependant telle est la loi du destin. — Lui, et son émule le barde de la chevalerie, consumeront tous deux de nombreuses années dans la pénurie et dans la peine; mourant dans le désespoir, ils légueront au monde entier, qui leur accordera à peine une larme, un héritage fait pour enrichir tous ceux qui vivent des trésors de l'ame d'un vrai poète, — et à leur patrie une double couronne, sans égale dans le cours des âges : non, la Grèce même ne peut ; dans les annales de ses olympiades, montrer deux noms tels que les leurs, quoiqu'un de ses enfans soit puissant ; — et c'est là toute la destinée de tels hommes ici-bas ! Les plus belles pensées, l'esprit le plus vif, le sang électrique qui coule dans leurs artères, leur corps devenu lui-même une ame par le sentiment profond de ce qui est, et par la conception de ce qui devrait être, tout cela doit-il donc conduire à une telle récompense ? Leur brillant plumage sera-t-il jeté çà et là par l'orage cruel ? Oui, et il en doit être ainsi ; formés d'une trop subtile matière, ces oiseaux du paradis ne songent qu'à retourner à leur séjour natal ; ils trouvent bientôt que les brouillards de la terre ne conviennent pas à leurs ailes si pures : ils meurent ou se dégradent, car l'esprit succombe à une longue infection et au désespoir ; mille passions ennemies suivent de près leurs pas, comme des vautours qui attendent le moment d'assaillir et de déchirer leurs victimes ; et, lorsqu'enfin leur aile fatiguée les laisse choir, c'est alors le triomphe de l'oiseau de proie ; c'est alors que les ravisseurs partagent la dépouille des malheureux écrasés au premier choc de cette horrible attaque. Toutefois, quelques esprits ont été hors d'atteinte ; ce sont ceux qui apprirent à supporter la vie, qu'aucune puissance ne put jamais abattre, qui purent résister à eux-mêmes, tâche pénible et désespérée par-dessus toutes ! Mais enfin, quelques esprits ont eu ce privilége ; et si mon nom était inscrit parmi eux, il serait plus fier de cette destinée austère et néanmoins sereine que d'une gloire plus éclatante, mais si funeste. Les Alpes ont leurs cimes de neige plus voisines du ciel, que ne l'est le cratère du redoutable volcan, dont la splendeur émane du noir abîme ; la montagne brûlée, dont le sein bouillant vomit avec effort une flamme éphémère, ne luit que pour une nuit de terreur, puis renvoie ses torrens de feu à l'enfer d'où ils sortirent, à l'enfer qui siége toujours dans ses entrailles.

Chant Quatrième.

Il est plusieurs poètes qui n'ont jamais tracé sur le papier leurs inspirations, et peut-être sont-ce les meilleurs : ils sentirent, ils aimèrent, ils moururent ; mais ne voulurent pas communiquer leurs pensées à des êtres inférieurs. Ils renfermèrent le dieu dans leur sein ; et rejoignirent l'empyrée sans avoir ceint leur front du terrestre laurier ; mais cent fois plus heureux que ceux qui, dégradés par le trouble des passions et par les faiblesses attachées à la gloire, ne conquièrent une haute renommée qu'au prix de mille cicatrices. Il est plusieurs poètes qui n'en portent pas le nom ; mais, où réside la poésie, sinon dans ce génie créateur qui sent le bien et le mal plus vivement que le vulgaire ; qui tend à vivre par delà sa mort ; qui, nouveau Prométhée d'une race nouvelle, apporte le feu du ciel, et voit trop tard qu'un horrible supplice est le salaire des plaisirs donnés aux hommes? Les vautours dévorent les entrailles de celui qui a vainement rendu à la terre un sublime bienfait, et qui gît enchaîné sur un roc solitaire sans cesse battu par les flots. Ainsi soit le destin : nous saurons le souffrir. — Donc, tous ceux dont l'intelligence est un pouvoir dominateur qui se dégage des entraves de l'argile corporelle ou la transforme presque en esprit, ceux-là, quelle que soit la forme que revêtent leurs créations, sont tous de véritables bardes. Le buste de marbre que le ciseau anima peut, sur son front éloquent, dévoiler autant de poésie que toutes les pages d'Homère. Un noble coup de pinceau peut douer de la vie, ou déifier cette toile qui brille d'une beauté tellement surhumaine que ceux qui fléchissent le genou devant une idole si divine ne violent pas le sacré commandement; car le ciel même est là transporté, transfiguré. Les accens de poésie qui ne peuplent que l'air de notre pensée et des êtres réfléchis par elle, ne peuvent rien faire de plus. Laissons donc l'artiste partager la palme, il partage le péril, et, consterné, se meurt sur son travail dédaigné. — Hélas! le désespoir et le génie sont trop souvent liés ensemble. Durant les âges qui passent devant moi, l'art ressaisira son sceptre, tout aussi glorieux que le lui firent Apelle et le vieux Phidias dans les jours immortels de la Grèce. Vous serez instruits par les ruines à ressusciter du moins les formes grecques du sein de leur décadence; enfin, les ames des Romains revivront dans des statues romaines taillées par les mains italiennes. Des temples, plus élevés que les temples antiques, donneront de nouvelles merveilles au monde, et tandis que l'austère Panthéon est encore debout, un dôme[1], son

---

[1] La coupole de Saint-Pierre.

image, s'élancera jusqu'aux cieux[1]; dôme dont la base est une église immense qui surpasse tout ce qui fut auparavant, et où les vivans viendront en foule s'agenouiller. Jamais pareil spectacle ne fut offert par un portique tel que celui-ci, où toutes les nations viennent déposer et racheter leurs péchés comme à la vaste entrée du ciel; et cet architecte hardi à qui sera confié le soin téméraire d'élever ce monument, cet homme, que tous les arts reconnaîtront comme leur maître, soit que du chaos de marbre où il plongera son ciseau, renaisse cet Hébreu[2]

[1] M. A. P. traduit : « Posé sur l'austère Panthéon, un dôme, son » imagé, s'élancera jusqu'au ciel. » C'est un contre-sens qui prête à Byron une lourde erreur, celle de croire que l'église Saint-Pierre ait été bâtie sur les restes du Panthéon.

(*N. du Tr.*)

[2] La statue de Moïse sur le monument de Jules II.

SONNETTO

di Giovanni Battista Zappi.

Chi è costui, che in dura pietra scolto,
   Siede gigante; e le più illustre, e conte
   Prove dell' arte avvanza, e ha vive, e pronte
   Le labbia sì, che le parole ascolto?

Quest' è Mosè; ben me'l diceva il folto
   Onor del mento, e'l doppio raggio in fronte,
   Quest' è Mosè, quando scendea del monte,
   E gran parte del Nume avea nel volto.

Tal era allor, che le sonanti, e vaste
   Acque ei sospese a sè d'intorno, e tale
   Quando il mar chiuse, e ne fè tomba altrui.

E voi, sue turbe, un rio vitello alzate?
   Alzata aveste imago a questa eguale!
   Ch' era men fallo l' adorar costui.

dont la voix entraîne Israël hors d'Égypte, et tient suspendus les flots de pierre, soit que son pinceau étende sur les damnés les couleurs de l'enfer devant le trône du suprême juge [1], et qu'il rende ce spectacle tel que je l'ai vu, tel que tous le verront, soit enfin qu'il bâtisse des temples de grandeur jusqu'alors inconnue, eh bien, cet homme aura pris de moi le germe de ses grandes pensées, oui, de moi, le Gibelin [2], qui ai traversé les trois royaumes de l'empire de l'éternité. Au milieu du cliquetis des épées et du choc retentissant des heaumes, l'âge que je prévois n'en sera pas moins l'âge des beaux arts; et, tandis que les nations gémissent sous le faix du malheur, le génie de ma patrie s'élèvera, tel qu'un cèdre sublime, au sein du désert, charme les yeux par l'aspect de ses rameaux, et, reconnu de loin, répand dans les airs son parfum non moins suave que son apparence est belle. Les souverains s'arrêteront au milieu de leurs joutes guerrières, se sèvreront de sang une heure ou deux, pour tourner et fixer leur regard sur la toile ou sur la pierre; et ceux qui gâtent tout ce que la terre a de beau, forcés à l'éloge, sentiront le pouvoir de ce qu'ils détruisent. L'art, abusé dans sa reconnaissance, élèvera

---

[1] Le tableau du Jugement dernier, dans la chapelle Sixtine.

[2] J'ai lu quelque part (si je ne me trompe, car je ne puis me rappeler où) que le Dante était l'auteur favori de Michel-Ange, à tel point que celui-ci avait dessiné tous les sujets de la *Divine Comédie*; mais que le volume contenant ces études se perdit dans la mer.

des emblêmes et des monumens en l'honneur des tyrans qui ne font de lui qu'un hochet, et prostituera ses charmes aux pontifes orgueilleux [1] qui n'emploient l'homme de génie que comme la plus vile brute condamnée à porter les fardeaux, et à servir nos besoins : vendre ses travaux, c'est vendre aussi son ame. Celui qui travaille pour les nations sera pauvre, peut-être, mais libre ; celui qui fatigue pour les monarques n'est rien de plus que le laquais doré qui, habillé et nourri aux frais de son maître, garde, à sa porte, une posture humble et servile. Oh! puissance suprême qui règles toute chose et inspires tout esprit! comment se fait-il que ceux dont le pouvoir sur la terre se manifeste de la manière la plus semblable au tien dans le ciel, soient eux-mêmes si loin de tes divers attributs, foulent aux pieds les têtes humiliées devant eux, et nous assurent ensuite que leurs droits sont les tiens ? Comment se fait-il que les enfans de la renommée, ceux à qui l'inspiration semble luire d'en haut, ceux dont les peuples répètent le nom, doivent passer leurs jours dans la pénurie ou dans la peine, ou bien marcher à la grandeur par les chemins de la honte, porter un stigmate plus profond, une chaîne plus fastueuse ; ou bien, si leur destinée les a fait naître loin de la classe pauvre, ou, en les y laissant, leur a fait éprouver de vaines tentations, soutenir au fond de leurs ames une plus rude

---

[1] On sait comment Michel-Ange fut traité par Jules II, et combien il fut négligé par Léon X.

épreuve, le combat intérieur de passions profondes et intraitables? O Florence, quand ta sentence cruelle rasa ma maison, je t'aimais! cependant la vengeresse colère de mes vers, et la haine de tes injustices, grossie, d'année en année, par de nouvelles malédictions, survivront à tout ce qui t'est le plus cher, à ton orgueil, à tes richesses, à ta liberté, et même, au plus infernal de tous les maux d'ici-bas, au despotisme des petits tyrans de l'état; car le despotisme n'est pas exclusif aux rois : les démagogues ne le cèdent à ceux-ci qu'en date; ils disparaissent plus tôt; d'ailleurs, dans tout ce qui force les hommes à se haïr eux-mêmes ou les uns les autres, en discorde, en couardise, en cruauté, dans toutes les horreurs nées de l'incestueux commerce de la mort et du péché[1], dans l'art de l'oppression sous sa plus rude forme, un chef de faction n'est que le frère du sultan, et le singe, cent fois moins humain, du pire des despotes. Florence! long-tems mon esprit solitaire a vainement soupiré, comme le captif qui travaille à son évasion, pour te revoir en dépit de tes outrages; je restai dans l'exil, la plus triste de toutes les prisons : errer dans le monde entier comme dans

---

[1] Voir Milton, *Paradis perdu*, ch. II. Le péché, démon féminin, sorti de la tête de Satan, comme Minerve de celle de Jupiter, fut soudain aimé par Satan lui-même et en eut un fils, la Mort, qui, aussitôt après sa naissance, viola sa mère.

(*Note de Lord Byron.*)

Les Anglais donnent à la mort (*death*) le sexe masculin, et au péché (*sin*) le sexe féminin.

(*N. du Tr.*)

un donjon sans issue! les mers, les montagnes, ou plutôt, l'horizon pour barrière qui ferme à l'homme le seul petit coin de terre dans lequel — quel que fût son destin — il serait encore l'enfant de son pays, et pourrait mourir où il naquit! — Florence, quand mon esprit solitaire retournera dans le monde des esprits, tu sentiras alors ce que je valais, tu chercheras à honorer, avec une urne vide, les cendres que tu n'obtiendras jamais! — Hélas! « Que t'ai-je fait; mon peuple[1]? » Tous tes châtimens sont sévères; mais ceci passe les limites communes de la malice humaine; car tout ce qu'un citoyen peut être, je le fus : élevé par ta volonté, tout à toi dans la paix comme dans la guerre, et c'est pour cela que tu as dirigé tes armes contre moi. — C'en est fait, je ne puis franchir l'éternelle barrière élevée entre nous; je mourrai seul, regardant, avec l'œil sombre d'un prophète, ces jours de malheur révélés aux ames privilégiées, et prédisant ces jours à des hommes qui n'entendront pas plus que dans les anciens âges, jusqu'à ce que l'heure soit venue où la vérité frappera leurs yeux couverts de larmes, et forcera leur bouche à reconnaître le prophète dans sa tombe.

[1] « E scrisse più volte non solamente a particulari cittadin del reggimento, ma ancora al popolo, e intra l'altre un epistola assai lunga che comincia : — « Popule mi, quid feci tibi? »

(*Vita di Dante*, scritta da Lionardo Aretino.)

FIN DE LA PROPHÉTIE DU DANTE.

MISCELLANÉES.

MISCELLANÉES.

I.

LE RÊVE.

1. Notre vie est double : le sommeil a son empire, c'est un intermédiaire à ces deux choses qu'on désigne si mal sous les noms de Mort et d'Existence : le sommeil a son empire, monde immense de triste réalité. Les rêves, dans leur entier développement, ont de la vie, des larmes, des tourmens et des joies : ils laissent, après le réveil, un poids sur nos pensées, ils allègent les fatigues de la veille, ils divisent notre être : ils deviennent une portion de nous-mêmes, tout aussi bien que de notre tems, et semblent être les hérauts de l'éternité : ils passent comme les esprits du passé, — ils parlent, comme des sybilles, de l'avenir : ils ont un pouvoir tyrannique, — imposent le plaisir et la peine ; ils nous font ce que nous n'étions pas, — ce qu'ils veulent nous faire ; ils nous frappent de la vision qui a disparu, de la crainte d'ombres évanouies. — Est-il vrai ? Le passé tout entier n'est-il pas une ombre ? Que sont les rêves ? sinon des créations de l'esprit. — L'esprit a le pouvoir de créer, — de peupler sa sphère d'êtres plus brillans que ceux du monde réel, et de donner la vie à des formes qui peuvent survivre à toute matière. Je voudrais rappeler une vision que j'ai rêvée, par hasard, durant

mon sommeil; — car une pensée, oui, une pensée de l'homme endormi, peut en soi embrasser des années, et condenser une longue vie en une seule heure.

2. Je vis deux êtres parés des couleurs de la jeunesse, debout sur une colline, — une colline charmante, verte, de pente douce, semblable à un cap qui termine une longue chaîne de coteaux, hormis qu'à ses pieds il n'y avait pas de mer qui la baignât, mais un paysage vivant, des forêts et des moissons ondoyantes, les demeures des hommes éparses çà et là, et une auréole de fumée s'élevant de ces toits rustiques; — la colline était couronnée d'un diadême d'arbres disposés en cercle, non par le jeu de la nature, mais par l'homme. Oui, tous deux étaient là; — la jeune fille regardait ce paysage aussi aimable qu'elle-même, — mais le jeune homme ne regardait qu'elle; tous deux étaient jeunes, et cette fille était belle; tous deux étaient jeunes, — mais non de la même jeunesse [1]. Elle, comme la douce lune au bord de l'horizon, elle était à la veille d'être tout-à-fait femme : lui, il avait vu moins de printems, mais son cœur avait devancé de beaucoup ses années : à ses yeux, il n'y avait sur terre qu'un visage digne d'a-

---

[1] Ce prétendu rêve de Lord Byron n'est, comme on le voit, que le souvenir de son premier amour. Ce jeune homme et cette jeune fille, c'est lui-même et Marie Chaworth. Tous les autres tableaux de ce rêve représenteront pareillement les principales circonstances de la vie de l'auteur.

(*N. du Tr.*)

mour, et ce visage alors brillait sur lui ; il avait contemplé cet astre tant que cet astre ne s'éclipsa point ; il ne respirait, n'existait qu'en *elle* ; la voix de cette vierge était sa voix ; il ne lui parlait pas, mais il tremblait aux paroles qu'*elle* prononçait : la vue de cette vierge était sa vue, car il ne voyait plus que par ces beaux yeux, qui prêtaient leur éclat à tous les objets : — il avait cessé de vivre en lui-même ; la vie de cette vierge était sa vie : l'océan où venait aboutir le fleuve de ses pensées, c'était *elle* : lui disait-elle un mot, le touchait-elle du doigt ? soudain le sang du jeune homme hâtait ou retardait son cours, ses joues changeaient de couleur, — et pourtant son cœur ignorait la cause de cette orageuse agonie. Elle, au contraire, ne prenait aucune part en ces tendres sentimens : elle ne poussa jamais aucun soupir pour lui ; elle le traitait comme un frère, — mais pas davantage ; c'était beaucoup, car elle n'avait point de frère, hors celui à qui la naïveté enfantine de son amitié en avait donné le nom ; elle était l'unique rejeton d'une race antique et honorée. — Quant à lui, le nom de frère lui plaisait, et pourtant lui déplaisait aussi, — et pourquoi ? le tems lui fit une réponse profonde — quand elle en aima un autre ; même alors elle en aimait un autre, et, du sommet de la colline, elle regardait au loin si le courrier de son amant égalait en ardeur sa propre impatience, et volait auprès d'elle.

3. L'esprit de mon rêve changea. Je vis un vieux

château, et, au devant de ses murs, un cheval tout harnaché : dans un oratoire antique était le jeune garçon dont je parlais tout-à-l'heure ; — il était seul, et pâle, et se promenait à grands pas ; il s'assit, saisit une plume, traça des mots que je ne pus deviner ; puis il pencha sa tête entre ses mains, et la secoua comme par un mouvement convulsif, — puis il se releva, et avec ses dents et ses mains frémissantes il déchira ce qu'il avait écrit, mais sans verser une larme. Enfin il se remit, et donna à son front une sorte de calme : là-dessus, la dame de ses pensées rentra ; elle avait un air serein et riant, et pourtant elle savait qu'elle était aimée de lui, — elle savait (car un tel savoir vient vite) que ce cœur était plein de son image ; elle voyait que ce jeune homme était malheureux, mais elle ne voyait pas tout. Il se leva, et, d'une étreinte froide et polie, il serra la main de cette fille : un moment sur son visage se peignit une page de pensées indicibles, puis tout cela s'évanouit encore plus vite ; il laissa tomber la main qu'il tenait, et se retira à pas lents, mais non comme s'il lui eût dit adieu ; car tous deux se quittèrent avec de mutuels sourires : il franchit la porte massive du vieux château, monta à cheval, se mit en chemin, et désormais ne repassa plus ce seuil antique.

4. L'esprit de mon rêve changea. Le jeune garçon était un homme. Dans les déserts d'un climat de feu, il s'était fait une demeure, et son ame savourait

à longs traits les rayons du soleil; il était environné de spectacles étrangers et sombres; il n'était plus lui-même ce qu'il avait été jadis; c'était un voyageur errant sur la mer et sur ses rivages. Je voyais devant moi mille et mille images s'accumuler en masse comme des ondes; et lui, faire partie de toutes. Enfin, je l'aperçus se reposant de l'accablante chaleur du milieu du jour, couché parmi les colonnes tombées, à l'ombre de murailles ruinées, qui survivent aux noms de ceux qui les ont élevées : pendant son sommeil, les chameaux broutaient l'herbe à son côté, quelques chevaux, de belle apparence, étaient attachés près d'une fontaine : un homme vêtu d'une robe flottante faisait la garde, tandis que plusieurs gens de sa tribu dormaient à l'entour : ils n'avaient, pour pavillon [1] au-dessus de leurs têtes, que le ciel bleu, si serein, si clair, si pur, que Dieu seul eût pu être aperçu dans l'empyrée.

5. L'esprit de mon rêve changea. La jeune dame, naguère aimée en vain, était unie à un époux dont, à son tour, elle n'était point aimée : — en sa demeure, à mille lieues de celle de son malheureux amant, — en sa demeure natale, elle regardait grandir autour d'elle ses enfans, filles et fils de la beauté ; — mais voyez ! elle avait la douleur peinte sur son visage,

---

[1] *They were canopied by the blue sky.*

Gilbert a dit :

Ciel, pavillon de l'homme, etc.

(*N. du Tr.*)

qu'obscurcissait l'ombre d'une lutte intérieure; l'inquiète langueur de son œil semblait dire que sa paupière était chargée de larmes long-tems retenues. Quelle pouvait être sa douleur?—Elle avait ce qu'elle aima, et celui qui l'avait tant aimée n'était point là pour troubler d'une espérance impure, ou de criminels désirs ou d'une affliction mal réprimée, la paix d'une ame innocente. Quelle pouvait être sa douleur ? — Elle ne l'avait point aimé, ni ne lui avait donné motif de se croire aimé : ce n'était pas lui qui pouvait être ce qui la tourmentait, — un spectre du passé.

6. L'esprit de mon rêve changea. — Le voyageur errant était de retour. — Je le vis debout devant un autel — avec une aimable fiancée ; oui, l'épouse était belle, mais pas comme l'astre qui avait lui à l'enfance de l'époux ; — même au pied de l'autel, le front de cet homme prit le même aspect, son sein palpita du même frisson, que jadis dans la solitude de l'oratoire antique ; et puis, — comme autrefois, — un moment sur son visage se peignit une page de pensées indicibles, — puis tout cela s'évanouit encore plus vite. Il resta calme et paisible ; il prononça les vœux d'usage ; mais n'entendit pas ses propres paroles : autour de lui tout chancelait ; il ne put voir ni ce qui se faisait ni ce qui avait dû être fait : — mais le vieux manoir, le château, la chambre, le lieu, le jour, l'heure, le même soleil, les mêmes ombres, enfin, toutes les circonstances de ce lieu et de cette

heure, et cette femme de qui dépendit sa destinée, tout cela revint et se glissa entre lui et la lumière : qu'avaient à faire tous ces souvenirs en un pareil instant ?

7. L'esprit de mon rêve changea. Je vis la jeune dame naguère aimée en vain; — oh! elle était bien changée; et par quoi ? par la maladie de l'ame. Son esprit l'avait abandonnée ; ses yeux n'avaient plus leur éclat ordinaire, mais un regard qui n'est pas de ce monde; elle était devenue la souveraine d'un royaume fantastique ; ses pensées étaient des combinaisons de choses discordantes; des formes impalpables et inaperçues à la vue des autres étaient familières à la sienne; et le monde nomme cela démence; mais les sages ont une folie encore plus profonde. Le coup d'œil de la mélancolie est un don funeste : qu'est-ce, sinon le télescope de la vérité, qui détruit les illusions de la distance, qui nous montre la vie de près dans toute sa nudité, et rend la froide réalité trop réelle ?

8. L'esprit de mon rêve changea. — Le voyageur errant était seul comme auparavant; les êtres qui l'avaient entouré n'étaient plus là, ou étaient en guerre avec lui; il était marqué d'un signe de ruine et de désolation, environné de haines et de discordes ; la peine était mêlée à tout ce qu'on lui offrait ; jusqu'à ce qu'enfin, devenu semblable à l'ancien monarque du Pont [1], il savourât impunément les poisons, qui

---

[1] Mithridate, roi de Pont.

n'avaient plus de force, mais qui étaient pour lui une sorte d'aliment : il vivait de ce qui aurait donné la mort à la plupart des hommes. Il devint ainsi l'ami des esprits des montagnes ; il conversait avec les étoiles et avec l'ame subtile de l'univers ; il apprit dans ces conférences les magiques mystères de la création : le livre de la nuit parut tout ouvert à ses yeux, et des voix du noir abîme lui révélèrent une merveille et un secret. — Ainsi soit.

9. Mon rêve s'évanouit : il ne m'offrit plus d'autre tableau. C'était vraiment fort étrange que le sort de ces deux êtres eût été tracé presque comme une réalité, — eût abouti pour l'un à la folie, — pour tous les deux à l'infortune.

II.

LES TÉNÈBRES.

J'eus un rêve qui n'était pas tout-à-fait un rêve. L'astre brillant du jour était éteint ; les étoiles, désormais sans lumière, erraient à l'aventure dans les ténèbres de l'espace éternel ; et la terre refroidie roulait, obscure et noire, dans une atmosphère sans lune. Le matin venait et s'en allait, — venait sans ramener le jour : les hommes oublièrent leurs passions dans la terreur d'un pareil désastre ; et tous les cœurs, glacés par l'égoïsme, n'avaient d'ardeur que pour implorer le retour de la lumière. On vivait près du feu : — les trônes, les palais des rois couronnés, — les huttes, les habitations de tous les êtres animés, tout était brûlé pour devenir fanal. Les villes étaient consumées, et les hommes se rassemblaient autour de leurs demeures enflammées pour s'entre-regarder encore une fois. Heureux ceux qui habitaient sous l'œil des volcans, et qu'éclairait la torche du cratère! Il n'y avait plus dans le monde entier qu'une attente terrible. Les forêts étaient incendiées; — mais, d'heure en heure, elles tombaient et s'évanouissaient; — les troncs qui craquaient s'éteignaient avec fracas¹; — et tout était noir. Les figures des hommes, près de ces feux désespérés, n'avaient plus une apparence humaine, quand par hasard un éclair de lumière y tombait. Les uns, étendus par terre, cachaient leurs yeux et pleuraient; les autres reposaient leurs mentons sur leurs mains entrelacées, et souriaient; d'autres, enfin, couraient çà et là, alimentaient leurs funèbres bûchers, et levaient les yeux avec une inquiétude délirante vers le ciel, sombre dais d'un monde anéanti; puis, avec d'horribles blasphèmes, ils se laissaient rouler par terre, grinçaient des dents et hurlaient. Les oiseaux de proie criaient aussi, et, frappés d'épouvante, agitaient dans la poussière leurs ailes inutiles. Les bêtes les plus farouches étaient devenues douces et

---

¹ Nous avons essayé de rendre l'harmonie imitative du texte :
The crackling trunks Exstinguished with a crash.
(*N. du Tr.*)

craintives. Les vipères rampaient, et se glissaient parmi la foule; elles sifflaient encore, mais leur dard ne blessait plus : — on tuait ces animaux pour s'en nourrir, et la guerre qui, pour un moment, avait cessé, dévorait de nouveau maintes victimes. — Un repas ne s'achetait qu'au prix du sang, et chacun, assis à l'écart, se rassasiait dans les ténèbres avec une morne gloutonnerie. Il n'y avait plus d'amour : la terre entière n'avait plus qu'une pensée, — et c'était la pensée de la mort, de la mort sans délai et sans gloire. Les angoisses de la famine dévoraient toutes les entrailles ; — les hommes mouraient et leurs ossemens n'avaient pas de tombeau ; ceux qui restaient encore, faibles et amaigris, se mangeaient les uns les autres ; les chiens eux-mêmes attaquaient leurs maîtres, hormis pourtant un seul qui veillait près d'un cadavre, et tenait à distance les animaux et les hommes affamés, jusqu'à ce qu'ils tombassent d'inanition, ou qu'au bruit de la chute d'un nouveau mort, ils courussent déchirer de leurs mâchoires décharnées les chairs encore palpitantes : quant à ce chien fidèle, il ne cherchait point de nourriture; mais, avec un gémissement pitoyable et non interrompu, avec un cri aigu de désespoir, léchant la main qui ne répondait pas à sa caresse, — il mourut. La famine réduisit par degrés le nombre des vivans : enfin deux habitans d'une cité immense survivaient seuls, et ils étaient ennemis : ils se rencontrèrent près des tisons expirans d'un autel consumé où l'on avait entassé, pour un objet profane, un monceau d'objets sacrés : de leurs mains froides et sèches, comme celles d'un squelette, ils remuèrent et grattèrent, tout en frissonnant, les faibles cendres du foyer; leur faible poitrine exhala un léger souffle de vie, et produisit une flamme qui était une vraie dérision : puis la clarté devenant plus grande, ils levèrent les yeux, et s'entre-regardèrent, — se virent, poussèrent un cri, et moururent; — ils moururent du hideux aspect qu'ils s'offrirent l'un à l'autre, ignorant chacun qui était celui sur le front duquel la famine avait écrit *démon*. Le monde était vide : là où furent des villes populeuses et puissantes, plus de saison, plus d'herbe, plus d'arbres, plus d'hommes, plus de vie; rien qu'un monceau de morts, — un chaos de misérable argile. Les rivières, les lacs, l'océan, étaient calmes, et rien ne remuait dans leurs silencieuses profondeurs; les navires, sans matelots, pourrissaient sur la mer; leurs mâts tombaient pièce à pièce; chaque fragment, après sa chute, dormait sur la surface de l'abîme immobile : — les vagues étaient mortes, le flux et reflux anéanti, car la lune qui le règle avait péri; les vents avaient expiré dans l'atmosphère stagnante, et les nuages n'étaient plus; les ténèbres n'avaient pas besoin de leur aide, — elles étaient l'univers lui-même.

III.

TOMBEAU DE CHURCHILL [1],

FAIT EXACT A LA LETTRE.

J'étais près du tombeau de celui qui brilla comme une comète dans son âge, et je vis le plus humble de tous les sépulcres : je contemplai, non sans un vif chagrin et un profond respect, ce gazon négligé, et cette pierre paisible, marquée d'un nom aussi effacé que les noms inconnus d'alentour dont personne ne tente la lecture : puis je demandai au gardien du jardin pourquoi les étrangers interrogeaient sa mémoire sur ce monument, à travers les morts amoncelés d'un demi-siècle ; et il me répondit : — « Ma foi ! je ne sais pas du tout pourquoi tant de » voyageurs viennent en pélerinage à cette tombe : » ce mort est ici arrivé avant que je fusse concierge, » et ce n'est pas moi qui fis creuser cette fosse. ». — Est-ce là tout ? me dis-je en moi-même ; — déchirons-nous le voile de l'immortalité ; voulons-nous je ne sais quel honneur et quelle gloire dans les âges encore à naître, pour endurer un tel outrage, si tôt et si malheureusement? — Comme je me parlais ainsi,

---

[1] Charles Churchill, poète satirique, né en 1731, mort en 1764. Il publia plusieurs poèmes, remarquables par une raillerie fine et mordante : entr'autres, *la Rosciade*, *la Nuit*, *l'Esprit*, etc.

(*N. du Tr.*)

l'architecte de tous ceux que nous foulons aux pieds (car la terre n'est qu'un vaste tombeau) essaya de débrouiller les souvenirs de cette argile dont la combinaison confondrait la pensée d'un Newton, s'il n'était pas vrai que la vie terrestre dût aboutir à une autre dont elle n'est que le rêve ; — enfin le gardien, saisissant, pour ainsi dire, le crépuscule d'un soleil couché, me dit ces mots : — « Je crois que l'homme » dont vous vous informez, et qui gît dans cette tombe » choisie, fut un très-fameux écrivain de son tems : » et les voyageurs s'écartent de leur route pour lui » payer un tribut d'hommages, — et payer ma peine » de ce qu'il plaira à votre honneur. » — Alors, tout content, je tirai du coin avare de ma poche quelques pièces d'argent, que je donnai, presque par force, à cet homme, quoiqu'il eût été fort inconvenant d'épargner cette dépense : — vous souriez, je le vois, hommes profanes ! pendant tout mon récit, parce que ma plume grossière vous peint la vérité toute nue. C'est de vous qu'il faut rire, et non de moi ; — car je restai, avec une pensée profonde et avec un œil attendri, sur la phrase du vieux concierge, sur cette homélie naturelle où contrastaient l'obscurité et la gloire, l'éclat et le néant d'un nom.

IV.

PROMÉTHÉE.

1. Titan! dont les immortels regards ne virent pas les souffrances de la race mortelle dans leur affreuse réalité avec le froid mépris des dieux : quelle fut la récompense de ta pitié ? un horrible supplice, en silence souffert; un rocher, un vautour, une chaîne, tout ce que les ames fières sentent de peine; l'agonie qu'elles ne veulent pas montrer ; cet accablant sentiment de misère qui renferme sa voix en lui-même, qui craint de rencontrer dans les airs quelque oreille attentive à sa plainte, qui retient ses soupirs tant qu'un écho pourrait y répondre.

2. Titan ! à toi fut donné de soutenir un combat cruel entre la souffrance et la volonté ; véritable torture de l'être qu'il ne peut tuer ! Le ciel inexorable, la sourde tyrannie du destin, ce souverain principe de haine, qui crée pour son plaisir ce qu'il pourrait anéantir, te refusa jusqu'à la faveur de mourir. Le don fatal d'éternité fut ton lot, — et tu l'as bien supporté. Tout ce que le maître du tonnerre t'arracha, ce fut la menace qui rejeta sur lui les tourmens de ton supplice; tu prévoyais la destinée, mais tu ne voulus pas dire un mot pour apaiser ton persécuteur ; dans ton silence fut son arrêt; dans son ame un vain repentir et une crainte funeste qu'il sut si mal dissimuler, que les foudres en sa main tremblèrent.

3. Ton divin crime fut d'être bon, de diminuer par tes enseignemens la somme de l'humaine misère, de faire puiser à l'homme sa force dans son esprit. Mais, puni d'en haut comme tu le fus, c'est encore toi qui, par ton énergie patiente, par ta constance, par les refus de ton ame inflexible que la terre et le ciel ne purent ébranler, nous as légué une leçon puissante. Tu es aux mortels un symbole et un signe de leur destin et de leur force : comme toi, l'homme est en partie divin, une onde troublée, descendue d'une source pure ; l'homme peut en partie prévoir sa funèbre destinée, sa misère, sa résistance, son existence triste et isolée ; — mais son ame peut opposer sa force à tous les maux ; — peut opposer une volonté ferme et une intelligence profonde qui, même au sein des tortures, découvrent leur propre récompense en elles-mêmes : son ame triomphe dès qu'elle ose porter le défi, et soudain elle fait de la mort une victoire.

V.

MONODIE

SUR LA MORT DU TRÈS-HONORABLE R. BRINSLEY SHÉRIDAN,
PRONONCÉE AU THÉÂTRE DE DRURY-LANE.

Quand les derniers rayons du soleil couchant se perdent dans les ombres d'un crépuscule d'été, quel homme n'a pas senti le doux charme de cette heure se répandre dans le cœur, comme la rosée sur les fleurs ? Qui n'a été absorbé d'un sentiment pur et auguste, tandis que la nature fait cette pause mélancolique, et qu'elle exhale son dernier soupir sur cette arche sublime que le tems a jetée entre la lumière et les ténèbres ? Qui n'a partagé ce calme si paisible et si profond, la muette pensée qui ne peut s'exprimer qu'en pleurs, une sainte harmonie, — un vif regret, une sympathie glorieuse avec l'astre qui s'évanouit ? Ce n'est pas un deuil cruel, — mais une peine douce, sans nom, chère aux cœurs bien nés d'ici bas, sentie sans amertume, — un attendrissement complet et candide, une heureuse tristesse, — une larme transparente, pure des chagrins du monde ou des souillures de l'égoïsme, larme versée sans honte, larme secrète sans douleur cuisante.

Semblable à l'attendrissement que nous inspire un jour d'été s'évanouissant derrière les collines, une douce mélancolie remplit notre cœur et fait couler nos larmes, lorsque la mort frappe le génie et anéantit tout ce qui en lui était mortel. Un esprit puissant s'est éclipsé, — un astre a passé du jour dans les ténèbres, — astre qui, à son heure de lumière, fut sans égal, — sans nom digne de lui, — foyer universel de tous les rayons de la gloire ! éclairs d'esprit, splendeur d'intelligence, flammes de poésie, feux d'éloquence, tout a disparu avec le soleil qui en était la source ; — mais il nous reste encore les durables productions d'un génie immortel, les fruits d'une joyeuse aurore et d'un midi glorieux, impérissable portion de celui qui périt trop tôt. Mais ce n'est qu'une petite partie d'un tout merveilleux, ce ne sont que des segmens du disque étincelant de cette ame qui embrâsait tout, — éclairait tout pour égayer, — toucher, — plaire — ou épouvanter. Du conseil que sa raison charmait, à la table qu'animait sa gaîté, c'était le souverain maître des cœurs : les voix les plus illustres l'applaudissaient à l'envi ; les hommes comblés de louanges, — les hommes remplis d'orgueil — s'enorgueillissaient à le louer. Lorsque l'Hindostan opprimé poussa un cri aigu pour en appeler de l'homme au ciel [1], c'est lui qui fut le tonnerre, — la verge vengeresse, — la colère, — la voix de Dieu lui-même, qui ébranla les nations par la bouche de ce mandataire choisi, — et tonna jusqu'à ce que les sénats tremblans eussent obéi en admirant ; et ici même, ici, dans cette salle, les riantes créations de son génie vous charmeront, encore tout échauffées du feu de la jeunesse : ce dialogue incomparable, — ces saillies immortelles qui ne savaient pas tarir ; ces étincelans portraits, frais de vie, qui portent dans notre cœur la vérité où ils ont pris leur source ; ces êtres merveilleux, enfans de son imagination, éclos du néant à une soudaine perfection par la vo-

---

[1] Voir Fox, Burke, Pitt, unanimes à louer le discours de Shéridan sur les chefs d'accusation articulés contre M. Hastings dans la Chambre des Communes. M. Pitt pria la Chambre d'ajourner l'affaire, afin de considérer la question avec plus de calme que ne le permettait l'effet immédiat de ce discours.

lonté créatrice de sa pensée [1] ; c'est ici qu'est leur première patrie ; c'est ici que vous pouvez les revoir animés encore de la chaleur vitale que leur donna ce nouveau Prométhée. Lumineuse auréole qui trahit la splendeur du disque éclipsé !

Mais, s'il est des hommes à qui l'échec fatal de la sagesse entraînée par l'erreur doive procurer une basse jouissance ; s'il est des hommes qui triomphent de joie lorsqu'une voix céleste détonne au milieu du chœur pour lequel elle est née, je leur commande le silence. — Ah! combien ils savent peu que ce qui leur semblait vice n'était peut-être que malheur ! Dure est la destinée de celui sur qui les regards publics sont à jamais fixés pour le blâme ou pour la louange ! Le repos se refuse à son nom, et le vulgaire se plaît au spectacle du martyre d'une grande renommée. L'ennemi secret, dont l'œil ne s'endort jamais, et qui se fait sentinelle, — accusateur, — juge, — espion ; le rival, — le sot, — le jaloux — et le vaniteux ; l'envieux enfin, qui ne respire librement que dans la peine d'autrui : voilà une armée de détracteurs, qui poursuit la gloire jusques au tombeau ; qui guette les fautes dont un génie hardi doit la moitié à son ardeur native ; qui défigure la vérité, amasse le mensonge, et bâtit la pyramide de

---

[1] Il y a dans le texte : « *By the fiat of his thought,* » mot à mot, par le *fiat* de sa pensée. C'est une allusion au *fiat lux* de la *Genèse*. Avons-nous eu tort de reculer devant la version littérale ?

(*N. du Tr.*).

la calomnie! Tel est le partage de l'homme public; — mais si, par surcroît d'infortune, la maigre pauvreté se ligue à la maladie dévorante, si le génie doit oublier son vol élevé, et descendre à terre pour combattre la misère qui assiége sa porte, pour adoucir d'indignes fureurs, — rencontrer face à face une rage sordide; — et lutter contre la disgrâce, pour ne trouver dans l'espérance que les caresses, les embrassemens nouveaux d'un serpent qui lui réserve de nouvelles perfidies; si tels peuvent être les maux qui assaillent les hommes, est-ce donc chose merveilleuse qu'enfin les plus puissans succombent? Les êtres à qui fut départie toute la force du sentiment, portent un cœur électrique, — surchargé du feu céleste, noir de rudes froissemens, intérieurement déchiré, environné de nuages, entraîné par l'ouragan, porté sur la nébuleuse atmosphère, source de ces pensées qui tonnent, — éclairent — et foudroient. Mais, loin de nous et de notre scène comique doivent être de telles images, — si toutefois elles ont eu quelque réalité. Accomplissons ici un plus tendre désir, une tâche plus douce; payons à la gloire le tribut qu'elle n'a pas besoin de réclamer; pleurons l'astre évanoui, — et apportons notre grain d'encens pour prix d'un long plaisir. Vous, orateurs! que nos conseils possèdent encore, pleurez le héros vétéran de vos champs de bataille! le digne rival de l'admirable *Trinité*!

---

¹ Fox. — Pitt — Burke.

l'homme, dont les paroles étaient des étincelles d'immortalité! Vous, poètes! à qui la muse du drame est chère, il était votre maître, — rivalisez *ici* avec lui! Vous, hommes d'esprit et de conversation éloquente! il était votre frère; — emportez ses cendres d'ici! Tant que nous admirerons ces talens d'immense portée, aussi parfaits que variés; tant que nous sentirons l'éloquence, — l'esprit, — la poésie — et la bonne humeur, dont l'harmonie plus humble charme les ennuis d'ici-bas; tant que nous serons fiers de la noble prééminence du mérite, nous chercherons long-tems un génie pareil, — et chercherons en vain; nous nous tournerons vers tout ce qui nous reste de lui, en regrettant que la nature n'ait formé qu'un seul homme de cette trempe, et qu'elle ait brisé son moule.— en y jetant Shéridan!"

VI.

ADRESSE

PRONONCÉE A L'OUVERTURE DU THÉATRE DE DRURY-LANE,

samedi, 10 octobre 1812.

Dans une nuit horrible, notre cité vit et pleura le palais de la muse du drame, réduit de fond en comble en cendres; en moins d'une heure, les flammes dévorèrent le temple, Apollon tomba, et Shakspeare cessa de régner.

Vous qui contemplâtes ce spectacle admirable et triste, dont l'éclat insultait à la ruine qui en fut illuminée; vous qui vîtes les fragmens massifs du monument, au milieu des nuages de feu, chasser du ciel la nuit, comme autrefois la colonne d'Israël,[1]; qui vîtes la longue pyramide des flammes tournoyantes agiter son ombre rougeâtre sur la Tamise épouvantée, la foule pressée autour de l'incendie, frissonner d'effroi et trembler pour ses propres demeures, à mesure que le désastre s'accroissait et répandait dans les airs la lumière funèbre d'éclairs aussi terribles que ceux de la foudre; qui vîtes enfin les cendres noires et un mur solitaire occuper le royaume des muses et en signaler la chute: dites, — cet édifice nouveau, et non moins ambitieux, construit où fut naguère l'édifice le plus puissant de notre île, jouira-t-il de la même faveur que le premier? ce temple voué à Shakspeare — sera-t-il digne de lui et de vous?

Oui, — il le sera : — la magie d'un pareil nom défie la faux du tems, la torche de l'incendie; dédie encore le même lieu aux jeux de la scène, et commande au drame d'*être* là où il a déjà *été*. La naissance de ce monument atteste la puissance du charme ; — favorisez notre honorable orgueil, et dites : *c'est très-bien* [2] !

---

[1] La colonne de feu qui guidait, pendant la nuit, le peuple israélite à sa sortie d'Égypte.

(*N. du Tr.*)

[2] *How well!* combien bien ! c'est le cri d'acclamation correspondant à notre *bravo*.

(*N. du Tr.*)

Ainsi que ce temple s'élève pour égaler l'ancien, ainsi puissions-nous du passé tirer nos présages! puisse une heure propice à nos prières s'enorgueillir de noms tels que ceux qui consacrent à jamais le souvenir du théâtre détruit! C'est à l'ancien Drury que l'art touchant de votre Siddons [1] foudroya les cœurs sensibles, agita les cœurs les plus sévères; c'est à Drury que grandirent les derniers lauriers de Garrick; c'est ici que le moderne Roscius fit couler vos larmes pour la dernière fois, soupira ses derniers remercîmens, et vous adressa, l'œil en pleurs, ses derniers adieux. Mais pour les talens vivans peuvent encore fleurir ces couronnes, dont les parfums s'exhalent en pure perte sur une tombe. Ce que Drury réclama jadis, il le réclame encore; — ne refusez pas le tribut nécessaire à la résurrection de sa muse qui sommeille. Ornez de guirlandes la tête de votre Ménandre! et n'allez pas inutilement réserver tous vos honneurs pour les morts!

Bien chers nous sont les jours qui donnèrent tant de lustre à nos annales, avant que Garrick disparût, ou que Brinsley [2] cessât d'écrire! Héritiers de leurs travaux, nous sommes aussi vains de *nos* ancêtres, que le sont des *leurs* les héritiers d'un noble sang. Tandis qu'ainsi le souvenir emprunte le miroir de

---

[1] Célèbre actrice, sœur des Kemble. (*N. du Tr.*)

[2] Shéridan. (*N. du Tr.*

Banquo [1], pour réclamer ces ombres couronnées à mesure qu'elles passent; tandis que nous tenons cette glace magique, qui représente les noms immortels, gravés sur notre arbre généalogique; hésitez, — avant de condamner leurs faibles descendans; songez combien il est difficile d'égaler de tels rivaux.

Amis du théâtre! vous, de qui comédiens et comédies doivent solliciter un pardon ou un éloge; juges suprêmes, dont la voix et le regard usent du pouvoir illimité d'applaudir ou de rejeter: si jamais la licence conduisit à la renommée, et nous mit dans le cas de rougir de ce que vous aviez cessé de blâmer; si jamais le théâtre dégradé put s'abaisser à flatter un goût dépravé qu'il n'osait corriger: puissent les scènes présentes répondre à tous les reproches passés, et réduire à un juste silence les clameurs d'une sage censure! Oh! puisque vous mettez le dernier sceau aux lois du drame, ne vous jouez plus de nous, en applaudissant mal à propos: alors une noble fierté doublera les forces de l'acteur, et la voix de la raison aura un écho dans la nôtre.

Après cette adresse solennelle, après l'accomplissement de l'antique règle, après ce tribut d'usage que la muse du drame a payé par la bouche de son héraut, recevez aussi *nos* complimens de bienvenue, complimens qui partent de nos cœurs, et voudraient bien gagner les vôtres. Le rideau se lève; — puisse

---

[1] Voir le *Macbeth* de Shakspeare.

(*N. du Tr.*)

notre théâtre vous offrir des scènes dignes des anciens jours de Drury-Lane! Puissions-nous toujours être agréés, et des Bretons, nos juges, et de la nature, notre guide! — et vous, puissiez-vous longtems présider à nos fêtes!

VII.

ODE A VENISE[1].

O Venise! Venise! lorsque tes murs de marbre seront de niveau avec les ondes, alors les nations pousseront un cri sur tes palais submergés; et une lamentation bruyante se prolongera sur les flots qui t'engloutiront! Si moi, voyageur du nord, je pleure pour toi, que devraient faire tes enfans? — Ne devraient-ils que pleurer? — et pourtant ils ne murmurent que dans leur sommeil. Qu'ils ressemblent peu à leurs pères! — Ce que la vase, le sable verdâtre laissé à nu par la retraite de la mer, est aux vagues écumantes de la haute marée qui jette le matelot naufragé jusqu'au bord de sa demeure, voilà ce que les hommes d'aujourd'hui sont aux hommes d'autrefois: ils se traînent, en rampant comme le

---

[1] On entend ordinairement par ode un poëme divisé en strophes ou stances de même nombre de vers et de même rhythme. Cette apostrophe à Venise n'est donc pas une ode, sous le rapport de la versification; mais elle en mérite bien le nom, si l'on a égard à la magnificence de poésie qui s'y déploie.

(*N. du Tr.*)

crabe, à travers les ruines de leurs antiques rues. Oh désespoir! — tant de siècles ne pas recueillir de meilleurs fruits! Treize cents ans de richesse et de gloire ont abouti à la poussière et aux larmes : tous les monumens que l'étranger rencontre, églises, palais, colonnes, l'accueillent avec un air de deuil : le lion lui-même paraît tout abattu ; et le tambour barbare, aux sons âpres et discords, répète chaque jour, comme un sombre écho, la voix de ton tyran, le long de ces ondes paisibles, charmées jadis du chant harmonieux qui s'élevait, au clair de la lune, de mille et mille gondoles, — charmées de l'actif bourdonnement d'êtres joyeux, dont les plus coupables actions n'étaient que la fièvre du cœur et le débordement d'un bonheur trop grand, qui a besoin du secours de l'âge pour isoler son cours de ce voluptueux torrent de douces sensations, luttant sans cesse avec le sang. Mais cela vaut mieux que les mornes orgies, le deuil des nations à leur déclin : alors le vice promène partout ses irrémédiables terreurs; la gaîté n'est que rage, et ne sourit que pour tuer; l'espoir n'est rien qu'un délai trompeur, éclair de l'homme malade, une demi-heure avant le trépas. Ainsi la défaillance, dernière source des peines mortelles et la torpeur des membres, sombre début de la mort dans sa froide et vacillante carrière, se glissent de veine en veine et s'avancent à chaque battement du pouls; néanmoins c'est un tel soulagement pour l'argile épuisée de souffrances, que le moribond y voit le renouvellement de ses esprits, et se croit libre lorsqu'il n'est qu'engourdi par le poids de sa chaîne; — lors il se met à parler de vie, — de ses forces qu'il sent revenir — peu à peu, et de l'air plus frais dont il voudrait jouir; mais, comme il murmure ces mots, il ne sait pas qu'il respire à peine, que son doigt effilé ne sent plus ce qu'il touche; cependant, un voile tombe sur ses yeux, — la chambre chancelante tourne, tourne, autour de lui; — des ombres rapides, que sa main veut en vain arrêter, paraissent et disparaissent; — enfin, le dernier râle étouffe sa voix suffoquée; tout est glace et ténèbres, — et la terre, ce qu'elle fut avant l'heure de notre naissance.

Nul espoir pour les nations! — Interrogez les chroniques de mille et mille années. — Que nous ont appris ces scènes journalières, ce flux et reflux d'événemens ramenés par chaque siècle, cet éternel retour de ce qui *a été?* rien ou peu. Toujours nous nous appuyons sur choses qui pourrissent sous notre pied, et nous usons notre force en luttant contre l'air; car c'est notre propre nature qui nous fait choir; les brutes, à toute heure immolées pour nos fêtes, sont d'un ordre aussi élevé, — elles vont partout où les pousse l'aiguillon de leur guide, même à la sanglante hécatombe: et vous, hommes, qui pour les rois versez votre sang comme l'eau, qu'est-ce que vos enfans ont reçu en revanche? un héritage de servitude et de misères, un esclavage aveugle dont les coups sont l'unique paiement. Quoi donc, ne vois-je pas les socs de vos charrues rougir d'une chaleur brûlante ? N'y chancelez-vous pas dans une épreuve perfide, vous qui croyez cela une preuve *réelle* de la loyauté, baisez la main qui vous guide aux tortures, vous faites gloire de marcher sur les barres en feu ? Tout ce que vos pères vous ont laissé, tout ce que le tems vous lègue de liberté, et l'histoire de sublime, sort d'une source différente ! — Vous regardez et lisez, vous admirez et gémissez, puis vous succombez et perdez votre sang ! Sauf ces esprits, en petit nombre, qui, en dépit de tous les obstacles réels et imaginables engendrèrent soudain les crimes, en foudroyant les murs de la prison ; qui voulurent boire à longs traits les douces ondes offertes par la liberté, — alors que la multitude, dont les siècles ont changé la soif en rage, se soulève en criant, alors que les hommes s'écrasent les uns les autres pour obtenir la coupe où ils puissent trouver l'oubli de la chaîne lourde et douloureuse — qui long-tems les attacha au joug de la charrue, sur un sol dont les jaunes épis n'étaient pas pour eux ; (car leurs têtes étaient trop courbées, et leurs palais inanimés ne ruminaient que la douleur) — oui, sauf ces esprits, en petit nombre, qui, en dépit des forfaits qu'ils abhorrent, ne confondent pas la sainteté de leur cause avec ces bouleversemens momentanés des lois de la nature, bouleversemens qui, comme la peste et les volcans, ne frappent que pour un tems, puis s'éteignent, et laissent le cours ordinaire des saisons réparer, en quelques étés, les dommages de la terre, la repeupler de villes et de générations, — belles quand elles sont libres : — car sous toi, ô tyrannie, rien ne peut jamais fleurir !

Gloire, empire, liberté ! — ô trinité divine ! — ces tours furent jadis votre siége ! A l'heure où Venise fut un objet d'envie, la ligue des plus puissantes nations put abaisser son noble orgueil, mais non l'anéantir : — tout fut entraîné dans sa ruine : les monarques invités à ses fêtes connaissaient et aimaient leur magnifique hôtesse ; ils ne pouvaient s'apprendre à la haïr, quelque humiliés qu'ils fussent : — la foule des humains pensait comme les rois ; Venise recevait les hommages du voyageur de tous les jours et de tous les climats ; — ses crimes eux-mêmes naissaient de la source la plus douce, — de l'amour ; elle ne buvait point le sang, ne s'engraissait point de cadavres, mais portait la joie partout où s'étendaient ses innocentes conquêtes ; car elle relevait la croix, qui d'en haut sanctifiait les bannières protectrices, incessamment flottantes entre la Terre et le Croissant profane : si ce croissant a pâli et décliné, le monde peut en rendre grâces à la cité qu'il a chargée de chaînes dont maintenant le bruit retentit aux oreilles des peuples qui doivent le nom de liberté à tant de glorieux efforts : cependant Venise partage avec eux une misère commune : elle se nomme « le royaume » d'un conquérant ennemi ; —

elle sait ce que tous, — ce que *nous*, plus que tous les autres, ne savons que trop bien, avec quels termes dorés un tyran amuse ses esclaves.

Le nom de république a disparu sur les trois parties du globe gémissant. Venise est abattue : la Hollande daigne reconnaître un sceptre, et souffre le manteau de pourpre. Si la Suisse seule est libre encore, et jouit sans entraves de ses montagnes, ce n'est que pour un tems : car, de nos jours, la tyrannie est devenue fine ; et, dans ses heures de triomphe, étouffe sous ses pieds les étincelles de nos cendres. Une grande contrée, séparée de nous par l'Océan, nourrit une race vigoureuse dans l'amour de la liberté, pour laquelle leurs pères ont combattu, et qu'ils leur ont léguée ; — héritage d'orgueil et de bravoure ! noble distinction d'avec toute autre terre, dont les enfans doivent fléchir le genou au gré d'un monarque, comme si son sceptre insensible fût une baguette douée du magique pouvoir de la science occulte ! — Oui, une grande contrée, bravant le despotisme, lève encore ses drapeaux invaincus et sublimes par delà l'Atlantique ! — Elle a montré à une nation, trop fière de son droit d'aînesse, que le pavillon hautain d'Albion peut baisser devant ceux dont les épées ont conquis des franchises que le sang ne paie pas trop cher. Oui, certes, mieux vaudrait le sang de tout homme, fût-il une rivière, mieux vaudrait qu'il coulât à pleins bords et même débordât, que de languir dans nos veines oisives, de stagner comme dans un canal fermé de verroux et de chaînes, d'avancer, comme un malade endormi, trois pas, puis s'arrêter ; — mieux vaut être là où les Spartiates massacrés sont encore libres, dans le noble charnier des Thermopyles, que de croupir dans nos marais, — ou bien il faut fuir sur l'abîme azuré, et ajouter un courant à l'Océan, une ame aux ames de nos pères ; et à toi, Amérique, un homme libre de plus !

VIII.

ODE A NAPOLÉON BUONAPARTE [1].

« *Expende Annibalem : — quot libras in duce summo Invenies ?* — »
(Juvén. *Sat. X.*)

1. C'en est fait : — mais hier encore tu étais roi, et, les armes en main, tu combattais contre les rois : — maintenant, il n'y a pas de nom qui te convienne ; te voilà si bas, — et tu vis encore ! Est-ce là l'homme aux mille trônes, qui jonchait notre terre d'ossemens ennemis ? et peut-il ainsi se survivre à lui-même ?

---

[1] L'empereur Népos fut reconnu par le *sénat*, par les *Italiens* et par les provinces de la *Gaule* : ses qualités morales et ses talens militaires furent hautement célébrés ; et ceux qui tiraient de son gouvernement quelque avantage particulier annoncèrent, en chants prophétiques, la restauration de la félicité publique............

Par cette honteuse abdication, il prolongea sa vie de quelques années, dans une position équivoque, tout à la fois empereur et exilé, jusqu'à ce que — »
(Gibbon, *Décadence et chute*, etc.)

Depuis celui que nous appelons, sans raison, du nom de l'étoile du matin [1], nul mortel, nul démon n'est tombé de si haut.

2. Homme mal inspiré! pourquoi te fis-tu le fléau de tes semblables, qui s'agenouillaient devant toi? Devenu aveugle à force de te contempler toi-même, tu appris à voir au reste du monde. Maître souverain du pouvoir, — tu n'as laissé pour don unique que le tombeau à ceux qui t'adoraient; et, jusqu'à l'heure de ta chute, les humains ne purent deviner combien l'ambition a de bassesse.

3. Rendons grâces au ciel pour une telle leçon; — elle instruira les guerriers à venir plus que tous les discours de la haute philosophie, discours si vains jusqu'à ce jour. Le charme qui fascinait l'esprit des hommes est désormais rompu pour ne plus renaître; charme qui forçait d'adorer ces idoles de l'empire du sabre, ces colosses au front d'airain et aux pieds d'argile.

4. Le triomphe et la vanité, l'enivrement du combat [2], la victoire dont la voix ébranle la terre, et qui pour toi était le souffle de vie : l'épée, le sceptre, et ce pouvoir, sous le joug duquel l'homme ne semblait fait que pour obéir, et avec lequel la

---

[1] Lucifer, nom du chef des démons, est dans la mythologie païenne et d'après son étymologie (*Lucem fero*) l'étoile de Vénus, quand elle précède et annonce le lever du soleil.

(*N. du Tr.*)

[2] *Certaminis gaudia*, expression d'Attila dans sa harangue à son armée, avant la bataille de Châlons, harangue donnée par Cassiodore.

renommée fut liguée ; — tout est anéanti ! — Esprit de ténèbres, quelle doit être la rage de ton souvenir !

5. Le désolateur est enfin désolé ! le vainqueur, renversé ! l'arbitre de la destinée d'autrui supplie pour la sienne propre ! Y a-t-il encore quelque espérance impériale qui puisse lutter avec calme contre un tel changement ? ou bien, est-ce la seule crainte de la mort ? Mourir prince, — ou vivre esclave, — ton choix est lâchement courageux.

6. Cet athlète [1], qui jadis voulut rompre un chêne, ne songea pas au redressement élastique des fragmens : saisi par l'arbre qu'il avait en vain brisé, — solitaire, — quels regards jetait-il alentour ? Toi, dans l'orgueil de ta force, tu as fait enfin une imprudence égale, et tu as rencontré un destin plus sombre : lui, il fut la proie des hôtes farouches des forêts ; mais toi, tu devras dévorer ton cœur !

7. Un Romain [2], dont le cœur brûlant s'était désaltéré dans le sang de Rome, jeta loin de lui le poignard, — osa, par une grandeur sauvage, quitter l'empire pour ses foyers domestiques. Il osa quitter l'empire avec un suprême dédain des hommes qui avaient supporté un tel joug, et qui le laissèrent toutefois jouir en paix de son sort. Sa seule gloire fut cette heure où il abandonna de plein gré le pouvoir dont il s'était emparé.

---

[1] Milon.
[2] Sylla.

8. Le monarque espagnol [1], quand le plaisir de la puissance eut perdu la vivacité de son charme, rejeta ses couronnes pour des rosaires, son empire pour une cellule : calculateur exact des grains de son chapelet, subtil argumentateur sur des articles de foi, il amusa bien sa folie ; pourtant, il eût mieux fait de ne jamais connaître, ni le reliquaire du bigot, ni le trône du despote.

9. Mais toi, — c'est malgré tes efforts que la foudre a été arrachée de tes mains ; — trop tard tu quittes la haute puissance à laquelle s'accola ta faiblesse. Quoique tu sois un ange de malheur, c'est assez pour navrer notre cœur que de voir le tien sans nerf ; que de songer que le monde, chef-d'œuvre de Dieu, a servi de marchepied à un être si vil.

10. Et la terre a prodigué son sang pour celui qui peut ainsi ménager le sien ! Et les monarques, devant lui, ont fléchi leurs genoux tremblans, lui ont rendu grâces pour un trône ! Céleste liberté ! combien nous devons te chérir, lorsque tes plus puissans ennemis ont ainsi témoigné leur crainte dans la plus humble attitude ! Oh ! puisse aucun tyran ne laisser jamais un nom plus brillant, qui éblouisse le genre humain !

11. Tes forfaits sont écrits dans le sang, et non écrits en vain ; — tes triomphes ne parlent plus de gloire, ou plutôt ils grossissent la tache de ton hon-

---

[1] Charles-Quint.

neur. — Si tu étais mort comme meurt le courage, peut-être un nouveau Napoléon viendrait-il encore une fois déshonorer le monde ; — mais qui voudrait s'élancer jusqu'à la hauteur du soleil pour tomber ensuite dans une nuit si noire ?

12. Mise dans la balance, la poussière du héros n'a pas plus de valeur que l'argile vulgaire. L'équilibre, ô humanité ! est le même pour tous les trépassés. Mais pourtant je croyais que le grand homme vivant était animé de quelques étincelles plus nobles pour éblouir et pour épouvanter, et je n'imaginais pas que le mépris pût ainsi se jouer de ces conquérans de la terre.

13. Et ta fiancée, triste fleur de l'orgueilleuse Autriche, princesse encore impériale, comment son cœur supporte-t-il l'heure de tourment ? Attache-t-elle ses pas à ton côté ? Doit-elle aussi courber la tête, partager le repentir tardif et le long désespoir de l'homicide détrôné ? Ah ! si elle t'aime toujours, conserve avec soin ce diamant, qui vaut bien ta couronne évanouie !

14. Hâte maintenant ta course vers ton île maudite, et fixe ton regard sur la mer : cet élément peut rencontrer ton sourire, il ne fut jamais gouverné par toi ! Ou bien, de ta main oisive, trace nonchalamment sur le sable que la terre est à présent aussi libre que l'océan, et que le pédagogue de Corinthe [1] t'a désormais transféré son proverbe.

---

[1] Denis le jeune, après avoir été chassé de Syracuse par Timoléon,

15. Timour! te voilà donc à ton tour dans la cage de ton prisonnier¹! Quels pensers seront les tiens? Dans ta rage captive, tu ne nourriras qu'une idée, une seule : — « Le monde *fut* à moi! » A moins pourtant que tu n'aies le sort du souverain de Babylone ², que tu ne perdes tout sentiment avec le sceptre, que les liens de la vie ne retiennent pas plus long-tems cet esprit si ambitieux, — si long-tems obéi, — de si peu de valeur!

16. Ou comme celui ³ qui déroba le feu du ciel, feras-tu tête au choc? partageras-tu avec ce misérable, qui n'obtint jamais de pardon, son vautour et son rocher? Damné déjà par Dieu, — maudit par l'homme, la dernière scène de ton drame, sans être la plus coupable, a été *l'archi-risée* ⁴ du démon : Satan, dans sa chute, garda sa fierté, et s'il eût été mortel, c'est avec la même fierté qu'il serait mort!

---

passe pour s'être fait maître d'école à Corinthe. Il fut toujours cité comme un exemple mémorable de l'instabilité des choses humaines. « *Tantâ mutatione majores natu, ne quis nimis fortunæ crederet, magister ludi factus ex tyranno docuit.* » (Valer. Max. VI, 9.) Philippe ayant écrit d'un ton menaçant aux Lacédémoniens, ceux-ci ne lui firent d'autre réponse que cette phrase passée en proverbe : *Denis à Corinthe.*

(*N. du Tr.*)

¹ Cage où Bajazet fut enfermé par l'ordre de Tamerlan — ou Timour.

² Nabuchodonosor changé en bœuf.

³ Prométhée.

⁴ *Arch mock*..... Allusion aux vers de Shakspeare :

« *The fiend's arch mock —*
To lip a wanton, and suppose her chaste. — »

IX.

ODE TRADUITE DU FRANÇAIS[1].

Nous ne te maudissons pas, Waterloo! quoique le sang de la liberté ait arrosé tes plaines; ce sang fut versé sur un sol où il ne s'abîma pas : il jaillit de chaque blessure, comme la trombe s'élève de l'océan; et, d'un mouvement vigoureux et de plus en plus rapide, il s'élance, et se mêle dans l'air avec celui de l'infortuné Labédoyère : — avec celui du guerrier dont la tombe honorée renferme le plus brave entre les braves[2]. Il s'amoncelle en nuages rouges de feu; mais il retombera sur la terre dont il s'est élevé : quand la mesure sera comble, l'orage éclatera : — jamais n'aura été entendu tonnerre pareil au tonnerre qui alors frappera le monde de surprise; — jamais n'aura été vu éclair pareil à l'éclair qui alors brillera sur la voûte céleste! Telle, l'étoile d'absinthe, prédite par le saint prophète des anciens jours, fera pleuvoir sur la terre un déluge de feu, et changera les rivières en sang[3]!

---

[1] Voir la première note de l'Ode à Venise.

Nous ne connaissons pas le texte original de cette prétendue traduction.
(*N. du Tr.*)

[2] Le maréchal Ney, prince de la Moskowa.
(*N. du Tr.*)

[3] Voir l'*Apocalypse*, ch. VII, verset 7, etc. « Le premier ange

Le héros est tombé ; mais non par vous, vainqueurs de Waterloo! Tant que le soldat citoyen ne commanda à ses concitoyens — que pour les guider sur les champs de bataille, où la gloire souriait au fils de la liberté,—qui donc, parmi tous les despotes ligués, lutta contre le jeune héros? qui put se vanter d'avoir vaincu la France, avant que la tyrannie n'eût usurpé tous les droits? avant que le grand homme, leurré par les attraits de l'ambition, ne fût plus devenu qu'un roi? Alors il tomba : — ainsi périssent tous ceux qui voudraient asservir les hommes à l'homme!

Et toi aussi, guerrier au panache de neige, toi, à qui ton royaume a refusé même un tombeau[1], mieux aurait valu pour toi continuer à conduire la France contre des armées mercenaires, que te vendre toi-même à l'infamie et à la mort pour un vil nom de roi, tel que celui du monarque de Naples, qui porte aujourd'hui le titre que tu achetas au prix

---

sonna de la trompette, et il s'ensuivit de la grêle et des flammes mêlées à du sang, etc. »

Verset 8. « Et le second ange sonna de la trompette, et il sembla qu'une grande montagne de feu fût jetée dans la mer; et le tiers de la mer devint sang, etc. »

Verset 10. « Et le troisième ange sonna de la trompette, et il tomba du ciel une grande étoile, brûlant comme une torche, et elle tomba sur le tiers des rivières et sur les sources des eaux. »

Verset 11. « Et le nom de l'étoile est *Absinthe*; et le tiers des eaux devint *absinthe*; et plusieurs hommes moururent des eaux qui étaient devenues amères. »

[1] Les restes de Murat ont été, dit-on, exhumés et livrés aux flammes.

de ton sang. Tu songeais peu, lorsque, sur ton cheval de bataille, tu te précipitais, comme un fleuve qui déborde, à travers les rangs armés, lorsque les casques fendus et les sabres entrechoqués étincelaient et tombaient en éclats autour de toi; —tu songeais peu à la destinée que tu trouvas au bout de la carrière! Ton panache hautain fut mis à bas par le coup déshonorant qu'y porta un esclave! Jadis,— semblable à la lune qui commande au flux et reflux de la mer, il parcourait les airs et guidait le guerrier ; au milieu de la nuit créée par la noire et sulfureuse fumée du combat, le soldat cherchait des yeux ce superbe cimier, et, comme il le voyait toujours marcher en avant, ainsi marchait-il lui-même contre nos ennemis. Là où les traits rapides de la mort immolaient le plus de victimes, où la guerre entassait le plus de débris sous la bannière triomphante de l'aigle à l'aigrette flamboyante, — de l'aigle qui volait au sein des orages et des tonnerres, dont rien ne pouvait arrêter l'aile impétueuse, et qui lançait les foudres de la victoire : — oui, lorsque la ligne des ennemis se brisait, que la mort éclaircissait les rangs, ou que la fuite les dispersait dans la plaine, là, soyez-en sûrs, Murat chargeait! Hélas! il ne chargera plus désormais!

Les envahisseurs foulent nos gloires passées : la victoire pleure sur les ruines de ses arcs de triomphe. — Mais que la liberté se réjouisse, que sa voix révèle son cœur! Sa main appuyée sur son épée, elle recevra un double hommage. La France a reçu deux fois une leçon morale chèrement achetée : — son salut ne gît point dans un trône, sur lequel siége Capet ou Napoléon[1]; mais dans l'égalité des droits et des lois; mais dans l'union des cœurs et des bras pour une grande cause; — la liberté, telle que Dieu l'a donnée à tous ceux qui vivent sous le soleil, avec le souffle vital, et dès l'heure de la naissance; — la liberté, que le crime veut en vain chasser du monde, en dispersant, d'une main farouche et prodigue, les richesses des nations comme les grains du sable, en versant, comme l'eau, le sang des nations dans un impérial océan de carnage!

Mais les mortels uniront leurs cœurs, leurs esprits et leurs voix : qui donc fera tête à cette noble ligue? Le tems n'est plus où le glaive soumettait les peuples. L'homme peut mourir; — les idées renaissent. Même ici bas, dans ce monde de misères, la liberté ne peut manquer d'avoir un héritier. Des millions d'hommes ne respirent que pour recueillir ce précieux héritage. La liberté a pris un essor que rien ne peut dompter : si elle assemble encore une fois ses armées, les tyrans seront forcés de croire et de trembler : — sourient-ils de cette simple menace? Des larmes de sang couleront encore.

[1] Il paraîtrait que M. A. P. n'a pas osé traduire cela; il dit : « Son » bonheur ne dépend point du trône, il dépend de l'égalité, etc. » Sa traduction serait donc aussi timide sous le rapport politique que sous le rapport poétique.

(*N. du Tr.*)

X.

ODE A L'ILE DE SAINTE-HÉLÈNE.

1. Paix à toi, île de l'Océan! Salut à tes brises et à tes vagues! Salut à tes rochers contre lesquels le perpétuel retour des marées fait écumer le flot blanchâtre! Riche sera la guirlande que l'histoire tressera pour toi! Immortelle en sera la verdure! Quand les nations, qui te laissent aujourd'hui dans l'obscurité, fléchiront tour à tour le genou devant la baguette de l'oubli, ta gloire ne sera pas changée,— ta renommée ne sera pas ternie :—l'hommage des siècles rendra ton nom sacré.

2. Salut au guerrier qui repose sur ton sol le riche fardeau de sa gloire[1]! Quand la mesure de ses jours sera comble, et que la chronique de sa vie sera close, ses exploits seront consacrés dans les annales de Clio! Sa valeur le rangera parmi les plus illustres preux de tous les âges, et les monarques futurs s'inclineront devant son génie :— les chants des poètes,— les leçons des sages— le diront la merveille et l'ornement du monde. Devant toi, ô météore de la Gaule, les autres météores de l'histoire s'évanouiront éclipsés par ta splendeur.

---

[1] Cette strophe seule devra réconcilier le lecteur avec Lord Byron, qui l'aura sans doute indisposé comme nous par l'amertume plus que sévère avec laquelle il reprochait à Napoléon (Ode VIII) de ne s'être pas tué après Waterloo.

(*N. du Tr.*)

3. De salutaires zéphirs rafraîchiront ton atmosphère, île éblouissante de gloire! Des contrées les plus éloignées, il te viendra un peuple de pélerins, tribu aussi indépendante que tes vagues! Ta grève, au loin resplendissante, arrêtera le voyageur qui voudra jeter un rapide coup-d'œil sur un lieu si renommé : — chaque touffe de gazon, chaque pierre, chaque roc, retardera son séjour sur ce sol qu'auront sanctifié les pas de l'exilé! car c'est de lui que tu recevras un lustre divin : le déclin de son soleil a été le lever du tien.

4. Et quels bras l'ont enchaîné? les bras qui avaient lutté faiblement contre le sien : — les nations qui l'avaient souvent bravé, mais n'avaient pu le dompter jusqu'à ce jour! les monarques qui maintes fois courbèrent la tête devant sa clémence, et reçurent de sa main les couronnes que leur avait ravies la guerre! — Le vainqueur, aujourd'hui vaincu, l'aigle aujourd'hui frappé à mort, laisserait-il leur vengeance sévère éteindre les rayons de son étoile! Non : la gloire apparaît, vêtue d'une splendeur nouvelle, et l'astre des siècles revient à l'ascendant.

5. Pure à jamais soit la bruyère de tes montagnes! riche la verdure de tes pâturages! limpides et intarissables les eaux de tes fontaines! Puissent tes annales n'être souillées d'aucuns désastres! Élève-toi sur la surface de l'Océan, comme un magnifique autel, comme un saint reliquaire cher aux prières du genre humain! — Vienne se briser contre les ro-

chers de ton rivage la rage de la tempête, — la lutte dévastatrice des vagues et des vents ! — Qu'au haut de tes créneaux déploie long-téms, ses ailes l'aigle, ton ornement; l'aigle, orgueil de l'univers.

6. Il se flétrira, le lis qui fleurit à cette heure ! Où est la main qui peut le nourrir ? Les nations qui le relevèrent le regarderont dépérir : les rosées froides jetteront sur lui une malédiction précoce. Alors la violette qui fleurit dans les vallées chargera la brise de son vivifiant parfum : alors, aussitôt que l'esprit de liberté ralliera les peuples pour chanter une antienne funèbre sur la tombe de la tyrannie, la vaste Europe craindra que ton étoile ne paraisse soudain sur l'horizon, et n'éclipse les astres pestiférès du septentrion.

XI.

A NAPOLÉON.

(Traduit du français.)

« Tout le monde pleurait, mais surtout Savary, et un officier polonais qui devait son élévation à Bonaparte. Il s'attachait aux genoux de son maître; il écrivit à lord Keith, pour demander la permission d'accompagner Napoléon, même en qualité de domestique: demande qui ne put être accordée. »

1. Dois-tu partir, ô mon illustre chef, séparé du petit nombre des braves qui te sont restés fidèles ? Qui peut dire la douleur de ton soldat, dont la raison s'égare à ce long adieu ? J'ai connu les feux de l'amour, les ardeurs de l'amitié ; mais qu'est-ce que

tout cela auprès de ce que je sens pour toi, auprès du zèle d'un guerrier fidèle ?

2. Idole du soldat! Grand dans les combats; mais plus grand encore aujourd'hui : plusieurs purent gouverner un monde; toi seul ne courbas pas la tête sous l'arrêt du destin. Que d'années j'ai bravé la mort à tes côtés! et j'enviais ceux qui succombaient, lorsque leur cri de mort était encore une bénédiction pour le maître qu'ils servaient si bien [1].

3. Que ne suis-je, comme eux, une froide poussière, puisque je vis pour voir cette heure fatale, où tes timides ennemis hésitent de laisser un homme en tes mains, de peur que tes compagnons d'exil ne deviennent, pour toi, autant d'instrumens de liberté! Oh! dans le fond des cachots, toutes leurs chaînes me seraient légères, tant que je pourrais contempler ton ame invaincue.

4. Les flatteurs de cet homme, aujourd'hui si sourd à la prière d'un serviteur fidèle, voudraient-ils, si sa gloire empruntée venait à pâlir, partager avec lui l'obscurité dans laquelle il naquit? Si ce monde, que tu résignes avec tant de calme, devenait, à cette heure, son domaine, pourrait-il ache-

---

[1] « A Waterloo, on vit un homme, dont le bras gauche avait été cassé par un boulet de canon, s'arracher ce bras avec la main droite, le lancer en l'air, et crier à ses camarades : « Vive l'Empereur, jusqu'à la mort! » Il y a plusieurs autres exemples de la sorte : celui que je vous rapporte, vous pouvez le regarder comme authentique. »

(*Lettre particulière de Bruxelles.*)

ter, au prix de ce trône, des cœurs comme ceux qui te sont encore tout dévoués?

5. Mon chef, mon roi, mon ami, adieu! Jamais je ne m'étais encore agenouillé; jamais je ne suppliai mon souverain, comme j'implore aujourd'hui, ses ennemis; et tout ce que je demande, c'est de participer à tous les périls qu'il va braver, c'est de partager à côté du héros sa chute, son exil et sa tombe.

XII.

SUR L'ÉTOILE DE LA LÉGION D'HONNEUR.

(Traduit du français.)

1. Étoile des braves! — toi, dont les rayons ont répandu tant de gloire sur les morts et sur les vivans, — enchanteresse brillante et adorée! pour te rendre hommage, des millions de soldats couraient aux armes; — redoutable météore d'immortelle origine! pourquoi naître dans le ciel pour t'éteindre sur la terre?

2. Les ames des héros moissonnés par la guerre formaient tes rayons; l'immortalité étincelait dans tes éclairs; l'harmonie de ta sphère martiale était: « Gloire là-haut, et honneur ici-bas; » et ta lumière éblouissait les yeux des hommes, comme un volcan de la voûte azurée.

3. Ton fleuve de sang roulait comme la brûlante

lave, et entraînait les empires dans ses ondes. La terre tremblait sous toi jusqu'en ses fondemens, alors que tu éclairais tout l'espace; en ta présence, le soleil cessait de rayonner, devenait sombre, et quittait l'horizon.

4. Avant toi s'éleva, et avec toi s'agrandit un arc-en-ciel du plus doux éclat, de trois brillantes couleurs [1], toutes divines, et faites pour ce signe céleste; car la main de la liberté les avait alliées, comme les nuances d'une gemme immortelle.

5. Une de ces couleurs était un rayon d'écarlate dérobé au soleil; une autre, le bleu foncé de l'œil d'un séraphin; une autre, le voile blanc de radieuse lumière, dont s'enveloppe un pur esprit; les trois couleurs, ainsi assorties, semblaient le tissu d'un rêve céleste.

6. Étoile des braves! tes rayons pâlissent, et les ténèbres vont de nouveau prévaloir! Toutefois, noble arc-en-ciel de liberté, nos larmes et notre sang doivent couler pour toi. Quand ta brillante promesse s'évanouit, notre vie n'est qu'un fardeau d'argile.

7. Les pas de la liberté sanctifient les silencieuses cités des morts; les guerriers qui succombent sous ses drapeaux sont beaux et fiers dans la mort. Ainsi, puissions-nous bientôt, ô déesse, être pour toujours avec eux ou avec toi!

---

[1] Le drapeau tricolore.

XIII.

ODE.

1. Oh! honte à toi, terre de la Gaule! honte à tes enfans et à toi! Imprudente dans ta gloire, et vile dans ta chute, combien ton partage est misérable! Dans ton abandon, tu seras en butte aux coups de l'ironie, d'une ironie qui ne mourra jamais : les malédictions de la haine et les sifflemens du mépris chargeront ton atmosphère; et, sur tes ruines, retentiront à jamais les rires du triomphe, les insultantes railleries du monde!

2. Oh! où donc est l'esprit de tes anciens jours, l'esprit qui animait tes fils, alors que l'étoile de la bravoure était leur fanal, et que la passion de l'honneur les guidait à la mort? Tes orages ont troublé leur sommeil. Entends-tu les gémissemens qui s'élèvent du fond des tombeaux. Ces dignes preux murmurent de colère, pleurent de désespoir, à voir la tache impure imprimée sur ton sein; car, où est la gloire qu'ils te remirent en dépôt? elle est perdue dans les ténèbres, foulée dans la poussière.

3. Va, parcours de ton regard tous les royaumes de la terre, depuis l'Indus jusques au pôle; quelque peu de bonté, d'honneur et de vertu mêlera son éclat aux ténèbres du péché. Mais toi, tu n'as rien que ta honte; le monde ne peut offrir rien de pareil à toi; l'horreur et le vice ont défiguré ton nom au-

delà de toute comparaison; étonnante de forfaits, tu nous fourniras, à l'avenir, un modèle, un proverbe, pour la perfidie et le crime.

4. Tant que le triomphe couvrit de gloire le glaive de ton maître; tant que le héros fut debout, tes éloges suivirent partout ses pas, et applaudirent à l'effusion du fleuve de sang. Et cependant la tyrannie siégeait sur l'impériale couronne, et flétrissait au loin les nations; mais, à tes yeux, le despote mérita un renom brillant, jusqu'à l'heure où la fortune abandonna son char; *alors* tu te dérobas à ton chef, — tu t'empressas de l'outrager, tu fus la première à le trahir.

5. Tu oublias ses exploits, les travaux qu'il avait supportés pour ta cause ; tu tournas tes hommages vers le nouveau soleil qui se levait, et entonnas d'autres hymnes de gloire. Mais l'orage se mit à gronder, l'adversité obscurcit l'astre de lumière ; l'honneur et la foi furent la fanfaronnade d'une heure, et la loyauté elle-même, rien qu'un rêve. — Celui que tu avais banni reçut de nouveau tes sermens; et qui avait été le premier à l'insulter, fut aussi le premier à l'adorer.

6. Quel tumulte ébranle ainsi les airs? quelle foule environne son trône? C'est un cri d'enthousiasme, ce sont des millions de sujets qui jurent de n'obéir qu'à son sceptre. Les revers feront éclater leur zèle; l'infortune rendra sacré le nom de l'empereur. Le monde, qui le persécute, va sentir avec

douleur quel esprit, quelle ardeur inextinguible anime les Français, dès que leurs cœurs sont embrasés; car ils ont le héros qu'ils aiment, ils ont le chef qu'ils admirent.

7. Leur héros s'est précipité au combat : une ombre couvre ses lauriers. — Où est le zèle qui ne devait jamais céder, la loyauté qui ne devait jamais s'évanouir? En un moment, la désertion et la perfidie abandonnèrent le vaincu à ses ennemis : les lâches, à qui son sourire avait donné les honneurs et la puissance, le délaissèrent et le renièrent dans son adversité; et les millions de Français qui avaient juré de périr pour le sauver, le virent fugitif, captif, esclave!

8. O terre de la Gaule! les contrées les plus sauvages, les plus désertes, sont plus nobles et meilleures que toi! Tu es pour les hommes un objet de surprise et d'horreur, tant la perfidie te défigure! Si tu étais le lieu où je fusse né, je m'arracherais soudain de tes bras; je fuirais aux extrémités du monde, et te quitterais pour toujours; oui, pour toujours. Si jamais je pensais à toi après longues années, cette pensée appellerait encore la rougeur sur mon front, et les larmes sur ma paupière.

9. Oh! honte à toi, terre de la Gaule! honte à tes enfans et à toi! Imprudente dans ta gloire, et vile dans ta chute, combien ton partage est misérable! Dans ton abandon, tu seras en butte aux coups de l'ironie, d'une ironie qui ne mourra jamais : les

malédictions de la haine et les sifflemens du mépris chargeront ton atmosphère, et sur tes ruines retentiront à jamais les rires du triomphe, les insultantes railleries du monde ! !

XIV.

ADIEUX DE NAPOLÉON.

(Traduit du français.)

1. Adieu, terre où le nuage de ma gloire s'éleva pour couvrir de son ombre l'univers entier ! — Tu m'abandonnes aujourd'hui ; — mais mon nom remplit les pages les plus brillantes ou les plus sombres de ton histoire. J'ai combattu contre un monde qui ne m'a vaincu qu'après que le météore trompeur de la conquête m'eut entraîné trop loin : j'ai tenu tête aux nations qui me craignent encore dans mon abandon solitaire, moi, dernier captif de plus d'un million de guerriers !.

2. Adieu, France ! — Quand ton diadême ceignait mon front, j'en fis la perle et la merveille du monde ; — mais ta faiblesse ordonne que je te laisse comme je t'ai trouvée, dans la décadence de ta gloire et le déclin de ta vertu. Oh ! que n'ai-je encore ces vétérans de la bravoure, qui gagnèrent toutes leurs

---

[1] La révolution de juillet vient de donner un glorieux démenti aux anathèmes que semblait mériter, en 1815, la France humiliée par le second retour des Bourbons. Nous voilà redevenus *la grande nation* !

(*N. du Tr.*)

batailles et ne furent moissonnés qu'en luttant contre les tempêtes : — avec eux, l'aigle, dont le regard perdit en ce moment sa force, avait toujours, dans son essor, fixé ses yeux sur le soleil de la victoire!

3. Adieu, France! — Mais quand la liberté ralliera encore une fois ses bannières dans tes provinces, aie souvenir de moi ; — la violette croît toujours dans le fond de tes vallées; elle est flétrie, mais tes larmes épanouiront encore sa fleur. — Oui, je puis encore confondre les armées qui nous environnent; ton cœur peut encore tressaillir et se réveiller à ma voix. — Il est des anneaux qui doivent rompre, dans la chaîne qui nous a liés : *alors*, tourne-toi vers Napoléon, appelle à ton aide le chef de ton choix.

XV.

MADAME LAVALETTE.

1. Laissons les critiques d'Édimbourg écraser de leurs éloges leur Mme de Staël, et leur célèbre Mlle l'Épinasse ; l'orgueilleuse philosophie luit, tout au plus, comme un météore, et la gloire d'un bel esprit est aussi frêle que le verre. Mais pleins de vie sont les rayons, éternelle est la splendeur de ton flambeau, noble amour conjugal! et jamais tu n'as répandu un éclat plus saint, plus pur ou plus tendre que sur le nom de la belle Lavalette.

2. Allons, remplissez la coupe jusques aux bords :

la vertu même la bénira, et consacrera la liqueur qui mousse en l'honneur de ce nom : les lèvres ardentes de la beauté presseront pieusement le verre, et l'hymen portera un honorable toast. Nous acquitterons une dette légitime envers cette femme, qui a risqué, pour son mari, sa liberté et sa vie, et nous saluerons de nos applaudissemens l'épouse héroïne, la fidèle, la noble, la belle Lavalette!

3. De cruels ennemis, dans leur impuissante malice, ont prononcé, contre le captif sauvé, un arrêt que l'Europe entière abhorre : oui, l'Europe entière se détourne des esclaves de ce palais peuplé de prêtres, et ceux qui les ont replacés rougissent aujourd'hui pour eux. Mais, dans les âges à venir, quand la gloire ensanglantée des ducs et des maréchaux se sera évanouie dans les ténèbres, tous les cœurs palpiteront encore, tous les yeux étincelleront, au récit du sublime dévouement de la belle Lavalette.

XVI.

ADIEU[1].

Adieu! et si c'est pour toujours, encore une fois, adieu! Quoique tu sois inexorable, mon cœur ne se révoltera pas contre toi. Plût au Ciel qu'à tes regards s'ouvrît ce sein où ta tête a si souvent reposé,

---

[1] Ce sont les adieux de Lord Byron à sa femme.

(*N. du Tr.*)

lorsque tes sens cédaient à ce paisible sommeil que tu ne connaîtras plus ! Que ne peux-tu lire en ce sein les pensées les plus secrètes ? tu connaîtrais enfin que ce ne fut pas bien de le blesser ainsi. Il est vrai que le monde t'en loue, — qu'il sourit au coup que tu me portas; mais ces éloges doivent te choquer, ils sont fondés sur le malheur d'autrui. Certes, plus d'une faute me souilla : mais n'y avait-il, pour m'infliger une incurable blessure, d'autres bras que ceux qui venaient de m'embrasser? Oh ! ne t'abuse pas toi-même : l'amour peut s'évanouir par un lent dépérissement; mais ne crois pas qu'une violence soudaine puisse séparer ainsi les cœurs. Le tien conserve encore sa vie : le mien, quoique saignant, palpite encore, et l'éternelle pensée qui le tourmente, c'est — que nous ne devons peut-être plus nous revoir. Ce sont paroles de douleur plus profonde que les lamentations sur la tombe des morts. Nous vivrons tous les deux; mais chaque matin nous éveillera dans une couche veuve; et, lorsque tu pourrais goûter quelque consolation, lorsque notre fille balbutiera ses premiers mots, lui apprendras-tu à dire « mon père! » quoique les caresses de son père doivent lui être inconnues? Quand ses petites mains te caresseront, quand sa lèvre se pressera contre la tienne, souviens-toi de l'homme dont la prière te bénira ; souviens-toi de l'homme que ton amour a béni! Si les traits de l'enfant ressemblent à ceux que tu ne verras peut-être plus, alors un doux tremblement agitera ton cœur, encore fidèle à ton époux. Tu connais peut-être toutes mes fautes : personne ne connaît tout mon délire ; toutes mes espérances, partout où tu vas, s'en vont se flétrir, et pourtant elles s'en vont toujours avec toi. Pas un de mes sentimens qui n'ait été ébranlé : mon orgueil, qu'un monde n'aurait pu plier, plie devant toi ; — par toi délaissée, mon ame me délaisse moi-même. Mais c'en est fait ; — toutes paroles sont vaines, les miennes surtout sont stériles : mais nous ne pouvons retenir nos pensées, qui se font jour malgré nous. — Adieu ! — Ainsi séparé de toi, arraché à tout lien de tendresse, le cœur consumé, solitaire, malade, — pour comble de maux, je puis à peine mourir.

XVII.

ESQUISSE [1].

« *Honest — honest Iago!*
If that thou be' st a devil, I cannot kill thee. »
(SHAKSPEARE.)

Honnête — honnête Iago !
Si tu es un diable, je ne puis te tuer.

Née dans le grenier, élevée dans la cuisine, promue de-là au maniement de la chevelure de sa maîtresse, enfin, — pour quelque gracieux service dont on n'a jamais parlé, et que le salaire seul fait de-

---

[1] Cette pièce fut faite par Lord Byron contre une ancienne domestique de la mère de sa femme.

(*N. du Tr.*)

viner, — elle parvint du cabinet de toilette à la salle à manger, — où les laquais qui valent mieux qu'elle s'étonnent d'attendre ses ordres derrière sa chaise. D'un œil ferme et d'un front éhonté, elle prend son dîner dans le plat qu'elle lavait naguère. Alerte pour la médisance, prête au mensonge, *confidente* favorite, espionne de la maison, — qui pourrait, grands dieux! deviner ses dernières fonctions? Elle fut la gouvernante d'une fille unique, dès l'âge le plus tendre. Elle enseigna la lecture à l'enfant, et l'enseigna si bien, qu'elle-même, en enseignant, apprit à épeler. Puis elle devient adepte dans l'art de l'écriture, comme le prouve mainte calomnie anonyme. Personne ne sait ce que fût devenue sa pupille, — sans cet esprit élevé qui conserva la pureté du cœur, qui soupira toujours après la vérité qu'on lui cachait, et qui ferma l'oreille à l'erreur. La perversité échoua devant cette ame jeune, qui ne fut ni dupée par la flatterie, — ni aveuglée par la bassesse, — ni infectée par la fraude, — ni corrompue par un voisinage contagieux, — ni amollie par l'indulgence, — ni gâtée par l'exemple, — ni tentée de regarder en pitié les talens inférieurs à son haut savoir, — ni enorgueillie par le génie, — ni rendue vaine par la beauté, — ni poussée par l'envie à rendre le mal pour le mal, — ni changée par la fortune, — ni haussée par la fierté ou courbée par la passion : — ame à qui la vertu n'inspira une inflexible sévérité, — que dans ces jours derniers!

Oh! c'était la plus pure, la plus parfaite des créatures vivantes de son sexe; mais il lui manquait une douce faiblesse, — il lui manquait de savoir pardonner. Trop choquée des fautes que son ame ne peut connaître, elle croit que tout ici-bas pourrait être comme elle. Ennemie du vice, est-elle vraiment l'amie de la vertu? car la vertu pardonne ceux qu'elle veut amender. Mais je reviens à mon sujet, — que j'ai laissé trop long-tems de côté, — à l'héroïne infâme qui fatigue mon honnête plume. Or, quoiqu'elle n'ait plus ses anciennes fonctions, elle régit le cercle qu'elle servait auparavant. Si les mères, — on ne sait pourquoi, — tremblent devant elle; si les filles là craignent à cause de leurs mères; si l'habitude, — chaîne perfide, qui finit par enlacer les plus forts esprits comme les plus faibles, — lui a donné le pouvoir d'instiller au fond des ames l'essence empoisonnée de ses désirs cruels; si, comme une couleuvre, elle se glisse inaperçue dans votre maison, jusqu'à ce qu'elle soit trahie par la ligne noire et glaireuse qu'elle trace en rampant; si, comme une vipère, elle enlace le cœur et y laisse le venin qu'elle n'y trouva pas, pourquoi s'étonner que cette méchante sorcière guette sans cesse l'occasion d'accomplir ses œuvres de haine, afin de faire du lieu qu'elle habite un vrai Pandemonium [1], et de devenir elle-

---

[1] Le *Pandemonium* est l'édifice construit par les démons pour y tenir conseil. Voir *Paradis perdu*, chant Ier.

(*N. du Tr.*)

même la souveraine, l'Hécate[1] de l'enfer domestique? Qu'elle est habile à charger, d'un seul coup de pinceau, les teintes du scandale, avec toute l'honnête perfidie des demi-mots! Comme elle sait alors mêler le vrai au faux, — le ris moqueur au franc sourire, — un fil de candeur à un tissu de fraudes! Combien elle affecte de réticences apparentes, afin de cacher les inhumains projets de son ame endurcie! Lèvres de mensonges! — visage né pour dissimuler, pour être insensible et se railler de quiconque sait sentir! Masque vil que la Gorgone[2] même désavouerait! — Joue de parchemin et œil de pierre! Voyez quel sang jaunâtre coule dans les veines de sa peau, et y demeure stagnant comme une eau bourbeuse! Tel s'offre à nos regards le cloporte, dans sa cuirasse couleur de safran: tel le vert encore plus sombre des écailles du scorpion; — (car ce n'est qu'aux teintes des reptiles que nous pouvons comparer cette ame ou ce visage.) — Regardez la physionomie de cette femme, et voyez ses sentimens s'y peindre comme dans un miroir. Regardez le portrait; ne pensez pas qu'il soit chargé; il n'y a aucun trait qui ne pût encore être grossi. En vérité, ce sont « les journaliers de la nature », qui, durant le repos de leur maîtresse, firent

---

[1] Nom de Proserpine, suivant quelques mythologues.
(*N. du Tr.*)

[2] Les Gorgones, filles de Phorcus, dieu marin, étaient au nombre de trois: elles étaient si hideuses qu'elles changeaient en pierre ceux qui les regardaient.
(*N. du Tr.*)

ce monstre, cette étoile caniculaire d'un petit ciel, où, sous son influence, tout se flétrit ou meurt.

Oh! créature misérable! — sans larmes, — sans autre pensée que la joie du triomphe sur la ruine, qui est ton œuvre : — un jour viendra, et viendra bientôt, où tu souffriras beaucoup plus que tu ne fais souffrir aujourd'hui; où tu souffriras pour ce vil égoïsme, qui dès-lors te sera chose vaine; où tu te débattras en hurlant au milieu d'angoisses qui n'exciteront point de pitié. Puissent les malédictions échappées à l'affection blessée, redescendre sur ton sein, avec la force de la pierre qui retombe, et rendre la lèpre de ton ame aussi horrible à toi-même qu'au genre humain! jusqu'à ce que toutes tes pensées se condensent en haine de toi-même, — en haine aussi noire que ton désir voudrait la créer pour les autres; jusqu'à ce que ton cœur si dur ait été calciné et réduit en cendres, et que ton ame ait quitté son enveloppe hideuse! Oh! puisse ta tombe n'avoir pas plus de sommeil que ton lit! — puisse-t-elle être une couche de feu, comme la couche veuve que tu nous as préparée! Alors, s'il te vient à l'esprit de fatiguer le ciel de tes prières, tourne ton regard sur les victimes que tu fis ici-bas, — et désespère! Mort à toi! — et quand tu pourriras, les vers eux-mêmes expireront sur ton argile empoisonnée. Ah! sans l'amour que je sentis, et que je dois encore sentir pour celle que ta malice arracha aux liens les plus sacrés, — ton nom, — ton nom humain — serait exposé à tous les yeux comme type de tout vice; — exalté au-dessus de tes pareils moins odieux que toi, — et donné en proie à l'ulcère d'une immortelle infamie.

XVIII.

ADIEUX A L'ANGLETERRE.

1. Angleterre! patrie de mes aïeux et la mienne! ô la plus noble des contrées, la meilleure, la plus féconde en bravoure! Je pars le cœur brisé; je pars délaissé : je résigne toutes les joies et toutes les espérances que tu me donnas.

2. Terre chérie, mère de la liberté, adieu! La liberté elle-même me fatigue. Calme tes battemens, ô mon cœur, et ne te révolte pas contre un arrêt que la raison approuve.

3. Avais-je de l'amour? — Je te prends à témoin, Ciel puissant, qui vis toutes mes faiblesses et mes craintes; j'adorais, — mais le charme est rompu : puissent mes larmes en effacer la mémoire!

4. Combien il est brillant, le moment d'enthousiasme! qu'il est éblouissant; mais que son éclat est passager! c'est une comète flamboyante, et prompte à s'enfuir : c'est le héraut précurseur des ténèbres et des ennuis.

5. Souvenirs des tendresses passées, des plaisirs perdus sans retour, laissez-moi, — moi, proscrit,

errant et solitaire,—laissez-moi dans le deuil, sans me torturer l'ame.

6. Où donc—où mon cœur trouvera-t-il le repos? un refuge contre la mémoire et la douleur? La gangrène qui le dévore, en quelque lieu que j'aille, dédaigne un remède trompeur.

7. Si je pouvais découvrir ce fleuve fabuleux qui noie le souvenir dans ses ondes, peut-être de nouveau luirait l'œil de l'espérance, l'aurore d'un jour plus heureux.

8. Le vin a-t-il la vertu de l'oubli? peut-il ôter de la cervelle le trait qui l'a blessée? La bouteille nous abuse peut-être une heure, mais elle laisse toujours après elle régner le chagrin.

9. L'éloignement ou le tems guérissent-ils le cœur qui saigne d'une blessure si profonde? L'intempérance en diminue-t-elle les douleurs? Peut-on appliquer quelque baume à ce mal?

10. Si je cours aux confins du pôle, j'y verrai l'ombre que j'adore, le fantôme qui tourmente mon ame, et se joue de mon stérile désespoir!

11. Le zéphir du soir m'apportera le murmure de *sa* voix, me semblera humide de *ses* pleurs et de *ses* soupirs, et me demandera une larme pour l'autel de l'amour.

12. Dans les rêves de la journée, dans les visions de la nuit, mon imagination étalera tous les attraits de cette femme à ma vue abusée, égarée!

13. Arrière, vaines et passagères images! Arrière,

sombres fantômes qui troublez mon cerveau, pures illusions de l'esprit et des sens, engendrées par la douleur et le délire!

14. N'ai-je pas, sur l'autel de la divinité, juré fidélité à celle que j'adorais? Ne prononça-t-elle pas les sermens que j'avais prononcés; et n'échangea-t-elle pas avec son époux un gage solennel?

15. Si mon amour faillit un instant, je m'empressai de réparer ma faute, de baiser le cœur que j'avais blessé, de tout faire pour l'adoucir avant qu'il ne se prît à soupirer.

16. N'ai-je pas courbé cette tête qui ne s'était jamais courbée? N'ai-je pas prié, moi, qui avais coutume de commander? L'amour me força de pleurer et de supplier, et l'orgueil fut trop faible pour résister.

17. Puis, une faiblesse comme la mienne, lavée dans les larmes de mon repentir, devait-elle donc effacer les impressions divines, la foi et l'affection de plusieurs années?

18. A-t-il été bien que l'orgueil, arbitre sévère, se soit interposé entre la colère et l'amour, et qu'un cœur, jusqu'alors si clément, n'ait commencé à prouver son inflexibilité que sur *moi*?

19. Hélas! a-t-il été bien, quand je m'agenouillai, de céler ta tendresse à tel point, qu'en présence de tout ce que je sentais, ta sévérité t'interdît toute expression de sensibilité?

20. Et, lorsque la fille chérie, gage de notre amour,

regardait sa mère et souriait, dis, n'y eût-il rien qui te sollicitât à répondre à cet appel de l'enfance?

21. Ce cœur, si dur et si glacé, si traître à l'amour et à moi, ne s'est-il pas senti percer d'un trait déchirant, en repoussant la supplique de cette innocente créature?

22. Cette oreille, qui était ouverte à tout le monde, fut impitoyablement fermée à l'époux, ton seigneur; cette voix, qui asservirait les démons, refusa une douce parole de paix.

23. Et penses-tu, ô ma bien aimée, — car toi seule es toujours la vie de mon cœur, et, en dépit de mon orgueil et de ma volonté, je te bénis, oui, je t'aime, ô mon épouse!

24. Penses-tu que l'absence te verse le baume qui portera remède à tes maux, ou que le tems, en entraînant la vie sur son aile rapide, accorde jamais un antidote à ta douleur.

25. Tes espérances sont frêles comme le rêve qui trompe les longues heures de la nuit, mais se dissipe à la lueur du premier rayon échappé des portes de l'orient.

26. Car lorsque, sur le visage heureux de ta petite fille, l'imagination suivra du doigt mes traits entrelacés aux tiens, un charme irrésistible t'enchaînera.

27. La fossette riante qui siége sur sa joue, les éclairs qui rayonnent de ses yeux, les paroles qu'elle essaiera de bégayer, tout enfin mêlera un soupir à tes sourires.

28. Alors, quoique les mers aient pu mettre entre nous leurs barrières orageuses, c'est moi qui triompherai; loin de toi, hors de ton regard, à mon insu, et sans être appelé, c'est moi, pourtant, qui serai là.

29. Ce n'est pas toi qui lanças contre moi le trait cruel (la cruauté était étrangère et odieuse à ton cœur); ce n'est pas toi qui m'infligeas une incurable blessure.

30. Hélas! oui, ce fut une autre main que la tienne qui troubla mon repos; cette main frappa, — et, par un sort trop funeste, c'est moi qui souffris le coup et toutes les misères qu'il engendra.

31. Ceux-là nous haïssaient tous deux, qui détruisirent les fleurs et les promesses du printems. Qui donc, pour combler notre vide, nous donnera de nouveaux liens, de nouvelles affections?

32. Ah! quels moyens peuvent rendre au cœur déchiré sa force première, ou à l'arc une fois trop tendu le ressort qu'il possédait auparavant?

33. Le cœur déchiré saignera, s'ulcèrera, et se fanera comme la feuille au souffle de la bise; l'if éclaté ne reviendra pas sur lui-même, quoique vigoureux et dur jusqu'à la fin.

34. Je vais errer, — n'importe où; nul climat ne me rendra la paix, ni ne déridera mon front, chargé de désespoir, par quelque lueur de joie passagère.

35. Oh! avec quelle lenteur les heures s'écoule-

ront! de quel ennui sera la marche des années, alors que la vallée, la montagne et le bocage ne feront que changer le théâtre de mes larmes!

36. Les monumens classiques qui sommeillent, le lieu cher à la science et aux arts, le sarcophage, le temple, le gazon sacré, rien enfin ne m'excite ni ne me ravit plus.

37. La cigogne, sur sa muraille en ruines, est cent fois plus heureuse que moi; contente d'habiter au milieu des lierres, elle suspend sa demeure dans les airs.

38. Moi, j'erre sans asile, le sein nu et en proie aux orages; victime de l'orgueil et de l'amour, je cherche, — hélas! ce que je ne puis trouver.

39. Je cherche ce qu'aucune peuplade ne me donnera; je demande ce que nul climat ne m'accordera, un charme qui neutralise ma misère et sèche les larmes de mon cœur.

40. Je le demande, — je le cherche, — mais en vain, — depuis l'Indus jusques au pôle du nord; nulle attention, — nulle pitié — pour les plaintes où s'exhale la douleur de mon ame.

41. Quel sein soupirera quand je sangloterai? quels pleurs répondront à mes pleurs? quelles lamentations feront écho à mes lamentations? quel œil remarquera les veilles de mes yeux?

42. Toi-même, ô chère enfant, en apprenant à babiller, — tandis que j'erre au loin, — tu comp-

teras au nombre de tes devoirs, de *haïr* celui que la nature te commande d'*aimer*.

43. La langue impure de la malice va carillonner à ton oreille mes vices et mes fautes, et t'enseigner, avec un zèle diabolique, à craindre l'affection d'un père.

44. Hélas! si, quelque jour, ton oreille est jamais frappée des sons de ma lyre, si la voix sincère de la nature s'écrie jamais : « Ce peut être, ce doit être mon père. »

45. Peut-être, qu'à ton œil prévenu, mes traits paraîtront odieux ; la nature, elle-même, sera sourde à mes soupirs, et le devoir me refusera une larme.

46. Mais certes, dans cette île où mes chants ont retenti de la montagne à la vallée, toutes les bouches ne rediront pas le triste récit de mes torts, sans aucune émotion de reconnaissance.

47. Quelques jeunes ames, qui auront apprécié mes vers et se seront enflammées à mes récits, se hasarderont peut-être à dire : « Ses faiblesses furent celles d'un homme. »

48. Oui, ces *faiblesses* étaient humaines ; mais l'envie, la malice et le mépris les grossirent ; alors tous les sentimens naturels se soulevèrent et repoussèrent avec haine le masque sous lequel on les cachait.

49. La faute fut d'un homme : — et pourtant, combien fut sévère, combien fut cruelle la condam-

nation prononcée! L'orgueil lui-même laissa tomber quelques gouttes de pleurs, en maudissant mon amour.

50. C'est fini : la grande lutte est passée ; le combat s'est apaisé dans mon sein ; le terrible flux et reflux de la passion n'y précipite plus ses impétueux courans.

51. C'est fini : mes affections s'en vont, les liens de la nature sont brisés pour moi, je n'obéis plus qu'aux inspirations de l'orgueil, et je romps le joug humiliant de l'amour.

52. Je m'envole, comme un oiseau des airs, à la recherche d'une demeure et d'un lieu de repos, d'un baume contre les souffrances de l'inquiétude, d'une consolation pour un cœur désolé.

53. Rapide comme l'hirondelle qui plane, hardi comme l'aigle qui s'élance, et pourtant, sombre comme la chouette, dont les accens font peine au noir démon de la nuit :

54. Je vais où brillent les splendeurs joyeuses de l'Orient, les danses et les riches festins : je m'emmène aux fêtes du luxe pour exiler de mon esprit la beauté que j'adorais.

55. Dans le verre empli jusqu'aux bords, je boirai les douces ondes du Léthé : je m'unirai au rire des bacchanales, et sauterai dans la ronde des fées.

56. Partout où le plaisir m'invitera, je courrai pour étouffer le sombre souvenir de mes ennuis,

moi, exilé, sans espérance et sans patrie, moi, fugitif chassé par le désespoir.

57. Adieu donc, terre des braves! Adieu, terre de ma naissance! Quand les tempêtes séviront autour de toi, — puissent-elles toujours respecter tes vertus!

58. Femme, enfant, patrie, amis, vous n'amuserez plus mon imagination : je fuis loin de vos prestiges et je cours pleurer sur quelque rivage meilleur.

59. Le hideux démon de l'orage qui gronde dans ce cœur agonisant, élèvera toujours, devant mon regard, son ombre pestifère, jusqu'à ce que la mort calme ce tumulte à jamais.

XIX.

A MA FILLE,

LE MATIN DE SA NAISSANCE.

1. Salut à cette scène féconde en luttes qui s'ouvre à tes pas! Salut, aimable miniature vivante! pélerine vouée à mille ennuis inconnus! agneau du vaste bercail du monde! source d'espérances, de doutes, et de craintes! douce promesse d'années ravissantes! Comme je fléchirais le genou de plein gré, et deviendrais idolâtre devant toi!

2. C'est le culte naturel, — culte senti, — avoué, partout où le feu de la vie anime les êtres. Dans ces forêts sans routes, dans ces plaines sans bornes, où

règne une éternelle férocité, le stupide sauvage, image brute de l'humanité, confesse l'émotion paisible, — le secret tressaillement, — le battement caché de son cœur.

3. Chère enfant! avant que les impuretés des vices humains n'envahissent tes années, avant que les passions ne troublent ton visage et ne t'inspirent ce que tu n'oseras dire, avant que ces lèvres ne soient pâlies par les ennuis, ou que ces yeux ne rayonnent d'un désespoir farouche : puissé-je le premier donner l'éveil à ton oreille, et la charmer des accens de la prière paternelle!

4. Mais tu songes peu, ô ma fille! aux travaux, aux dangers, aux misères qui attendent ta marche chancelante à travers les ronces du désert de la vie! Ah! tu songes peu à ce théâtre d'œuvres si sombres, étendu entre toutes les petites choses que nous pouvons trouver ici-bas, et la noire et mystérieuse sphère, qui se cache derrière.

5. Tu songes peu, ô toi que la première j'aurai nommée mon enfant, aux nuages qui s'amoncellent autour de ton aurore, aux illusions qui pourront égarer ton ame, aux piéges qui entrecoupent ta route, aux secrets ennemis, aux amis faux, aux démons qui poignardent les cœurs en leur souriant : — tu songes peu à ce triste cortége : — puisses-tu n'y jamais songer davantage !

6. Mais tu sortiras de ce passager sommeil, et tu t'éveilleras, mon enfant, pour pleurer. Habitante

d'un frêle séjour, tes larmes couleront comme les miennes ont coulé. Abusée, chaque jour, par mille folies, le chagrin seul lavera tes fautes ; et peut-être ne t'éveilleras-tu que pour éprouver les angoisses d'un amour non partagé.

7. Enfant, aujourd'hui à toi-même ignorée! quoique la misère ne repose point encore sur ton front ses ailes à demi déplumées, cependant tes lèvres paisibles charmeront à peine d'un sourire la tendresse de ta mère, avant qu'une rosée de larmes n'y ait imprimé ses traces humides ; et n'ait prématurément frayé la voie aux chagrins d'un âge plus mûr.

8. Oh ! Plût à Dieu que la prière d'un père repoussât de tes yeux la douleur, de ton sein les soupirs !.. Plût à Dieu qu'un père eût l'espérance de supporter le lot d'ennuis destiné à un enfant chéri ! Alors, ô ma fille, tu dormirais tranquille, exempte de tous les maux de l'humanité : le père qui t'aime assurerait ta paix, et demanderait à souffrir pour toi les blessures qu'il a déjà souffertes.

9. Dors, ma fille ! ce court sommeil s'évanouira trop tôt pour céder la place au chagrin : trop tôt l'aurore du malheur se lèvera, et la rosée salée[1] ruissellera sur ta joue ; trop tôt la tristesse éteindra ces yeux ; ce sein se gonflera de soupirs, et le déses-

---

[1] « *Briny rills bedew that cheek.* » Rien de plus fréquent chez les poètes latins que *lacrymæ salsæ*, *ros salsus*. Pourquoi donc ne pas ajouter en français cette épithète aux larmes ? (*N. du Tr.*)

poir éclipsera les rayons de ton midi sous le nuage des douleurs, — hélas! beaucoup trop tôt.

10. Bientôt tu éprouveras mille soucis ignorés, mille besoins et chagrins, notre partage commun; maintes angoisses, maintes infortunes qui ne sont connues que du sexe que j'adore ; — maintes misères qui ne trouveront, — ne peuvent trouver une bouche pour les chanter ou pour les dire ; mais qui demeurent cachées au fond de l'ame, hors de tout contrôle, et la rongent comme ferait un horrible cancer.

11. Toutefois, puisse ton destin, mon enfant, être plus heureux! puisse la joie animer toujours ton sein, et, dans tes plus sombres jours, verser sur toi sa riche et inspiratrice lumière! Un père mêlera chaque jour ton nom à sa secrète prière, et, lorsqu'il descendra dans l'éternel repos, ton image adoucira pour lui les tortures de l'agonie.

12. Aussi, je te salue, douce miniature vivante! Salut à cette scène féconde en luttes qui s'ouvre à tes pas [1]! Salut, pèlerine vouée à mille ennemis inconnus! agneau de la vaste bergerie du monde! source d'espérance, de doutes et de craintes! douce promesse d'années ravissantes! Comme je fléchirais le genou de plein gré, et deviendrais idolâtre devant toi!

---

[1] Les deux premiers vers de cette strophe sont seuls un peu différens de ceux de la première. Nous avons cru devoir conserver cette différence dans la traduction.

(*N. du Tr.*)

XX.

VERS ADRESSÉS PAR LORD BYRON A SA FEMME,

QUELQUES MOIS AVANT LEUR SÉPARATION.

1. Il y a une mystérieuse destinée qui entrelace si tendrement avec le fil de ma vie le fil d'une autre vie, que l'inflexible ciseau de la Parque doit les couper *tous deux* à la fois, ou n'en couper *aucun*.

2. Il y a une *forme* sur laquelle mes yeux ont souvent fixé leur regard avec une délicieuse extase : le jour, l'aspect de cette forme fait leur joie ; la nuit, les songes leur en reproduisent l'image.

3. Il y a une *voix* dont les accens excitent dans mon sein une telle fièvre de ravissement, que je refuserais d'entendre un chœur de séraphins si cette voix ne devait point s'y joindre.

4. Il y a un *visage* dont la joue en rougissant parle d'amour : mais quand il pâlit lors d'un tendre adieu, il révèle plus de passion que les mots n'en peuvent exprimer.

5. Il y a une *bouche* qui a pressé la mienne, et que nulle autre n'avait pressée auparavant : elle a juré de me combler de douces félicités, et la mienne, — la mienne seule a juré de la presser encore davantage.

6. Il y a un *sein*, — qui tout entier m'appartient, — où je reposai souvent ma tête souffrante ; une *lèvre*

qui ne sourit qu'à moi seul, un *œil* dont les larmes coulent avec les miennes.

7. Il y a deux *cœurs* dont les battemens frappent de mesure avec un si parfait accord ; dont les pulsations se répondent si bien l'une à l'autre, qu'ils doivent continuer ensemble leurs mouvemens, — ou cesser tous deux de vivre.

8. Il y a deux *ames*, si semblables à deux fleuves dont les ondes aimables et paisibles se confondent en un cours égal que, lorsqu'elles se quitteront, — *se quitter !* — oh ! non ! c'est impossible : — *ces deux ames* n'en font qu'une.

XXI.

A *****.

Lorsque tout, autour de moi, devint sombre et noir, que la raison éteignit à demi son flambeau, — et que l'espérance ne lança plus qu'une mourante étincelle qui égara davantage mes pas solitaires ; au milieu de cette profonde nuit de l'ame, et de ces luttes intérieures du cœur, alors que, dans la crainte de paraître trop bons, — les faibles se désespèrent et les hommes froids s'enfuient ; à l'heure où la fortune changea, — où l'amour s'envola, où les traits de la haine tombèrent en pluie serrée et rapide : tu fus l'étoile solitaire qui se leva sur mon horizon pour ne l'abandonner jamais. Oh ! bénie soit ta lumière invaincue, qui veilla sur moi comme l'œil d'un séraphin, et maintint sans cesse entre la nuit et moi sa gracieuse et voisine lueur! Et quand sur nous fondirent les nuages qui tentèrent d'obscurcir tes rayons, — alors tes douces flammes s'épandirent avec un éclat plus pur encore, et chassèrent au loin les ténèbres. Puisse toujours ton esprit inspirer le mien, et m'apprendre ce qu'il faut braver ou souffrir! — Une seule de tes tendres paroles est plus pour moi que les vaines censures du monde. Tu m'apparus comme un arbre aimable, dont la branche non rompue, mais heureusement courbée, balance, avec un zèle fidèle, ses rameaux au-dessus d'une tombe : dussent les vents te briser, — dût le ciel se fondre tout en eau sur toi, tu fus — et tu serais encore, aux heures de la tempête, prêt à étendre sur moi ton feuillage humide de pleurs. Mais tu ne connaîtras aucun revers, quelle que soit ma destinée : car la divinité récompensera, en plein jour, les gens de bien, — et toi par-dessus tous. Laisse donc rompre le lien d'un amour abusé : — le tien ne se rompra jamais. Ton cœur est sensible, — mais non pas irritable : ton ame, toute tendre qu'elle est, ne sera jamais ébranlée. Voilà, quand tout le reste fut perdu, ce que je trouvai en toi, ce que j'y trouverais toujours ; — et, tant que battra un cœur si éprouvé, la terre ne sera point déserte, — même pour moi.

XXII.

STANCES A *****

1. Quoique les jours de mon bonheur ne soient plus, et que l'étoile de ma destinée ait marché vers son déclin, cependant ton tendre cœur a refusé de découvrir en moi les fautes que tant d'autres hommes pouvaient trouver. Quoique ton ame n'ignorât point ma douleur, elle n'a pas frémi de la partager avec moi. Ah! l'amour que mon esprit s'était peint, je ne l'ai jamais trouvé qu'en toi.

2. Si la nature autour de moi sourit, ce seul sourire, qui désormais réponde au mien, je ne le crois pas trompeur, parce qu'il me rappelle le tien. Si les vents sont en guerre avec l'Océan, comme le sont, avec moi, les cœurs en qui je m'étais confié, les vagues soulevées n'excitent en moi quelque émotion, que parce qu'elles m'emportent loin de toi.

3. Quoique le roc où se réfugia ma dernière espérance soit aujourd'hui brisé, et que les débris s'en soient abîmés dans les flots; quoique je sente que mon ame soit livrée à la douleur : — pourtant, mon ame ne sera pas l'esclave de la douleur. Je suis en butte à maintes angoisses : on peut m'accabler, mais non me mépriser, — me torturer, mais non me soumettre : — c'est à toi que je songe, — non pas à mes ennemis.

4. Humaine créature, tu ne me trompas point; femme, tu ne me fus pas infidèle : aimée, tu ne te plus pas à m'attrister; calomniée, tu ne fus jamais abattue; — je t'offris ma confiance, et tu ne la désavouas point; tu me quittas, mais non pour t'enfuir : tu veillas sur moi, mais non pour me diffamer; quand tu gardas le silence, ce ne fut pas devant les mensonges du monde.

5. Toutefois, je ne blâme ni ne méprise le monde, ni la guerre de tant d'ennemis ligués contre un seul : — si mon ame n'était pas faite pour le priser, ce monde, — c'était folie de ne pas le fuir plus tôt; et, si cette erreur m'a coûté cher, et plus que je ne pus jamais le prévoir, j'ai trouvé que, quelle que fût ma perte, il a été impossible de me priver de toi.

6. De ce naufrage de mes biens passés, il me reste encore beaucoup : j'ai appris par là que ce que je chérissais le plus méritait, en effet, d'être l'objet le plus cher à mon cœur. Dans le désert, jaillit encore une fontaine; dans cette immense désolation, un arbre est encore debout; et, dans la solitude, chante encore un oiseau qui me parle de toi.

XXIII.

A UN JEUNE AMI [1].

1. Il y a peu d'années, toi et moi étions intimes amis, au moins de nom : et la joyeuse sincérité de l'enfance fit long-tems durer nos tendres sentimens.

2. Mais aujourd'hui tu sais trop bien, comme moi, quels riens le cœur nous rappelle souvent ; et que ceux qui ont le plus aimé autrefois oublient trop tôt qu'ils aient aimé le moins du monde.

3. Et tels sont les changemens qu'offre le cœur, si frêle est le règne de l'amitié du premier âge, que le court espace d'un mois, d'un jour, peut-être, verra ton ame me redevenir étrangère.

4. S'il en est ainsi, ce n'est, certes, pas moi qui déplorerai jamais la perte d'un tel ami : la faute n'en serait pas à toi, mais à la nature qui te fit volage.

5. Comme on voit osciller les ondes inconstantes de l'Océan, ainsi va le flux et reflux des sentimens humains. Qui donc se fierait à ce cœur toujours embrâsé de passions orageuses ?

6. Peu importe qu'élevés ensemble, nous ayons, aux jours de notre enfance, goûté des joies communes ; le printems de ma vie a fui rapidement, et toi aussi, tu as cessé d'être un enfant.

[1] Ce poème et le suivant ont été composés avant le mariage de Lord Byron.

7. Et quand nous disons adieu au jeune âge, devenus esclaves d'un monde trompeur, nous soupirons un long adieu à la vérité : ce monde corrompt l'ame la plus noble.

8. Oh! joyeuse saison, où l'esprit ose tout hardiment, sauf le mensonge; où la pensée s'échappe avant la parole, et brille dans un œil paisible!

9. Il n'en est plus ainsi, dans un âge plus mûr, où l'homme n'est qu'un instrument ; où l'intérêt gouverne nos espérances et nos craintes ; où tous doivent aimer et haïr suivant la règle.

10. Nous apprenons enfin à cacher nos fautes avec les fous que la parenté du vice nous unit; et ceux-là, oui, ceux-là seuls peuvent réclamer le nom d'ami, nom désormais prostitué.

11. Tel est le lot commun de la condition humaine. Pouvons-nous donc échapper au joug de la folie? pouvons-nous renverser l'ordre général, et n'être pas ce que tous nous devons être tour à tour?

12. Quant à moi, chaque période de la vie m'a porté une destinée si noire, j'ai tant de haine pour l'homme et pour le monde, que je me soucie peu de l'heure où je quitterai ce théâtre.

13. Mais toi, esprit frêle et léger, tu brilleras un instant, et puis tu passeras : ainsi le ver-luisant[1]

---

[1] M. A. P., au lieu de *ver-luisant*, dit : *le lampyris*. C'est très savant : c'est comme qui dirait, au lieu d'écrevisse, un *astacus*.

(*N. du Tr.*)

étincelle dans la nuit, mais n'ose soutenir l'épreuve du jour.

14. Hélas! tu te rends toujours à l'appel de la folie, toutes les fois qu'elle t'invite aux cercles de parasites et de princes, (car, choyés d'abord dans les palais des rois, les vices nous y attirent par un accueil gracieux.)

15. Chaque soir, tu viens ajouter un insecte à la foule bourdonnante, et toujours ton cœur frivole est heureux de se joindre aux ames vaines, de courtiser les ames orgueilleuses.

16. Là, tu voles de belle en belle, et promènes partout tes rapides sourires, comme le long d'un riant parterre le papillon gâte les fleurs qu'il goûte à peine.

17. Mais, dis-moi, quelle nymphe prisera cette flamme, qui semble, comme fait une vapeur marécageuse, s'enfuir de dame en dame? cette flamme, véritable feu follet d'amour?

18. Quel ami daignera, pour toi, malgré le plus tendre penchant, avouer une fraternelle tendresse? Qui abaissera son cœur d'homme à une amitié que le premier sot peut partager?

19. Arrête, il en est tems encore : cesse de paraître si basse créature au milieu de la foule; cesse de passer tes jours dans une vie si oiseuse : sois quelque chose, autre chose du moins — qu'un être vil.

XXIV.

A MARIE [1].

1. C'est bien! tu es heureuse, et moi je sens que je devrais être heureux aussi; car mon cœur prend encore un intérêt ardent à ton bonheur, comme il eut toujours coutume de faire.

2. Que ton époux est fortuné! — Ah! j'éprouverai bien quelques peines à la vue de la félicité que le destin lui accorde à mon préjudice; mais je les bannirai. — Oh! combien mon cœur le haïrait, cet homme-là, s'il allait ne pas t'aimer!

3. Naguère, quand je vis ton enfant chéri, je crus que mon cœur jaloux se briserait; mais quand cette innocente créature m'eut souri, je l'embrassai par amour de sa mère.

4. Je l'embrassai, et j'étouffai mes soupirs, à voir sur son visage les traits de son père; mais ses yeux étaient ceux de sa mère, ils appartiennent donc à l'amour et à moi.

5. Marie, adieu! Je dois m'éloigner. Tant que tu seras heureuse, je ne m'affligerai pas; mais je ne puis demeurer près de toi. Mon cœur bientôt retomberait dans tes fers.

---

[1] Miss Chaworth, la Marie des *Heures de loisir*, qui épousa un gentilhomme d'ancienne famille, mais dont le mariage fut loin d'être heureux. (*N. du Tr.*)

6. Je pensais que le tems,—je pensais que l'orgueil avait enfin éteint les flammes de l'enfance, et je ne sus qu'après m'être assis à ton côté que mon cœur nourrissait encore les mêmes sentimens, hors l'espoir.

7. Cependant, j'étais calme : j'ai connu le tems où mon sein se serait déchiré devant ton regard; mais aujourd'hui, trembler serait un crime :— nous nous sommes rencontrés, et pas un nerf n'a tressailli.

8. Je t'ai vu arrêter tes regards sur mon visage sans y surprendre aucun trouble : tu n'y pus découvrir qu'un seul sentiment, le sombre calme du désespoir.

9. Arrière! arrière! rêve de mes premiers ans! Le souvenir ne doit plus se réveiller. Oh! où trouver l'onde fabuleuse du Léthé? Cœur insensé, sois paisible, ou brise-toi.

XXV.

A THYRZA.

1. Sans pierre qui marque la place de ta cendre, et dise ce que la vérité elle-même aurait dit, ce que tout le monde, hors un seul homme, a déjà peut-être oublié; hélas! pourquoi gis-tu dans la tombe? Séparé par tant de rivages, par tant de mers, je t'ai toujours aimée, — mais en vain! Le passé, — l'avenir a fui pour toi, en nous condamnant à ne nous

revoir jamais, — non! — jamais! Si du moins — un mot, un regard m'eût dit tendrement : « Je te quitte en t'aimant, » mon cœur eût appris à pleurer, avec de plus faibles sanglots, le coup qui enleva l'ame de ton corps ; et puisque la mort préparait un dard léger pour te frapper soudain et sans douleurs, ne soupiras-tu pas après celui que tu ne verras plus, qui garde et garda encore ton image dans son sein? Oh! qui aurait veillé, comme lui, sur toi? ou, comme lui, observé avec désespoir ton œil se glacer à cette heure redoutée qui précède la mort, alors que la douleur muette craint de pousser un soupir, jusqu'à ce que tout soit fini ? Mais dès que tu aurais cessé d'avoir affaire aux misères humaines, mon cœur déchiré n'aurait plus retenu les torrens qui auraient ruisselé de mes yeux avec autant d'abondance qu'aujourd'hui. Ah! comment ne fondrais-je pas en pleurs à la vue de ces tours, maintenant désertes pour moi, où, avant de te quitter pour quelque tems, nous avons souvent confondu nos douces larmes ! Dirai-je tout notre bonheur? Ces regards que personne ne voyait, les sourires que personne ne pouvait comprendre, la pensée à voix basse exhalée de deux cœurs étroitement unis, l'étreinte électrique des mains, les baisers si innocens, si purs, que l'amour se défendait tout désir plus ardent? Tes beaux yeux révélaient une ame si chaste, que la passion elle-même eût rougi de réclamer davantage. Tes accens m'instruisaient à me réjouir, lorsqu'oubliant ton exemple j'étais prêt à m'affliger : dans ta voix, le chant me semblait une harmonie céleste; mais il ne m'était doux que dans ta voix. Dirai-je les gages sacrés que nous échangeâmes?— je porte encore le mien; mais où est le tien? — hélas! où es-tu toi-même? J'ai souvent soutenu le fardeau du malheur; mais je n'avais pas encore plié sous lui jusqu'à ce jour! Tu m'as laissé, à la fleur de la vie, la coupe de misère à épuiser. La tombe ne fût-elle qu'un lieu de repos, je ne souhaiterais pas de te revoir ici-bas. Mais si, dans des mondes plus heureux que le nôtre, tes vertus cherchent une sphère digne d'elles-mêmes, répands sur moi une portion de ton bonheur pour me délivrer de mes angoisses d'ici-bas. Instruis-moi; devais-je l'être sitôt par toi à porter la vie, à donner et recevoir un pardon! Sur la terre, ton amour fut d'un tel prix pour moi que je ne voudrais avoir rien de plus à espérer dans le ciel.

2. Arrière, arrière, accens de douleur! silence, chants autrefois doux à mon cœur! ou je fuis d'ici; car, hélas! je n'ose de nouveau abandonner mon oreille à ces sons, qui me parlent de jours plus brillans; sommeillez, cordes de la lyre : ah! je ne dois plus songer, je ne puis plus arrêter mon regard à ce que je suis, — à ce que je fus. La voix qui donnait à ces sons tant de douceur est aujourd'hui muette, et tous leurs charmes s'en sont envolés; leur plus tendre mélodie n'est plus qu'un psaume funèbre,

une antienne de mort! Oui, Thyrza! oui, ces chants ne respirent que toi, poussière bien aimée, puisque tu es poussière : ce qui fut naguère harmonie, est pour moi pis que bruit discord! Tout est silencieux! — mais un écho trop connu retentit en mon oreille; j'entends une voix que je voudrais n'entendre pas, une voix qui maintenant pourrait bien se taire : cependant, maintes fois elle ébranle mon âme déçue par l'illusion. Ces gracieux accens enchantent mon sommeil jusqu'à l'instant où mes sens s'éveillent, où vainement j'écoute encore, après la fuite du rêve. Douce Thyrza! dans le sommeil ou dans la veille, tu n'es plus pour moi qu'un songe aimable; une étoile qui jeta un moment sur les flots sa tremblante lumière, puis détourna de la terre ses délicats rayons. Cependant, celui qui doit achever l'odieux voyage de la vie sous les nuages de colère dont le ciel s'est voilé, — celui-là déplorera long-tems l'éclipse de l'astre qui répandait l'allégresse sur la route.

3. Encore un effort, et je suis délivré des angoisses qui déchirent mon cœur : encore un long soupir, pour la dernière fois, à l'amour et à toi; puis rentrons dans le tourbillon de la vie. Il me convient fort de me mêler maintenant aux choses qui m'avaient toujours déplu auparavant : quoique toute joie ait été ensevelie avec toi, quel chagrin désormais peut me toucher? Allons, servez-moi du vin, servez le banquet, l'homme n'est pas fait pour vivre

seul : je serai cette légère et incompréhensible créature qui sourit avec tous, et ne pleure avec personne. Il n'en fut point ainsi dans des jours plus chers à mon cœur, il n'en aurait jamais été ainsi; mais tu m'as quitté, et m'as laissé seul ici-bas : tu n'es plus rien, tout n'est rien désormais pour moi. En vain mon luth voudrait produire un léger murmure! Le sourire que la douleur essaiera de feindre ne fait qu'insulter à la misère qui gémit à côté, comme ferait une guirlande de roses sur un sépulcre. Quoique de gais compagnons, le verre en main, chassent un instant le sentiment du malheur; quoique le plaisir embrase l'ame délirante, ah! le cœur — le cœur est toujours vide [1]! Maintes fois, dans la solitude d'une belle nuit, il me fut doux de fixer mon regard sur la voûte étoilée; car alors je songeais que la lumière céleste brillait d'un gracieux éclat à ton œil mélancolique. Souvent, lorsqu'à la clarté des rayons de Diane [2] je naviguais sur les

---

[1] Ces quatre vers :

Though gay companions o' er the bowl
Dispel awhile the sense of ill;
Though pleasure fires the maddening soul,
The heart — the heart is lonely still.

sont un plagiat de Byron sur lui-même, à l'exception d'un seul mot. Voir *Heures de loisir*, pièces fugit. IX, st. 4. Le seul mot différent est ici *fires* (embrase), au lieu de *stirs* (agite).

(*N. du Tr.*)

[2] Le texte anglais désigne la lune sous un nom encore plus classique, celui de Cynthia (Diane est née sur le mont Cynthus à Délos).

(*N. du Tr.*)

ondes de la mer Égée, je pensais en moi-même : « A présent Thyrza contemple cette lune. » — Hélas ! cette lune éclairait la tombe de Thyrza ! Étendu sur le lit sans sommeil de la fièvre, tandis que le frisson parcourait mes veines palpitantes : « C'est du moins une consolation, disais-je d'une voix faible, que Thyrza ne sache pas mes souffrances. » Comme la liberté à l'esclave usé par les ans n'est plus qu'un présent stérile, ainsi la nature me rendit en vain à la vie quand Thyrza eut cessé de vivre. Gage d'amour, que je reçus de ma Thyrza dans des jours meilleurs, alors que j'étais également neuf dans l'amour et dans la vie, comme mon regard te trouve aujourd'hui changé ! comme le tems a jeté sur toi une teinte de douleur ! Le cœur qui se donna avec toi est muet. — Ah ! pourquoi le mien ne jouit-il pas du même repos ? aussi glacé qu'un cœur mort le peut être, il sent encore, il souffre de ce froid. Et toi, gage amer ! emblême de deuil ! je te bénis malgré tes pénibles souvenirs ! reste à jamais sur mon sein ! veille, veille à jamais sur mon amour, ou brise le cœur que tu presses ! L'amour est apaisé par le tems, mais non détruit : il devient plus sacré quand toutes ses espérances sont envolées. Oh ! que sont les amours de mille beautés vivantes à l'amour qui ne peut délaisser une cendre !

XXVI.

EUTHANASIA [1].

Lorsque le tems, tôt ou tard, amènera le sommeil sans rêves où s'endorment les morts, Oubli! puisse ton aile languissante se balancer gracieusement sur mon lit de mort! Loin de moi, cette troupe d'amis ou d'héritiers qui pleure ou souhaite le coup suspendu sur ma tête! Loin de moi, femme échevelée qui ressente ou feigne un désespoir bienséant! Mais je voudrais descendre en silence dans la terre, sans officieux pleureurs à mon côté; je voudrais ne pas corrompre une heure de plaisir, n'inspirer pas une crainte à l'amitié. Toutefois l'amour, s'il avait, à une heure pareille, la noble force de dompter ses inutiles soupirs, — l'amour pourrait alors manifester, pour la dernière fois, sa puissance, et sur l'amante en vie, et sur l'amant expirant. Il me serait doux, ma Psyché! de voir, jusqu'au dernier instant, tes traits toujours sereins; dans l'oubli des transes passées, la douleur elle-même sourirait. Vain désir! — la beauté frissonnera toujours à la vue du frisson de l'agonie; et les larmes que la femme verse à son gré nous trompent durant la vie, nous efféminent

---

[1] *Euthanasia* est un mot tout grec : Εὐθανασία, composé de εὖ, *bien*, et de θάνατος, *mort*. Il signifie donc : *le bien mourir, la bonne ou belle mort*, etc.

(*N. du Tr.*)

à l'instant de la mort. Donc, puissé-je être seul à ma dernière heure, sans cortége de regrets et de gémissemens! Pour des milliers d'hommes, la mort a cessé d'être un sombre fantôme; et la douleur a été passagère ou tout-à-fait inconnue. « Oui, ce n'est que mourir et s'en aller, » hélas! où tous s'en sont allés déjà, où tous doivent aller encore! être dans le néant où j'étais, avant de naître à la vie et à ses misères! Compte les joies que tes heures ont vues; compte les jours où tu fus sans souffrance, et sache, quel qu'ait été ton sort, que le néant est quelque chose de mieux!

XXVII.

STANCES.

> « *Heu! quantò minus est cum reliquis versari quàm tui meminisse;* »

1. Donc [1] tu es morte, à la fleur de la jeunesse, aussi belle que le fut jamais une beauté mortelle! Un corps si charmant et des attraits si rares sont retour-

---

[1] Malherbe a commencé une ode par cette strophe :

Donc un nouveau labeur à tes armes s'apprête, etc.

Cette forme de style, encore très-employée par Corneille, paraît avoir répugné à Racine et à tous ceux qui l'ont adoré comme type unique de la *belle élocution*. La nouvelle école a eu raison de remettre en vigueur ce tour, à notre sens fort énergique. M. V. Hugo a fait dire à Charles-Quint, dans *Hernani* :

Donc je suis, c'est un titre à n'en pas vouloir d'autres,
Fils de pères qui font choir la tête des vôtres.

(*N. du Tr.*)

nés trop tôt dans la terre! Ah! quoique la terre t'ait reçue dans son sein; quoique tu reposes en un lieu que pressent les pas d'une foule indifférente ou joyeuse, il y a un œil qui ne pourrait avoir la force de regarder un instant ce tombeau.

2. Je ne demanderai pas où gît ta cendre, et n'irai pas contempler ta place funéraire; l'herbe et les fleurs y croîtront à leur gré; certes, je ne viendrai pas les voir : c'est assez pour moi de connaître que ce que j'aimai, et dus encore long-tems aimer, se pourrit comme l'argile commune; pas n'ai besoin qu'aucune pierre me dise que ce que j'aimai tant n'est plus rien.

3. Je t'aimai jusqu'au dernier moment avec autant d'ardeur que tu m'aimas toi-même, d'une ardeur qui ne s'est jamais affaiblie, et qui ne peut plus s'altérer. L'amour où la mort a mis son sceau, ni les ans ne peuvent le glacer, ni un rival le dérober, ni la perfidie l'abjurer : et, ce qui serait le pire des maux, tu ne peux plus voir en moi ni faute, ni inconstance, ni torts.

4. Les meilleurs jours de la vie, nous en avons joui tous deux; les mauvais jours me sont restés à moi seul! Ni le soleil riant, ni la sombre tempête, ne sont plus rien pour toi. Le silence de ce sommeil sans rêves, je l'envie trop maintenant pour pleurer; et je n'ai pas à m'affliger d'avoir vu tous ces attraits, qui ont disparu soudain, se consumer peu à peu dans un long dépérissement.

5. La fleur, dans l'éclat non pareil de sa maturité, doit tomber victime précoce : sa corolle, sans être avant le tems arrachée par la main de l'homme, doit se séparer de la tige ; et pourtant, ce serait douleur plus grande de la regarder se flétrir feuille à feuille, que de la voir dépouillée en un jour : car l'œil mortel souffre à suivre le passage de la beauté à la laideur.

6. Je ne sais si j'aurais supporté la lente éclipse de tes charmes ; la nuit qui aurait suivi une si belle aurore eût jeté une ombre trop profonde. Ta journée s'est passée sans nuage, et tu fus digne d'amour jusqu'au dernier instant : tu disparus, tu ne dépéris pas ; ainsi, les étoiles qui traversent les cieux brillent d'autant plus qu'elles tombent de plus haut.

7. Si je pouvais pleurer comme je pleurais jadis, certes mes larmes se répandraient à penser que je ne fus pas là pour veiller au moins une nuit près de ton lit, pour contempler ton visage avec tendresse ; pour te serrer dans mes bras languissans, relever ta tête expirante, et montrer cet amour, hélas ! trop vain dans ses efforts, que ni toi ni moi ne ressentirons plus.

8. Ah ! tu me laisses libre ! — Mais comme il me serait moins doux de posséder toutes les beautés qui restent encore sur la terre, que de me repaître ainsi de ton souvenir. Tout ce qui de toi ne peut périr, revient à moi du sein de la sombre et terrible éternité : et notre amour enserré dans la tombe est

encore ce que j'ai de plus cher, hormis ses années de vie.

XXVIII.

STANCES.

14 mars 1812.

1. Si quelquefois dans les demeures des hommes ton image peut s'évanouir en mon sein, l'heure de la solitude m'offre de nouveau les traits enchanteurs de ton ombre : cette heure triste et silencieuse peut ainsi me rendre encore beaucoup de ce que je trouvais en toi, et la douleur sans témoin peut alors exhaler la plainte qu'elle n'osait exprimer aux yeux du monde.

2. Oh ! pardonne si dans la foule je dissipe parfois une pensée qui t'est due, et si, tout en me condamnant moi-même, je souris et parais infidèle à ta mémoire ! Ne crois pas que cette mémoire me soit moins chère, parce qu'alors je ne semble pas affligé ; ah ! je ne voudrais pas que les cœurs frivoles entendissent un soupir que j'adresse tout entier à *toi*.

3. Si je ne laisse point passer le verre sans le vider, ce n'est pas que je boive pour bannir le chagrin ; il faut qu'elle contienne un breuvage de mort, la coupe qui sera le Léthé du désespoir ! Si l'oubli pouvait délivrer mon ame des visions qui la troublent, je briserais contre terre, quelque douce que fût la liqueur, le vase où se noierait une seule des pensées que je garde de toi.

4. Si tu disparaissais de ma mémoire, où mon cœur vide se tournerait-il ? Qui donc resterait après moi pour honorer ton urne abandonnée ? Non, non, — ma douleur s'enorgueillit de remplir ce dernier et si doux devoir ; tout le monde peut t'oublier, mais moi, je dois me souvenir toujours.

5. Car, je le sais, tels auraient été les regrets de ton sensible cœur pour le mortel qui maintenant quittera sans être pleuré ce théâtre d'ici-bas, où il n'intéressait que toi. Oh ! je sens trop que c'était là une félicité qui n'était pas faite pour moi ; tu ressemblais trop à un rêve du ciel pour que tout amour terrestre ne fût pas indigne de toi.

XXIX.

A UNE DAME.

Septembre, 1809.

Oh ! madame ! quand je quittai le lointain rivage où je reçus la naissance, à peine pensais-je qu'il me serait encore douloureux d'abandonner une autre contrée du globe : et pourtant, ici, dans cette île stérile, où la nature languit à demi expirante, où vous seule souriez, je vois avec crainte l'heure de mon départ. Quoique aujourd'hui je sois loin des bords escarpés d'Albion, dont me sépare l'abîme azuré des flots ; peut-être après le court période de quelques saisons je reverrai les rochers de la patrie :

mais, en quelque lieu que j'erre, sous un ciel brûlant et sur des mers diverses, quoique le tems puisse enfin me rendre à mes foyers domestiques, jamais je ne reposerai mes yeux sur vous, — sur vous, en qui brillent à la fois tous les charmes où se prennent les cœurs imprudens, vous qu'on ne peut voir sans admiration, et, même, ah! pardonnez-moi le mot, — sans amour. Pardonnez ce mot à celui qui n'en offensera plus votre oreille; et puisque je ne peux avoir une place dans votre cœur, croyez-moi ce que je suis en effet, votre ami. Qui donc serait assez froid pour te voir, aimable voyageuse, et sentir pour toi moins de zèle, et n'être pas, ce que l'homme devrait toujours être, l'ami de la beauté dans l'infortune? Hélas! qui croirait qu'une femme telle que toi a parcouru la route des périls destructeurs, a bravé les coups de l'ouragan, ministre ailé de la mort, a échappé à la rage encore plus terrible d'un tyran? Oui, madame! quand je verrai les murs où jadis s'éleva la libre Byzance, quand je verrai Stamboul et ses palais orientaux où maintenant les tyrans turcs se renferment; quoique cette puissante cité occupe toujours un rang glorieux dans les annales de la renommée, elle aura sur mon esprit un droit encore plus cher, comme lieu de votre naissance. Aujourd'hui je vous dis adieu: mais lorsque je serai sur ce merveilleux théâtre, il sera doux pour moi qui ne puis demeurer où vous êtes, — il sera doux d'être où vous avez été.

XXX.

STANCES

Composées le 11 octobre 1809, la nuit, durant un orage, au milieu du tonnerre et des éclairs, lorsque les guides eurent perdu la route qui mène à Zitza, près la chaîne de montagnes connues autrefois sous le nom de Pinde, dans l'Albanie.

1. Au pied des montagnes du Pinde, l'ouragan nocturne nous glace de froid, et les nuages irrités versent à grands flots la vengeance des cieux.

2. Nos guides sont partis, notre espoir est perdu, et les éclairs, qui jouent sur l'horizon, ne servent qu'à nous montrer les rocs qui ont entravé notre route, et à dorer l'écume du torrent.

3. N'ai-je pas aperçu là-bas une cabane, fort petite il est vrai ? Lorsque l'éclair dissipera pour un instant les ténèbres, — combien je bénirai l'ombre de la petite cabane ! — Mais hélas ! ce n'est qu'un tombeau turc.

4. Au milieu du bruit des ondes qui tombent en cascades écumantes, j'entends le cri d'une voix humaine ; — c'est mon compatriote, épuisé de fatigue, qui invoque de cette contrée lointaine le nom de l'Angleterre.

5. Un coup de fusil vient de partir : — est-ce un ennemi ou un ami qui l'a tiré ? Encore un autre ; — c'est pour avertir les paysans de la montagne de descendre et de nous conduire à leurs demeures.

6. Oh! qui, dans une nuit pareille, osera se hasarder dans le désert ? Qui, durant les roulemens du tonnerre, peut entendre notre signal de détresse ?

7. Qui, après avoir même entendu nos cris, se lèvera pour s'engager dans un chemin si périlleux ? Qui ne nous prendra, à nos vociférations nocturnes, pour des brigands qui battent le pays ?

8. Les nuages crèvent, les airs étincellent : oh! quelle heure terrible! L'orage tombe avec plus de fureur! Pourtant une pensée a encore la force de maintenir la chaleur en mon sein.

9. Tandis que j'erre dans ces sentiers sans issue, sur cette cime hérissée de rocs et de ronces ; tandis que les élémens épuisent leur rage, douce Florence[1], où es-tu ?

10. Ah! sans doute tu n'es plus sur la mer, — sur la mer que ta barque a si long-tems parcourue. Oh! puisse l'orage qui fond sur moi, ne frapper que ma tête !

11. Le rapide siroc[2] enflait ta voile de toute la puissance de son souffle, quand je pressai tes lèvres pour la dernière fois : il aura, depuis long-tems, à travers l'onde écumante, poussé ton brave navire jusqu'au rivage.

---

[1] Ce n'est pas le nom de la capitale de la Toscane, mais celui d'une femme espagnole que Byron paraît avoir eue pour maîtresse dans l'île de Malte.

(*N. du Tr.*)

[2] Vent de sud-est, dans la Méditerranée.

(*N. du Tr.*)

12. Maintenant tu es hors de péril : oui, depuis long-tems tu as foulé la grève espagnole. Ce serait chose cruelle qu'une femme aussi belle que toi fût retenue sur les flots.

13. Et puisque je songe maintenant à toi au milieu des ténèbres et des terreurs, comme dans ces heures de réjouissances où régnaient le plaisir et la musique;

14. Toi, au milieu des belles et blanches murailles de Cadix, si pourtant Cadix est encore libre [1], jette parfois un regard au travers de tes jalousies, sur l'abîme azuré de la mer.

15. Puis souviens-toi des îles de Calypso [2], devenues chères à nos cœurs depuis les jours que nous y avons passés ensemble : donne aux autres tes sourires par milliers, à moi un seul soupir.

16. Et quand le cercle de tes admirateurs remarquera la pâleur de ta face, une larme à demi formée, un nuage passager de gracieuse mélancolie,

17. De nouveau tu souriras; tu éviteras, en rougissant, la raillerie de quelque fat, et n'avoueras pas que tu penses une fois à un amant qui pense toujours à toi.

18. Quoique les sourires et les soupirs soient éga-

---

[1] A cette époque, comme on sait, les Français étaient en Espagne.
(*N. du Tr.*)

[2] Malte et Gozzo : les géographes signalent ces deux îles comme pouvant être l'île Ogygie, demeure de Calypso.
(*N. du Tr.*)

lement vains, alors que deux cœurs gémissent l'un de l'autre séparés, mon ame en deuil franchit mers et montagnes à la poursuite de la tienne.

XXXI.

STANCES

ÉCRITES EN PASSANT LE GOLFE D'AMBRACIE [1].

14 novembre 1809.

1. A travers un ciel sans nuages, le disque argenté de la lune lance à plein ses rayons sur la côte d'Actium : c'est sur ces ondes que jadis la reine d'Égypte gagna et perdit l'ancien monde.

2. Sur la scène que je contemple aujourd'hui, l'abîme azuré fut le tombeau de plus d'un Romain : c'est là que l'ambition farouche abandonna sa chancelante couronne pour suivre une femme.

3. Florence! toi que j'aimerai autant que fut jamais aimée mortelle célébrée en prose ou en vers, depuis l'épouse qu'Orphée ramena des enfers ; toi que j'aimerai tant que tu seras belle et que je serai jeune ;

4. Douce Florence! c'étaient d'heureux tems que ceux où le monde était mis en jeu pour les yeux des belles! Oh! si les poètes avaient sous leur empire

---

[1] Aujourd'hui golfe d'Arta, dans la Basse-Albanie (ancienne Épire) : ce fut le théâtre de la bataille d'Actium.

(*N. du Tr.*)

autant de royaumes que de rimes, tes charmes feraient de nouveaux Antoines.

5. Le destin ne permet pas qu'il en soit ainsi; mais j'en jure par tes yeux, par les boucles de ta chevelure, si je ne puis perdre un monde pour toi, point ne voudrais te perdre pour un monde!

XXXII.

VERS

COMPOSÉS APRÈS AVOIR FRANCHI A LA NAGE LE DÉTROIT DES DARDANELLES, DE SESTOS A ABYDOS [1].

9 mai 1810.

1. Si, dans le sombre mois de décembre, Léandre, selon l'histoire connue de toute jeune fille, avait

---

[1] Le 3 mai 1810, tandis que la frégate *la Salsette* (capitaine Bathurst) était en panne dans le détroit des Dardanelles, le lieutenant Ekenhead et l'auteur de ces vers passèrent à la nage d'Europe en Asie — ou, plus exactement, d'Abydos à Sestos. La distance parcourue, depuis l'endroit dont nous partîmes jusqu'à celui où nous prîmes terre sur la côte opposée, y compris le trajet oblique que nous fûmes obligés de faire en raison du courant, fut évaluée, par l'équipage de la frégate, à plus de quatre milles-anglais, quoique la largeur réelle du détroit soit à peine d'un mille entier. La rapidité du courant est telle qu'aucune barque ne peut le traverser directement à force de rames, et elle peut, jusqu'à un certain point, être appréciée d'après le tems employé à franchir la distance entière (une heure cinq minutes par l'un des nageurs; une heure dix minutes par l'autre). L'eau avait été excessivement refroidie par la fonte des neiges. Environ trois semaines auparavant, au mois d'avril, nous avions fait un premier essai; mais comme nous étions, le matin du même jour, venus à cheval de la Troade, et que l'eau était d'un froid glacial, nous jugeâmes à propos de différer la partie complète jusqu'à ce

coutume, ô large Hellespont, de traverser ton onde rapide :

2. Si, malgré les orages d'hiver qui rugissaient sur sa tête, il se rendait en hâte près d'Héro ; et si jadis ton courant était aussi fort qu'aujourd'hui, ô Vénus ! je plains bien les deux amans !

3. Car moi, homme dégénéré des tems modernes, même dans le doux mois de mai, je meus avec peine mes membres languissans où la sueur ruisselle, et je crois avoir fait une prouesse aujourd'hui.

4. Quand Léandre traversait l'impétueux torrent, c'était, si l'on en croit toujours une histoire douteuse, pour courtiser sa belle, — et faire — Dieu sait quoi encore ; il nagea pour l'amour, comme moi pour la gloire.

5. Mais il serait difficile de dire qui de nous deux a été le mieux traité. Pauvres humains ! ainsi les dieux vous frappent-ils toujours! Mal lui réussirent

que la frégate eût mis à l'ancre sous les châteaux des Dardanelles : c'est seulement alors que nous franchîmes le détroit, comme je viens de le dire; nous étant mis en mer beaucoup au-dessus du fort de la côte d'Europe, nous n'abordâmes qu'en dessous du fort de la côte d'Asie. Chevalier dit qu'un jeune juif traversa à la nage la même distance pour sa maîtresse, et Olivier parle d'un Napolitain qui aurait fait le même trajet; mais notre consul, Tarragora, qui ne se rappelait ni l'une ni l'autre de ces histoires, essaya de nous dissuader de notre entreprise. Plusieurs hommes de l'équipage de *la Salsette* étaient connus pour avoir franchi à la nage de plus grandes distances ; et la seule chose qui m'étonna, c'est que les doutes élevés sur la vérité de l'histoire de Léandre n'eussent engagé aucun voyageur à tâcher de s'assurer par expérience de la possibilité du fait.

ses périls, et à moi ma partie de plaisir : lui se noya, et moi j'ai la fièvre.

XXXIII.

SUR LA MORT DE SIR PETER PARKER,

BARONET.

1. Il y a des larmes pour tous ceux qui meurent, un cri de deuil sur la plus humble tombe : mais, au trépas des héros, les nations entières chantent l'hymne funèbre, et la victoire elle-même verse des larmes.

2. C'est pour eux que la douleur envoie le plus pur de ses soupirs sur le sein ondoyant de l'océan : en vain leurs ossemens gisent sans sépulture, toute la terre devient leur monument !

3. Leur sépulture est dans les pages de l'histoire; leur épitaphe, dans toutes les bouches. L'âge présent, les siècles futurs, gémissent sur eux, et leur appartiennent...

4. C'est pour eux que se taisent les joyeux devis du festin, *leur nom* est le seul son qui règne, tandis qu'à la ronde le souvenir reconnaissant paie à leur vertu le tribut des toasts.

5. Ils font parler d'eux à la foule qui ne les connut pas; ils sont pleurés des ennemis qui les admirèrent. Qui donc ne voudrait partager leur lot glorieux ? Qui ne voudrait mourir de la mort qu'ils ont choisie ?

6. Ainsi, brave Parker! à jamais sera sacrée ta vie, ta chute, ta renommée! et les jeunes guerriers, enflammés de courage, trouveront un modèle dans ta mémoire.

7. Mais il est des cœurs qui, en te perdant, ont reçu une blessure que la gloire ne saurait cicatriser, et ce n'est qu'en frémissant qu'ils entendent célébrer une victoire où succomba un ami si cher, si intrépide.

8. Que feront-ils pour adoucir leur chagrin? Quand n'entendront-ils plus retentir ton nom? Le tems ne peut nous instruire à l'oubli, quand le regret qui remplit l'ame est nourri par la voix de la renommée.

9. Hélas! ils ne peuvent que pleurer davantage sur leur sort, sinon sur le tien. Ah! combien doit être profond le deuil que nous inspire la mort de celui qui jamais auparavant ne nous donna sujet d'affliction!

XXXIV.

PÉNIBLE SOUVENANCE (1808).

1. Quand nous nous séparâmes l'un de l'autre, dans le silence et dans les larmes, le cœur déchiré et mourant à demi, pour une absence de longues années; pâle et froide devint ta joue; et plus froid ton baiser. En vérité, cette heure du passé prédit les chagrins à l'heure d'aujourd'hui.

2. La rosée du matin tomba glacée sur mon front; — elle me donna comme un pressentiment de ce que je sens aujourd'hui. Tes sermens sont tous rompus, et ta renommée sans honneur. J'entends prononcer ton nom, et j'ai part à la honte qui s'y attache.

3. On te nomme devant moi, — oh! supplice pour mon oreille! Un frisson me parcourt : — pourquoi me fus-tu si chère? On ne sait pas que je t'ai connue; moi qui, hélas, t'ai connue trop bien : — longtems, ah! long-tems, je te maudirai, — trop profondément pour parler.

4. En secret, nous nous sommes vus : — en silence, je m'afflige que ton cœur ait pu oublier, et ton esprit s'abaisser à la perfidie. Si je te revoyais jamais après longues années, comment t'accueillerais-je ? — Avec le silence et les larmes.

XXXV.

INSCRIPTION

SUR LE MONUMENT D'UN CHIEN DE TERRE-NEUVE.

Newstead-Abbey, 30 octobre 1808.

La terre reçoit-elle en son sein la dépouille mortelle de quelque orgueilleux fils des hommes, inconnu à la gloire, mais placé haut par sa naissance? l'art du sculpteur épuise les pompes du deuil, et des urnes, chargées d'inscriptions, disent qui gît sous cette tombe. Quand tout est fini, on lit sur la tombe, non ce que l'homme fut, mais ce qu'il aurait dû être. Mais le pauvre chien qui, tant qu'il vit, est le plus sûr ami de son maître, le premier à l'accueillir, le plus prompt à le défendre, qui lui dévoue, sans réserve, son cœur fidèle, qui travaille, combat, vit, respire pour son maître seul, — le chien succombe sans honneurs funéraires, frustré des éloges qu'ont mérités ses vertus, et par nous déshérité là-haut de l'ame qu'il a eue sur la terre. Et cependant l'homme, vain insecte, espère le pardon, et réclame pour lui seul un ciel tout entier. O homme! faible et éphémère habitant de ce globe, être dégradé par l'esclavage ou corrompu par le pouvoir! quiconque te connaît bien doit te quitter avec dégoût, masse méprisable de poussière animée! Ton amour n'est que luxure; ton amitié, imposture; tes sourires, hypocrisie; tes paroles, mensonges! Vil par nature, tu n'es noble que de nom : chacune de ces brutes, qui forment avec toi la grande famille des animaux, pourrait te faire rougir de honte. — Passans qui, par hasard, verrez cette urne modeste, poursuivez votre chemin : — ce monument n'honore personne que vous désiriez pleurer. Ces pierres marquent la place où gisent les restes d'un ami : je n'en connus jamais qu'un seul, et il est ici.

XXXVI.

VERS

ÉCRITS SUR UNE COUPE FAITE AVEC UN CRANE D'HOMME.

Newstead-Abbey, 1808.

1. Point d'effroi : — ne crois pas mon esprit envolé : en moi, vois seulement un crâne qui, par un privilége refusé aux têtes vivantes, ne répand jamais au dehors rien que d'excellent.

2. Comme toi, je vécus, j'aimai, je m'enivrai, — je mourus; — la terre t'a cédé mes os pour en faire un vase à boire; va, emplis-le jusqu'aux bords, — tu ne peux m'outrager : les vers ont une lèvre plus hideuse que la tienne.

3. Mieux vaut enserrer le jus pétillant de la grappe, que de nourrir la gent glaireuse des vers de terre.[1]; mieux vaut, en forme de coupe, porter à la ronde la boisson des dieux, que de pourrir en proie aux reptiles.

4. Là, où jadis mon esprit a peut-être brillé, brillons encore en inspirant les autres. Lorsque,

---

[1] *Nurse the earth-worm's slimy brood.* M. A. P. traduit : « Nourrir » les vers dévorans de la tombe. » A-t-il eu raison de substituer un lieu commun à une image forte et neuve? Avons-nous eu tort d'être moins délicats et plus fidèles? Le lecteur en jugera. Cela d'ailleurs soit dit pour maint autre passage où nous avons eu, où nous aurons le même tort, si toutefois c'en est un.

(*N. du Tr.*)

hélas! nos cerveaux ne sont plus, peut-on mettre en leur place chose plus noble que le vin?

5. Bois toujours, tant que tu le peux faire; — lorsque toi et les tiens vous aurez passé comme moi, une autre race t'enlèvera, peut-être, aux embrassemens de la terre, et festinera, rimera avec des ossemens.

6. Pourquoi non? Puisque, durant les jours de notre courte vie, nos têtes produisent de si tristes effets; arrachées aux vers et aux débris de notre argile, elles courent la chance d'être de quelque usage.

XXXVII.

SOUVIENS-TOI DE CELUI, etc.

Souviens-toi de celui sur qui l'amour fit de sa puissance une épreuve cruelle, profonde, et pourtant vaine; souviens-toi de cette heure dangereuse où ni l'un ni l'autre nous ne succombâmes, malgré une passion mutuelle. L'abandon de ton sein, la langueur de tes yeux humides, m'invitaient trop bien au suprême bonheur; mais ta douce prière, tes soupirs supplians, réprouvaient un farouche désir que je sus réprimer. Oh! laisse-moi penser que tout ce que je perdis te sauva, du moins, ce qui fait la terreur de la conscience; laisse-moi rougir des regrets qu'il m'en coûta pour nous épargner les vains remords de l'avenir. Cependant, songe à mon sacrifice, toutes les fois qu'une langue méchante, empressée à répandre des paroles de blâme, outragera le cœur, qui t'aima, et diffamera mon nom, hélas! presque maudit; songe, quoi que disent les autres, que tu m'as vu étouffer toute pensée d'égoïsme. Maintenant encore, je bénis ton ame pure; oui, maintenant, dans la solitude de la nuit. Oh Dieu! pourquoi ne nous sommes-nous pas rencontrés plus tôt? nos cœurs eussent été aussi passionnés, et ta main, plus libre; tu m'aurais aimé sans crime, et j'aurais, moi-même, été moins indigne de toi. Puissent tes jours, comme jadis, s'écouler loin des pompes de ce monde! et, après ce moment de trop vive amertume, puisses-tu n'avoir plus à subir une pareille épreuve! Mon cœur, depuis long-tems perverti, mon cœur, damné lui-même, damnerait peut-être le tien; te rencontrer dans la foule brillante, éveillerait en moi un présomptueux transport d'espérance. Laisse donc ce monde à ces créatures, dont le destin, heureux ou malheureux, n'est, comme le mien, qu'une sorte de vie sauvage et indigne; — abandonne ce théâtre où les êtres sensibles doivent sûrement succomber. Vois ta jeunesse, tes charmes, ta tendresse, ton ame, dont une longue solitude a conservé la pureté; et, d'après ce qui s'est passé au sein de ta retraite, juge ce que devrait endurer ton cœur parmi ce monde. Oh! pardonne-moi tes larmes suppliantes, puisque la vertu ne les a pas répandues en vain, et que mon délire avait pris sa source dans ces yeux adorés, que désormais je ne ferai plus pleurer. Certes, c'est un deuil long et cruel que de penser que nous ne nous reverrons peut-être plus ; mais je mérite cet arrêt sévère, et peu s'en faut que je ne regarde cette sentence comme douce. Toutefois, si je t'avais moins aimée, mon cœur n'eût pas fait au tien un si grand sacrifice ; il n'eût pas senti, à te quitter, moitié moins de douleur que si son crime t'eût mi seen mes bras.

XXXVIII.

STANCES TRADUITES DU TURC.

1. La chaîne que je donnai était belle à voir ; le luth que j'y ajoutai, riche en douce mélodie : le cœur qui offrit ces deux gages d'amour était sincère, et méritait mal la destinée qu'il rencontra.

2. Ces dons avaient reçu d'un charme secret la vertu de révéler ta fidélité durant l'absence : ils ont fait leur devoir ; hélas ! ils n'ont pu t'apprendre le tien.

3. Cette chaîne fut inébranlable dans chacun de ses anneaux, tant qu'elle ne dut pas subir le contact d'une main étrangère ; ce luth fut doux, — tant que tu ne pensas pas qu'il pût, sous les doigts d'un autre, rendre les mêmes sons.

4. Que celui qui vit se rompre en sa main la chaîne qu'il ôtait de ton cou, qui vit ce luth lui refuser les

plus faibles accords, essaie désormais de remonter l'instrument et de rattacher le collier.

5. Quand tu changeas, le collier et le luth changèrent aussi ; l'un se brisa, l'autre devint muet : c'est fini, — je leur dis adieu, ainsi qu'à toi : — adieu, cœur perfide, chaîne fragile, luth silencieux !

XXXIX.

AU TEMS.

Tems ! dont l'aile capricieuse entraîne, d'un vol lent ou rapide, les heures inconstantes, dont le tardif crépuscule ou l'aurore passagère ne fait que nous mener plus ou moins vîte à la mort, — salut ! toi qui répandis sur mon berceau ces dons connus, hélas ! de tous les êtres qui te connaissent ! Toutefois, je soutiens mieux ton fardeau ; car aujourd'hui je suis seul à en supporter le poids. Je ne voudrais pas qu'un cœur trop tendre partageât les momens amers que tu m'as départis : je te pardonne, depuis que tu laissas tout ce que j'aimai jouir de la paix ou du ciel. Joie ou repos à ces êtres chéris ! les maux que tu m'apporteras pèseront en vain sur moi. Je n'ai reçu de toi que des années ; c'est là tout ce que je te dois, dette déjà payée en douleur. Mais la douleur elle-même nous porte secours contre toi ; elle s'empare du cœur, mais lui fait oublier ta puissance : la vive agonie du désespoir retarde, mais ne compte jamais les heures.

Dans la joie, j'ai souvent gémi de penser que ta fuite rapide allait bientôt se changer en une lente marche. Tes nuages purent éclipser la lumière, mais non pas ajouter une nuit de plus à ma misère : quelque odieux et sombre que fût ton horizon, il convenait à mon âme : d'une seule étoile partait une étincelle qui prouvait que tu n'étais point — l'éternité. Ce rayon s'est éteint, et tu n'es plus qu'un vide pour moi, — un mouvement monotone dont l'on compte et l'on maudit la mesure dans ce vain et stupide rôle que tout mortel gémit de jouer ici-bas. Enfin, il y a une scène que tu ne peux altérer, terme de ta course paresseuse ou diligente, alors que l'homme, parvenu au bout de la carrière, dort d'un sommeil trop profond pour entendre l'orage qui gronde sur sa tête. Oui, je puis sourire de songer quelle sera bientôt la faiblesse de tes efforts, quand toute la vengeance que tu peux déployer tombera sur une pierre sans nom.

XL.

LE DÉPART.

Vierge chérie ! le baiser que ta lèvre a imprimé sur la mienne y laissera une trace fidèle, jusqu'à ce qu'en des jours plus heureux je puisse te le rendre aussi pur que tu me le donnas. Ton œil, en répandant sur moi si doux regards d'adieu, peut lire dans le mien une tendresse égale : les larmes qui coulent de ta paupière ne peuvent pleurer mon inconstance.[1]. Je ne demande aucun gage d'amour dont la vue seule me rende heureux dans l'absence, aucun souvenir pour ce sein dont toutes les pensées sont à toi. Ai-je besoin d'écrire? — Non : — pour conter mon ardeur, ma plume serait deux fois trop faible. Oh! à quoi bon de vains mots, si le cœur ne peut parler? Jour et nuit, dans la bonne ou mauvaise fortune, ce cœur, qui n'est plus libre, nourrira l'amour qu'il ne peut montrer, et souffrira en silence pour toi.

XLI.

VERS COMPOSÉS A ATHÈNES,

le 16 janvier 1810.

Le charme est brisé, l'enchantement n'est plus! Telle est la vie avec ses accès de fièvre : nous sourions en délire alors que nous devrions soupirer ; la folie est la meilleure de nos illusions. Chaque intervalle lucide, laissé à la pensée, rappelle les misères à nous imposées par la charte de la nature ; et celui qui agit en homme sage, vit comme sont morts les saints, — en martyr.

---

[1] M. A. P. traduit : « La larme qui mouille ta paupière ne saurait » rien effacer de mon cœur, » ce qui est à coup sûr un contre-sens, et me semble même un non-sens.

XLII.

VERS

ÉCRITS SUR UN FEUILLET BLANC DES-« PLAISIRS DE LA MÉMOIRE [1]. »

19 avril 1812.

Absent ou présent, ô mon ami, de quel pouvoir magique es-tu doué! Ceux-là peuvent le proclamer, qui, comme moi, jouissent tour à tour de tes entretiens et de tes chants. Mais lorsque viendra l'heure terrible que toujours l'amitié juge trop hâtive ; lorsque « la Mémoire » ; pleurant sur la tombe de son druide, se plaindra qu'il y ait eu en lui quelque chose de périssable, avec quelle reconnaissance elle paiera les hommages que tu offris à ses autels, et mêlera *son* nom au *tien* durant le cours éternel des âges!

XLIII.

SUR UN COEUR DE CORNALINE

QUI S'ÉTAIT BRISÉ PAR ACCIDENT.

Malheureux coeur! faut-il donc que tu te sois ainsi rompu en deux moitiés ? Tant d'années de soucis pour toi comme pour ton maître ont donc été pareillement employées en vain ? Néanmoins, chacune de tes parties me semble précieuse, chaque

---

[1] Recueil de poésies de *Samuel Rogers.*

morceau m'est devenu plus cher; car celui qui te porte sent que tu es aujourd'hui un plus fidèle emblême de *son propre cœur*.

XLIV.

VERS ÉCRITS SOUS UN PORTRAIT.

Cher objet d'une ardeur malheureuse! Quoique je sois aujourd'hui privé d'amour et de toi, il me reste, pour me réconcilier avec le désespoir, ton image et mes larmes. On dit que le chagrin cède au tems : mais cela, je le sens, n'est point vrai; car le coup de mort qui frappa mon espérance a rendu mon souvenir impérissable.

XLV.

RÉPONSE A CETTE QUESTION :

« QUELLE EST L'ORIGINE DE L'AMOUR? »

« L'origine de l'amour! » — Ah! pourquoi m'adresser cette question cruelle, quand tu peux lire dans tant de regards que l'amour naît à ton aspect? — Veux-tu savoir aussi quelle est *sa fin ?* — Hélas! voici ce que présage mon cœur, ce que mes craintes prévoient : il languira long-tems dans une misère muette; mais vivra — jusqu'à ce que je cesse de vivre.

XLVI.

A UNE PRINCESSE QUI PLEURAIT.

Mars, 1812.

1. Pleure, fille d'une race royale, la disgrâce d'un père et la ruine d'un trône. Heureuse! si tes larmes pouvaient laver la faute de ce prince à qui tu dois le jour.

2. Pleure : — car tes larmes sont celles de la vertu, — propices à ces îles en souffrance ; puissent-elles dans les ans à venir être récompensées par les sourires de ton peuple.

XLVII.

VERS ÉCRITS DANS UN ALBUM.

14 septembre 1809.

1. Comme un nom arrête le regard du passant sur la froide pierre d'un sépulcre ; ainsi puisse le mien, quand tu verras cette page isolée, attirer ton œil mélancolique!

2. Peut-être, dans quelques années, liras-tu ce nom : alors songe à moi comme l'on songe aux morts, et pense que mon cœur ici gît enseveli.

XLVIII.

VERS TRADUITS DU PORTUGAIS.

Dans les momens consacrés au plaisir, d'un ton plein de tendresse, vous vous écriez : « ô ma vie ! » Douces paroles, dont mon cœur serait fou, si la jeunesse ne devait jamais décliner ou périr ! Mais ces heures de délices marchent aussi vers la mort. Ne répète donc jamais ces accens, ou change-les : dis non pas « ma vie », mais « mon ame » ! Comme mon amour, mon ame existe pour l'éternité.

XLIX.

IMPROMPTU,

EN RÉPONSE A UN AMI.

Lorsque le chagrin, du fond du cœur où il siège, projette trop haut son ombre noire, et vient occuper mon visage altéré, obscurcir mon front ou mouiller mes yeux, ne prends point garde à ce nuage qui bientôt s'évanouira : nos pensées connaissent trop bien leur prison ; elles retombent dans mon sein, d'où elles s'échappèrent quelque tems, et languissent, en silence, dans leur étroite demeure.

L.

SONNETS A GENÉVRA.

1. Le tendre azur de tes yeux, ta longue chevelure blonde, et le pâle éclat de tes traits, — qu'a formés la méditation, — et où semble siéger une douce et paisible douleur dont le tems a désarmé le désespoir, — tout, enfin, dans ton air, respire la mélancolie : et — si je ne savais que ton ame heureuse est un fertile trésor de pensées chastes et pures, — je croirais que tu gémis condamnée aux terrestres soucis. Telle naquit sous le pinceau dont la touche créatrice donnait la beauté et la vie aux couleurs ; telle (hormis le repentir qui n'est pas ton partage) la Madeleine du Guide vit le jour : — telle tu nous apparais ; — mais, ô précieux avantage ! en toi le remords n'a rien à saisir, — ni la vertu à mépriser.

2. Ta joue est pâle de méditation, mais non d'infortune, et toutefois possède un tel charme, que, si le vermillon de la joie cachait cette blanche rose sous ses teintes les plus éblouissantes, je soupirerais après l'instant où dut s'évanouir un trop vif éclat : — le sombre azur de tes yeux ne lance pas d'étincelantes flammes ; — mais, hélas ! en le contemplant, les yeux les plus sévères fondent en pleurs, et les miens, aussi faibles que le cœur de ma mère, laissent échapper une rosée douce comme les dernières gouttes qui entourent l'arc aérien d'Iris ; car, à travers tes

cils noirs et longs qui se penchent à terre, ton ame mélancolique et tendre brille comme un séraphin descendu d'en haut : elle plane au-dessus de la douleur, et pourtant accorde sa pitié à toute misère ; elle unit à la fois tant de majesté et de douceur, que je t'en vénère davantage, sans pouvoir te moins aimer.

LI.

SUR UNE JEUNE RELIGIEUSE.

SONNET TRADUIT DE VITTORELLI.

Ce sonnet fut composé au nom d'un père qui venait de perdre sa fille, peu de tems après l'avoir mariée, et adressé au père d'une jeune personne qui avait tout récemment pris le voile.

Deux filles, don du ciel, — deux filles, aussi modestes que belles au milieu des hommages, faisaient notre bonheur : et maintenant, misérables pères que nous sommes ! le ciel appelle leur vertu à de plus nobles destinées, et en les voyant *l'une et l'autre*, il les a réclamées *toutes deux ensemble*. La mienne, parmi les flambeaux de l'hymen, qui à peine allumés s'éteignent, expire — hélas ! — trop tôt. La tienne, enfermée dans les grilles du cloître, éternelle captive, n'aspire qu'à son Dieu. Mais *toi*, du moins, à travers la porte jalouse qui interdit à jamais à vos yeux de se rencontrer, tu peux entendre encore la voix douce et pieuse de cette vierge. *Moi*, je me jette sur le marbre où repose *ma fille*, — je verse un torrent de larmes amères ; je frappe, frappe, frappe — et n'obtiens point de réponse.

LII.

VERS COMPOSÉS A WINDSOR [1] (1813).

Je composai ces vers pour avoir vu par hasard H. R. H. Pr—ce R—nt, entre les tombeaux de Henri VIII et de Charles Ier, sous les royales voûtes de Windsor.

Voyez ! ici reposent, célèbres contempteurs des droits les plus sacrés, l'un près de l'autre, Charles sans tête et Henri sans cœur [2]. Entre eux, voilà un autre possesseur du sceptre : il gouverne, il commande, en tout hors le nom — il est roi ; nouveau Charles pour son peuple, nouveau Henri pour son épouse, — en lui les deux tyrans renaissent à la vie ; c'est en vain que le glaive de la justice et le dard de la mort ont mêlé ces deux cendres ; ces vampires couronnés ressuscitent. Ah ! à quoi bon les tombes, — puisqu'elles vomissent le sang et la poussière de deux monstres — pour former un George.

[1] M. A. P. n'a pas traduit cette épigramme amère et peut-être injuste contre le feu roi Georges.
(*Note du Tr.*)

[2] « *By headless Charles, see, heartless Henry lies.*
(*N. du Tr.*)

LIII.

SONNET.

Rousseau, — Voltaire, — notre Gibbon, — et madame de Staël : — ô lac Léman [1]! ces noms sont dignes de tes bords ; tes bords dignes de noms tels que ceux-ci. Si tu n'étais plus, la mémoire de ces mortels illustres rappellerait ton souvenir. Ton rivage leur fut cher, comme à tous ceux qui en ont joui ; mais, par eux, il est encore devenu plus cher au genre humain, car les œuvres des esprits puissans impriment au fond des cœurs un religieux respect pour les ruines des murs, ancien séjour de la sagesse et du génie. Mais près de *toi*, ô lac de beauté ! combien plus encore, en glissant doucement sur le cristal de tes flots, sentons-nous ces feux indomptés d'un noble zèle qui s'enorgueillit devant cet héritage d'immortalité, et donne la réalité au souffle de la gloire !

[1] Genève, Ferney, Lausanne, Coppet.

LIV.

CHANSON.

Ζώη μοῦ, σὰς ἀγαπῶ [1].

Athènes, 1810.

1. Vierge d'Athènes, avant mon départ, rends-moi, oh! rends-moi mon cœur; ou bien, puisque ce cœur a quitté mon sein, garde-le maintenant et prends le reste! Entends mon vœu avant que je parte, ζώη μοῦ, σὰς ἀγαπῶ.

2. J'en jure par ces tresses flottantes que caressent les brises de la mer Égée; par ces paupières dont les franges de jais baisent les roses de ta joue; par ces yeux aussi vifs que les yeux du chevreuil sauvage, ζώη μοῦ, σὰς ἀγαπῶ.

3. Par cette lèvre que je brûle de savourer; par la ceinture qui entoure ta jolie taille; par tous ces emblêmes de fleurs [2] qui expriment ce que les pa-

---

[1] *Zoë mou, sas agapo*, ou Ζώη μοῦ, σὰς ἀγαπῶ, est une expression de tendresse en langue romaïque (grec moderne). Si je la traduis, j'offenserai mes lecteurs, en paraissant supposer qu'ils sont incapables de le faire; mais si je ne la traduis pas, j'offense peut-être mes lectrices. De crainte que ces dernières ne donnent quelque mauvais sens à la phrase, je la traduirai, en demandant pardon aux savans. Cela signifie donc : « Ma vie, je vous aime! » paroles fort douces dans tous les idiomes, et aujourd'hui aussi souvent prononcées en Grèce que l'étaient autrefois, au dire de Juvénal, les deux premiers mots parmi les dames romaines, dont toutes les expressions d'amour étaient tirées du grec.

[2] Dans l'Orient (où l'on n'apprend pas aux dames à écrire, de peur qu'elles ne fassent des billets-doux), les fleurs, la braise, les cail-

roles ne diraient jamais si bien ; par les joies et les misères que l'amour tour à tour amène, ζώη μοῦ, σὰς ἀγαπῶ.

4. Vierge d'Athènes ! je suis parti : pense à moi, douce amie ! quand tu seras seule. Quoique je fuie à Istamboul [1], Athènes renferme mon cœur et mon ame. Puis-je donc cesser de t'aimer ? Non ! ζῶη μοῦ, σὰς ἀγαπῶ.

LV.

TRADUCTION

DU FAMEUX CHANT DE GUERRE,

Δεῦτε, παῖδες τῶν Ἑλλήνων.

Ce chant fut composé par Riga, qui périt au milieu des premières tentatives faites pour révolutionner la Grèce. La traduction suivante est aussi littérale que l'auteur a pu le faire en vers : elle offre le même rhythme que l'original.

Allons, enfans des Grecs ! le jour de gloire est arrivé. Dignes de votre noble origine, montrez qui vous donna le jour.

loux, etc., servent aux amans à se communiquer leurs sentimens, et cela par l'intermède du député cosmopolite de Mercure, — c'est-à-dire d'une vieille femme. Un morceau de braise veut dire : « Je brûle pour toi ; » un bouquet de fleurs attaché avec des cheveux : « Enlève-moi et fuis ; » mais un caillou exprime ce qu'aucun autre emblème ne peut dire.

[1] Constantinople.

CHOEUR.

1. Enfans des Grecs! marchons en armes contre l'ennemi, et que son sang odieux coule par torrens sous nos pas. Montrons-nous hommes : secouons le joug du tyran ottoman. Levons-nous, et les fers de la patrie sont tous rompus. Ombres généreuses des guerriers et des sages, contemplez le combat qui va s'engager! Hellènes des âges passés, renaissez à la vie! Au son de ma trompette, rompez votre sommeil, et joignez-vous à moi; et marchant contre la ville aux sept collines,[1], combattez, poursuivez vos conquêtes jusqu'à ce que nous soyons libres.

Allons, enfans des Grecs! etc.

2. Sparte! ô Sparte! pourquoi demeures-tu plongée dans une léthargie profonde? Éveille-toi, et réunis tes armées aux Athéniens, tes anciens alliés! Rappelle Léonidas, ce héros des chants antiques, guerrier terrible! guerrier fort! qui jadis vous sauva de la ruine; qui fit cette diversion hardie dans les gorges des vieilles Thermopyles; qui, pour la liberté de sa patrie, soutint avec ses trois cents soldats une longue bataille contre le Perse; et, comme un lion furieux, expira dans une mer de sang.

Allons, enfans des Grecs! etc.

[1] Constantinople — Ἑπτάλοφος.

LVI.

TRADUCTION

DE LA CHANSON ROMAIQUE,

Μπένω μες' τὸ περιβόλι,
Ὡραιοτάτη Χαηδή, κ.τ.λ.

La chanson que je traduis est en grande faveur parmi les jeunes Athéniennes de toutes les classes. Elles la chantent en rond, chacune entonnant tour à tour un vers, qui est répété en chœur par la troupe entière. J'ai souvent entendu cela dans nos « χόροι, » durant l'hiver de 1810-11. L'air est plaintif et assez joli.

1. J'entre dans ton jardin de roses, Haïdée [1], belle adorée ! Tous les matins Flore y repose : c'est bien elle que je vois en toi. Oh ! vierge aimable ! je t'implore à genoux : reçois mon hommage sincère, reçois-le d'une bouche qui ne chante que pour t'adorer, et qui tremble pourtant de ce qu'elle a chanté. Comme la branche, au gré de la nature, donne à l'arbre, le parfum des fleurs et la richesse des fruits, ainsi brille dans ses yeux, dans tous ses traits, l'ame de la jeune Haïdée.

2. Mais le plus aimable jardin devient odieux, quand l'amour en abandonne les bosquets ; donnez-

---

[1] La vraie prononciation de ce mot (Χαηδή) c'est *Ha-i-di*.

(*N. du Tr.*)

moi de la ciguë, — puisque ma flamme ne peut plaire, cette herbe a plus de parfum que les fleurs. La liqueur exprimée de ce calice empoisonné [1] rendra la coupe bien amère : mais quand je boirai le breuvage mortel pour échapper à ta barbarie, mon ame y trouvera saveur douce. O cruelle, en vain je t'implore pour sauver à mon cœur ces horribles angoisses. Rien ne te rendra donc à mon sein ? Hé bien ! ouvre-moi les portes du tombeau.

3. Comme le guerrier qui s'avance au combat avec le sûr espoir du triomphe, ainsi toi, sans autres dards que tes yeux, as-tu percé mon cœur d'une blessure profonde. Ah ! dis-le moi, chère amie, dois-je succomber aux souffrances qu'un sourire dissiperait ? L'espérance que jadis tu m'ordonnas de nourrir serait-elle une trop forte récompense de mes tourmens ? Sombre aujourd'hui est le jardin de roses, belle, mais perfide Haïdée [2] ! Flore y languit flétrie, et pleure avec moi sur ton absence.

---

[1] Cela n'est pas exact, scientifiquement parlant : c'est moins de la fleur de la ciguë que de la plante tout entière que l'on retire un suc vénéneux.

(*N. du Tr.*)

[2] *Beloved but false Haïdee!* M. A. P. traduit : « *Tendre*, mais trompeuse Haïdée. » Contre-sens, — et même *contre bon sens* : car un amant ne dit pas que sa maîtresse est tendre, au moment même où elle est inexorable.

(*N. du Tr.*)

LVII.

CHANSON D'AMOUR.

(Traduite du grec moderne.)

1. Hélas! l'amour n'exista jamais sans ce cortége de peines, d'angoisses et de doutes qui déchire mon cœur, et le condamne à d'éternels soupirs durant la nuit et durant le jour aussi sombre que la nuit même.

2. Sans qu'une oreille amie écoute ma plainte, je languis, je meurs sous le coup qui m'a blessé. Je savais bien que l'amour avait des flèches : mais, hélas! je sens que ces flèches sont empoisonnées.

3. Oiseaux encore en liberté, fuyez les rets que l'amour a tendus autour de vos demeures : sinon, environnés par des flammes fatales, vos cœurs s'embraseront, et vous perdrez toute espérance!

4. Moi aussi je voltigeais insouciant et libre : ainsi ai-je passé plus d'un heureux printems. Mais enfin je tombai dans le piége trompeur : j'y brûle, maintenant, et trémousse de l'aile sans force et sans essor.

5. Qui n'a jamais aimé, — jamais aimé en vain, ne peut ni comprendre ni plaindre la douleur : il ne connaît ni les froids refus, ni les regards dédaigneux, ni les éclairs dont l'amour arme un œil irrité.

6. Dans maint rêve flatteur je te croyais à moi : aujourd'hui se meurt l'espérance, se meurt celui

qui espérait. Je ressemble à la cire qui se fond, ou à la fleur qui se flétrit ; tel est l'effet de ma passion et de ton pouvoir [1] !

7. Flambeau de ma vie! ah! réponds-moi, pourquoi cette lèvre boudeuse et cet œil altéré? O ma colombe ! ô ma belle compagne! as-tu donc changé, et peux-tu désormais haïr?

8. Mes yeux ruissellent comme deux torrens d'hiver. Quel malheureux voudrait échanger sa misère contre la mienne? Ma colombe! apaise-toi : un seul de tes accens aurait un charme magique pour faire vivre ton amant.

9. Mon sang se fige, mon cerveau se perd dans le délire : voilà le supplice que je souffre en silence. Et cependant ton cœur, insensible à toutes mes angoisses, triomphe, — tandis que le mien se brise.

10. Verse-moi le poison : n'aie point peur! Tu ne peux m'assassiner plus que tu ne fais maintenant. J'ai vécu pour maudire le jour de ma naissance, et l'amour qui fait mourir d'une mort si lente.

11. Mon ame est blessée à mort, mon cœur saigne : la patience peut-elle me donner quelque repos ? Hélas! je l'apprends trop tard (et je paie cher la leçon) : le plaisir est l'avant-coureur de la misère.

---

[1] *Like melting wax, or withering flower;*
I fell my passion, and thy power.

M. A. P. traduit : « Ma passion et tes charmes me semblent une cire qui se fond ou une fleur qui se flétrit. »

(*N. du Tr.*)

LVIII.

CHANSON.

1. Tu n'es pas fausse, mais volage ; tu abandonnes les amans que tu recherchas toi-même avec tant de passion. C'est même cette pensée qui double l'amertume des larmes que tu fais répandre. Voilà ce qui brise le cœur que ta légèreté désole. Tu aimes trop bien, — tu délaisses trop tôt [1].

2. L'on méprise les cœurs faux : l'on dédaigne la femme perfide et sa perfidie. Mais quand celle qui ne déguise aucune pensée, celle dont l'amour est aussi vrai que doux, — quand celle qui aimait si naïvement vient à changer, alors on éprouve la peine que j'ai tout à l'heure éprouvée.

3. Rêves de joie, veilles de chagrin, c'est le destin de tout amant et de toute ame [2]. Et si le matin, au réveil de nos sens, nous pardonnons à peine à notre imagination de nous avoir abusés en songe pour laisser notre ame après le sommeil dans un plus morne isolement :

4. Que doivent donc ressentir ceux qu'embrasa

---

[1] Il y a dans le vers qui finit la stance une paronomase que je crois intraduisible :

Too well thou lovest — *too soon thou* leavest.

(*N. du Tr.*)

[2] Il y a aussi un jeu de mots dans le texte... *all who* love *or* live.

(*N. du T.*)

non pas une vision trompeuse, mais la passion la plus vraie, la plus tendre? passion sincère, mais, hélas! aussi passagère que si elle fût née d'un rêve? Ah! sans doute, une telle douleur est un jeu de l'imagination, et ton changement n'est qu'un rêve lui-même!

LIX.

ADIEU.

1. Adieu! Si jamais tendre prière pour la félicité d'autrui fut écoutée d'en haut, mes vœux ne se perdront pas tous dans les airs, mais porteront ton nom par-delà les cieux. Il serait vain de parler, de pleurer, de gémir. Oh! les larmes de sang, que le remords arrache des yeux du crime mourant, n'en disent pas tant que ce seul mot : — Adieu! — adieu!

2. Ces lèvres sont muettes, ces yeux arides : mais dans mon sein, dans mon cerveau s'éveillent les angoisses qui ne cesseront pas, une pensée qui ne sommeillera plus. Mon ame ni ne daigne se plaindre ni ne l'ose, malgré la révolte secrète de la douleur et de la passion. Je n'ai qu'une idée : c'est que nous nous sommes aimés en vain. Je n'ai qu'un sentiment : — adieu! adieu!

LX.

STANCES A METTRE EN MUSIQUE.

1. Digne de toi soit la demeure de ton ame! Jamais esprit plus aimable que le tien ne s'échappa de son enveloppe mortelle pour briller dans le monde des bienheureux. Ici-bas il ne te manqua que l'immortalité divine dont ton ame va jouir : notre douleur peut cesser de gémir, lorsque nous savons que ton Dieu est avec toi.

2. Que la terre de la tombe te soit légère! puisse-t-elle se parer de gazons verts comme l'émeraude! Rien de ce qui te rappelle à nous ne devrait offrir une ombre de ténèbres [1]. De jeunes fleurs, un arbre d'éternelle verdure, voilà ce qui convient au sol où ta cendre repose. Mais point d'ifs, point de cyprès! car pourquoi serions-nous en deuil des bienheureux?

LXI.

STANCES A METTRE EN MUSIQUE (1815).

> *O lacrymarum fons, tenero sacros*
> *Ducentium ortus ex animo; quater*
> *Felix! in imo qui scatentem*
> *Pectore te, pia Nympha, sensit.*
>
> (GRAY.)

1. Il n'est aucune joie que le monde puisse nous donner en récompense de celle qu'il nous ôte, alors

---

[1] « *The shadow of gloom.* » (*N. du Tr.*)

que les feux de la pensée du premier âge s'éteignent peu à peu avec la sensibilité. Ce ne sont pas seulement les douces roses du teint qui se flétrissent si vite; mais le cœur lui-même perd sa délicate fraîcheur avant que la jeunesse soit passée.

2. Alors les esprits qui surnagent en petit nombre sur les débris de leur bonheur naufragé sont entraînés sur les récifs du crime ou dans l'océan du libertinage : l'aiguille de leur boussole est perdue, ou c'est en vain qu'elle leur marque le rivage auquel leur navire brisé n'abordera plus.

3. Alors l'ame est accablée d'un froid égal à celui de la mort : elle n'a plus de sympathie pour les misères d'autrui, à peine rêve-t-elle de sa propre misère. Le souffle de la bise enchaîne la source de nos pleurs : les étincelles que l'œil peut encore lancer partent d'une larme glacée.

4. Mille saillies peuvent encore jaillir de notre bouche, une folle gaîté distraire notre sein de ses soupirs, au milieu de ces nuits qui ne nous ramènent plus l'espérance du repos : mais c'est ainsi qu'autour d'une tour ruinée s'entrelacent les feuilles du lierre; tout est vert et frais en dehors, mais au dedans il n'y a rien que ruine et poussière grisâtre.

5. Oh! que ne puis-je sentir comme j'ai senti jadis, — être ce que j'étais, ou pleurer comme je pleurais naguère sur mainte scène évanouie! Comme une fontaine trouvée dans le désert nous semble douce, quelque saumâtre qu'elle soit; ainsi au milieu des

ruines arides de la vie, c'est avec délices que je répandrais ces larmes.

LXII.

STANCES A METTRE EN MUSIQUE.

1. Parmi les filles de la beauté il n'en est aucune dont les attraits aient autant de magie que les tiens : et comme une sérénade sur les eaux, ainsi ta voix m'est douce, alors que tes accens paraissent maintenir le calme de l'océan charmé que les flots demeurent immobiles et brillent d'un paisible azur, et que les vents semblent endormis dans un doux rêve.

2. Cependant la lune en plein minuit entrelace ses brillans reflets sur l'abîme des ondes, qui se soulèvent avec grâce comme le sein d'un enfant qui sommeille. L'ame s'abaisse devant toi pour t'écouter et t'adorer, toute émue, mais d'une douce émotion, comme les vagues d'une mer d'été.

LXIII.

VERS IMPROVISÉS PAR LORD BYRON,

POUR SON AMI T. MOORE, ESQ., AUTEUR DE LALLA ROOKH.

1. Ma chaloupe m'attend près du rivage, et mon navire en pleine mer. Mais avant le départ voici, Tom Moore, une double santé pour toi.

2. Voici un soupir pour ceux qui m'aiment, un

sourire pour ceux qui me haïssent, et, sous quelque ciel que je navigue, voici un cœur prêt à toutes les destinées.

3. Quoique l'océan rugisse autour de moi, il me portera encore sur ses flots. Dût un désert m'environner, il y aurait peut-être des sources à découvrir.

4. Fût-ce la dernière goutte de la fontaine, avant que ma poitrine haletante rendît le dernier souffle de ma vie, là je boirais encore à ta mémoire.

5. Cette onde, ainsi que le vin d'aujourd'hui, ne servirait à mes libations que pour souhaiter — paix et bonheur à tes amis et aux miens ! à toi paix et bonheur, Tom Moore !

FIN DES MISCELLANÉES.

MÉLODIES
HÉBRAIQUES.

Ces petits poëmes furent composés par Lord Byron à la demande de son ami le docteur Kinnaird, pour faire partie d'un recueil de mélodies hébraïques, analogues aux *Mélodies Irlandaises* de Tom Moore. Ils furent mis en musique par MM. Braham et Natham.

MÉLODIES HÉBRAIQUES.

I.

ELLE MARCHE PAREILLE EN BEAUTÉ.

1. Elle marche pareille en beauté à la nuit d'un horizon sans nuage, et d'un ciel étoilé. Tout ce que l'ombre et la lumière ont de plus ravissant, se trouve dans sa personne et dans ses yeux. Tendre et moëlleuse splendeur que le ciel refuse aux feux orgueilleux du jour !

2. Un trait brillant de moins, un trait obscur de plus : et moitié moindre eût été la grâce ineffable de cette ondoyante chevelure, noire comme le plumage du noir corbeau ; moitié moindre la grâce de ce visage, miroir limpide des pensées douces et paisibles qui occupent une ame pure, une ame digne du plus chaste hommage.

3. Ces joues et ce front d'apparence si douce, si calme, et néanmoins si éloquente ; ces sourires dont le triomphe est sûr ; ces couleurs dont l'éclat éblouit, tout enfin ne révèle que des jours passés dans la vertu, un esprit en paix avec la terre, un cœur dont l'amour est innocent.

II.

HÉLAS ! QU'EST DEVENUE LA HARPE DU ROYAL MÉNESTREL.

1. Hélas ! qu'est devenue la harpe du royal ménestrel, la harpe du souverain des hommes, du bien-aimé du ciel, la harpe que la mélodie sacrée sanctifia par de plaintifs accens, nés du cœur — et du cœur le plus tendre ! O Mélodie, redouble tes larmes : ces cordes magiques sont brisées. Naguères cette harpe adoucit les hommes aux entrailles de fer, elle leur donna les vertus qu'ils n'avaient pas. Quelle oreille fut assez sourde, quelle ame assez froide pour ne pas se réveiller, pour ne pas s'embraser au son de cette lyre, qui, bien plus que le trône, fit la puissance de David ?

2. Cette harpe chanta les triomphes de notre roi ; elle glorifia notre Dieu ; elle éveilla les joyeux échos des vallées, força les cèdres à se courber de respect, les montagnes à tressaillir d'allégresse : elle aspira au ciel et y laissa, enfin, ses accords que depuis lors on n'entend plus ici-bas. Mais toujours la piété, mère d'un saint enthousiasme, élève l'essor de notre ame jusques à ces chants qui nous semblent venir de la voûte céleste dans des songes ravissans, que la resplendissante lumière du jour ne saurait interrompre.

III.

SI DANS CE MONDE CÉLESTE.

1. Si dans ce monde céleste, qui nous reçoit au delà des limites du nôtre, l'amour survit avec nous; si l'être chéri nous garde son cœur, si son œil est le même, hormis les larmes, — bénies soient ces sphères inconnues aux pas des mortels! Combien il serait doux de mourir à cette heure même! oui, de prendre l'essor loin de la terre, et d'anéantir toutes nos craintes dans ta lumière, — ô éternité!

2. Ainsi doit-il en être de nous. Ce n'est pas pour nous-mêmes que nous tremblons au bord de l'abîme, qu'au moment de le franchir nous nous attachons encore avec force au dernier anneau de la vie. Oh! dans cet avenir où nous allons, espérons posséder le cœur qui nous comprend, boire avec un être aimé les ondes immortelles, et lier à jamais notre ame à la sienne!

IV.

LA SAUVAGE GAZELLE.

1. La sauvage gazelle peut encore jouer et bondir sur les collines de Juda, encore boire aux sources vives qui arrosent la terre sacrée : ses pas aériens,

ses regards fiers peuvent promener partout leur essor indompté [1].

2. Là Juda vit naguère des pas aussi légers, et des regards plus brillans. Sur cette scène de délices évanouies habitait une race plus belle. Les cèdres balancent encore leurs rameaux sur le Liban; mais les vierges de Juda, plus majestueuses que les cèdres, — où sont-elles maintenant?

3. Plus heureux le palmier qui ombrage ces plaines, que les enfans dispersés d'Israel! Une fois qu'il a poussé ses racines, il reste là dans sa grâce solitaire : il ne peut abandonner le lieu de sa naissance; il ne vivra pas sur un sol étranger.

4. Mais nous, nous devons nous flétrir dans une vie errante, mourir en des contrées lointaines. Là où gît la cendre de nos pères, la nôtre ne reposera jamais. Notre temple n'a pas conservé une seule pierre, et l'insulte siége sur le trône de Sion.

V.

OH! PLEUREZ SUR CEUX.....

1. Oh! pleurez sur ceux qui pleurèrent auprès des ondes de Babel, sur ceux dont le sanctuaire est ruiné, dont la patrie n'est plus qu'un rêve. Pleurez

---

[1] *Its airy step and glorious eye*
May glance in tameless transport by : —

M. A. P. traduit : « Ses pas aériens s'arrêtent, et son œil brillant » n'aperçoit autour d'elle rien qui l'effarouche. »

sur le luth brisé de Juda. Deuil cruel! — L'antique séjour de leur Dieu est aujourd'hui le séjour des impies!

2. Où donc Israël lavera-t-il ses pieds qui saignent? Quand les chants de Sion redeviendront-ils doux? Quand les mélodies de Juda réjouiront-elles encore les cœurs qui tressaillaient à cette voix céleste?

3. Tribus aux pas vagabonds et au sein haletant, comment fuirez-vous votre sort et trouverez-vous le repos? La tourterelle a son nid, le renard sa tanière, les hommes leur pays : — Israël n'a que le tombeau!

VI.

SUR LES BORDS DU JOURDAIN.

1. Sur les bords du Jourdain paissent les chameaux des Arabes; sur la colline de Sion les hommes aveuglés adressent leurs prières à une fausse divinité; l'adorateur de Baal s'agenouille sur les rochers du Sinaï : — et c'est là — grand Dieu! c'est là que tes foudres sommeillent;

2. Là — où ton doigt de feu grava les tables de pierre! là — où ton ombre éblouissante apparut à ton peuple, où toi-même tu montras ta gloire enveloppée de son manteau de flammes, toi — que nul être vivant ne peut voir sans expirer.

3. Oh! fais briller ton regard au sein des éclairs!

brise la main de l'oppresseur, et arrache-lui son glaive ! Combien de tems les tyrans fouleront-ils encore la terre sainte ! Combien de tems encore ton temple restera-t-il sans honneur, ô mon Dieu !

VII.

LA FILLE DE JEPHTÉ.

1. Puisque notre patrie et notre Dieu.— ô mon père — demandent que ta fille expire ; puisque tu achetas ton triomphe au prix de ce vœu, — frappe le sein que maintenant je te découvre moi-même.

2. La voix de mon deuil est désormais muette, les montagnes ne me reverront plus : si la main que j'aime me précipite dans la tombe, ah ! je reçois le coup sans douleur.

3. Et sois bien sûr, oh ! mon père, — que le sang de ta fille est aussi pur que la bénédiction que j'implore avant qu'il ne soit versé ; aussi pur que la dernière pensée qui adoucit mon trépas.

4. Malgré les lamentations des vierges de Jérusalem, sois un juge, un héros inflexible ! j'ai gagné pour toi une grande victoire ; par moi, mon père et mon pays sont libres.

5. Quand ce sang que tu as dévoué aura arrosé la terre, quand la voix que tu aimes sera muette, puisse mon souvenir faire toujours ton orgueil ! N'oublie pas que j'ai souri en mourant !

VIII.

O TOI, QUI NOUS ES RAVIE DANS LA FLEUR DE LA BEAUTÉ.

1. O toi, qui nous es ravie dans la fleur de la beauté, une tombe pesante ne chargera pas ta cendre. Mais sur le gazon qui te couvre, la rose épanouira ses corolles et devancera les autres fleurs de l'année, et le sauvage cyprès balancera son ombre mélancolique.

2. Souvent, auprès de l'onde bleue de ce ruisseau, la douleur penchera sa tête languissante, se repaîtra de profonds rêves de deuil, restera immobile et pensive, ou s'éloignera d'un pas léger, — hélas! comme si les pas des vivans pouvaient troubler les morts.

3. Nous savons que les larmes sont vaines, que la mort n'écoute ni n'entend nos plaintes. Cette pensée nous apprendra-t-elle à ne pas gémir? L'œil qui pleure un objet chéri en pleurera-t-il moins? Non. — Arrière donc, toi qui me dis d'oublier : — toi-même as les joues pâles et les paupières humides.

IX.

MON AME EST SOMBRE.

1. Mon ame est sombre. — Oh! hâte-toi de saisir cette harpe que je puis encore entendre sans dé-

plaisir ; fais-en jaillir sous tes doigts rapides ces sons délicieux auxquels je prête une oreille attendrie. S'il y a encore dans mon cœur quelque douce espérance, ces accords la ranimeront : si dans mes yeux roule encore une larme, elle s'échappera et cessera de brûler mon cerveau [1].

2. Mais choisis une mélodie sévère et grave, et ne débute point sur le ton de la joie. Je te le dis, ménestrel, il faut que je pleure : sinon, mon cœur succombera au fardeau qui l'accable, car il s'est nourri de chagrins, et a long-tems souffert dans un silence sans sommeil : aujourd'hui il est condamné à connaître un pire destin, — à se briser — ou à céder au charme de l'harmonie.

---

[1] Les poètes anglais parlent souvent du cerveau (*brain*) comme organe des facultés intellectuelles et morales : ce qui est conforme à la vérité. Nous autres Français, nous préférons *mon cœur souffre, gémit*, etc., *mon sein*, etc; expressions dues aux fausses théories des anciens, et même de quelques modernes, qui placèrent le siége de l'intelligence et des passions dans le cœur ou autres viscères. Cependant, à y bien réfléchir, il est aussi faux et ridicule de dire : « *Mon cœur vous aime,* » que de dire avec Homère : « *Mon diaphragme vous aime* (φρὴν ou φρένες). » Nous avons donc toujours traduit *brain* par *cerveau*, et non point par *tête, cœur, front* ou *sein*, comme fait M. A. P. Nous désirons, autant qu'il est en notre minime pouvoir, naturaliser en France une locution juste.

(*N. du Tr.*)

X.

JE TE VIS PLEURER.

1. Je te vis pleurer, — une épaisse et brillante larme vint couvrir cet œil bleu, et je crus voir une goutte de rosée sur la violette. Je te vis sourire, — devant toi les feux du saphir cessèrent de briller : ils ne purent rivaliser avec les étincelles vivantes qui à flots pressés rayonnaient de ta prunelle.

2. Comme le soleil donne aux nuages une aimable teinte de clair obscur, que les ombres de la nuit qui s'approche peuvent à peine bannir de l'horizon ; ainsi tes sourires communiquent une joie pure au plus sombre esprit, et laissent après eux une douce lumière qui réjouit le cœur.

XI.

TES JOURS SONT ACHEVÉS.

1. Tes jours sont achevés, et ta renommée commence : enfant choisi de ta patrie, la patrie chante tes triomphes, les meurtres de ton glaive, les exploits de ton bras, les scènes de tes victoires, la liberté que tu nous as rendue.

2. Quoique tu sois tombé sur le champ de bataille, tu ne connaîtras pas la mort tant que nous serons libres. Le sang généreux qui coula de ta blessure n'a pas voulu s'abîmer sous la terre. Puisse-t-il

circuler dans nos veines! puisse ton esprit animer notre sein!

3. Ton nom, quand nous chargerons l'ennemi, sera notre mot d'ordre! ton trépas, le sujet des hymnes chantés en chœur par les voix de nos vierges! Les larmes feraient injure à ta gloire : tu ne seras pas pleuré.

XII.

CHANT DE SAUL,

AVANT SA DERNIÈRE BATAILLE [1].

1. Chefs et soldats! si la flèche ou l'épée me perce le sein au milieu de l'armée du Seigneur, — de l'armée que je vais guider au combat, — ne prenez nul souci du corps de votre roi, poursuivez votre course, et plongez votre acier dans le sang des Philistins.

2. Écoute, toi qui portes mon bouclier et mon arc; si les guerriers de Saül tournent le dos à l'ennemi, étends-moi sur l'heure à tes pieds! tombe sur moi la mort, qu'ils n'auront osé voir face à face!

3. Adieu à tous mes soldats, hormis à toi [2], héri-

---

[1] Bataille donnée sur le mont Gelboé contre les Philistins. L'armée de Saül fut mise en déroute : le roi israélite pria son écuyer de le tuer, et, sur le refus de celui-ci, se plongea lui-même son épée dans le cœur.
(*N. du Tr.*)

[2] Jonathas, fils de Saül : il périt avec son père et ses frères dans cette bataille. (*N. du Tr.*)

tier de mon trône, fils de mon cœur! nous ne nous séparerons jamais. Brillant diadême, empire immense, — ou bien trépas digne d'un royal courage, voilà le sort qui nous attend aujourd'hui.

XIII.

SAUL.

O toi dont le magique pouvoir ressuscite les morts, ordonne à l'ombre du prophète de paraître devant moi. — « Samuel, lève ta tête ensevelie. Roi, regarde le fantôme du Voyant! » — La terre s'entr'ouvrit : le spectre apparut au centre d'un nuage, mortuaire enveloppe qui fit pâlir la lumière du jour; son œil glacé par la mort n'avait plus qu'un regard terne et fixe, ses mains étaient flétries, et ses veines arides; son pied, dépouillé de sang et de nerfs, offrait à nu l'horrible blancheur de ses os ; de ses lèvres immobiles et de sa poitrine qui ne respirait plus, sortit une voix sourde comme les vents renfermés dans un antre. Saül le vit, et tomba par terre, comme tombe le chêne frappé par un coup de tonnerre.

« Pourquoi trouble-t-on mon sommeil? Quel est celui qui appelle les morts? Est-ce toi, roi d'Israel? regarde ces membres pâles et froids; ce sont les miens : tels seront les tiens demain, quand tu seras venu me rejoindre; avant la fin du jour qui se lève, tel tu seras, tel sera ton fils. Adieu, mais pour un jour! puis nous mêlerons notre poussière. Toi et ta race, tombez à terre, pâles et mourans, sous les flèches parties de tant d'arcs ennemis! à ton côté pend le glaive que ta main guidera vers ton cœur! Sans couronne, sans haleine, sans vie, tombent le fils et le père, tombe la maison de Saül! »

XIV.

TOUT EST VANITÉ,

DIT L'ECCLÉSIASTE.

1. La gloire, la sagesse, l'amour et la puissance furent à moi ; j'avais jeunesse et santé : les vins les plus exquis rougissaient ma coupe, et les plus aimables attraits se prodiguaient à mes caresses. Mon cœur s'embrasait des flammes qui rayonnaient des yeux de la beauté, et je sentais mon ame s'attendrir. Tout ce que la terre peut donner, tout ce que les humains tiennent à haut prix, m'appartenait dans ma splendeur royale.

2. Parmi les jours passés que m'offre le souvenir, je cherche à compter combien de ces jours je serais tenté de passer encore au sein de tous les biens que la vie ou la terre déploie. Aucun jour ne se leva pour moi, aucune heure ne s'écoula sans mêler l'amertume au plaisir : aucun insigne du pouvoir ne me para sans me gêner.

3. Le serpent des forêts se laisse désarmer par des sortiléges et des conjurations; mais le serpent

qui s'entrelace autour du cœur, oh! comment peut-on le charmer? Il n'écoutera pas la voix de la sagesse, ni ne cédera aux accens de la mélodie; mais son dard importune à jamais l'ame livrée à ce cruel ennemi.

XV.

QUAND LA MORT GLACE CETTE ARGILE SOUFFRANTE.

1. Quand la mort glace cette argile souffrante, hélas! où notre ame immortelle va-t-elle s'égarer? Elle ne peut périr, elle ne peut demeurer; mais elle fuit loin de la sombre poussière de notre corps. Alors, sans matérielle enveloppe, suit-elle pas à pas la céleste route de chaque planète? ou bien remplit-elle soudain les royaumes de l'espace, pour étendre sa vue immense sur la création tout entière?

2. Éternelle, infinie, immuable, pensée invisible qui voit néanmoins toutes choses, elle contemplera et rappellera devant elle tous les phénomènes présens ou passés de la terre et des cieux. Ces traces obscures qui conservent si vaguement dans notre esprit le souvenir des années écoulées, l'ame les embrasse d'un vaste coup d'œil, et tout ce qui fut lui apparaît à la fois.

3. Elle remontera le cours des âges jusques à la création qui peupla notre globe, et plongera son regard jusque dans le chaos. Elle élèvera son vol jusques aux plus lointaines frontières du ciel: et là où l'avenir se prépare à créer ou détruire, elle éten-

dra sa vue sur tout ce qui doit être. Tandis que le soleil s'éteindra, ou que notre système planétaire se brisera, elle restera immobile dans son éternité.

4. Au-dessus de l'amour, de l'espoir, de la haine ou de la crainte, elle vivra pure et libre de passions : pour elle, un siècle passera comme une année de la terre, les années ne dureront qu'un instant. Loin, bien loin d'ici-bas, au-dessus et au travers de toutes choses, sa pensée planera sans ailes : substance sans nom, substance éternelle, elle oubliera ce que c'est que de mourir.

XVI.

VISION DE BALTHAZAR.

1. Le roi était sur son trône, les satrapes encombraient la salle : mille flambeaux étincelans éclairaient cette magnifique fête. Mille coupes d'or, vouées naguère au culte divin chez le peuple de Juda ; — oui, les vases sacrés de Jéhovah s'emplissaient de vin pour les Gentils, contempteurs de Dieu.

2. Soudain, dans cette même salle, une main appliqua ses doigts sur le mur, et se mit à écrire comme sur le sable ; c'étaient les doigts d'un homme ; — une main solitaire parcourait les lettres, et, comme une baguette, en suivait tous les traits.

3. A cette vue, le monarque frémit, et imposa fin à la joie. Le sang se retira de ses joues, et sa

voix devint tremblante. — « Viennent les hommes de la science, les sages de la terre ; qu'ils expliquent ces mots de terreur qui troublent nos royaux plaisirs. »

4. Les prophètes de la Chaldée sont habiles ; mais ici leur talent est nul : inconnues leur étaient ces lettres, qui restaient toujours là, inexplicables et terribles. Les vieillards de Babylone sont sages et profonds en savoir ; mais alors échoua leur sagesse : ils virent ces lettres, — et n'en surent pas davantage.

5. Un captif, jeune homme transplanté sur ce sol étranger ; — entendit l'ordre du roi, et vit le vrai sens des caractères écrits sur le mur. Les lumières brillaient tout alentour ; la prophétie frappait tous les regards : il là lut, — et le jour qui suivit cette nuit en prouva la vérité.

6. « Balthazar a sa tombe prête : son royaume n'est plus. Balthazar, pesé dans la balance, n'est qu'argile indigne et légère. Il aura le linceul pour manteau royal, et pour dais la pierre du sépulcre. Le Mède est à la porte du palais ! le Perse, sur le trône ! »

XVII.

SOLEIL DES HOMMES QUI NE PEUVENT DORMIR.

Soleil des hommes qui ne peuvent dormir! astre de mélancolie! toi, dont les rayons plaintifs répandent au loin une tremblante lumière; toi, qui éclaires les ténèbres que tu ne peux dissiper, oh! combien tu ressembles au souvenir du bonheur! Ainsi nous apparaît le passé; ainsi le reflet des jours qui ne sont plus brille-t-il encore, mais sans produire aucune chaleur; nocturne lumière que la douleur qui veille s'empresse de contempler! lumière distincte, mais lointaine; — claire, mais hélas! bien froide!

XVIII.

SI MON COEUR ÉTAIT AUSSI PERFIDE QUE TU LE PENSES.

1. Si mon cœur était aussi perfide que tu le penses, je n'aurais pas eu besoin d'errer loin de la Galilée; il ne fallait qu'abjurer ma croyance pour effacer la malédiction qui est, dis-tu, le crime de ma race.

2. Si les méchans ne triomphent jamais, alors Dieu est avec toi! si les esclaves seuls tombent dans le péché, tu es aussi pur que libre! si les proscrits d'ici-bas sont traités en bannis là-haut, vis toujours dans ta foi! mais moi, je mourrai dans la mienne.

3. Pour ma foi, j'ai perdu beaucoup plus que tu ne peux me donner; Dieu le sait, ce Dieu qui te permet de prospérer; dans sa main est mon cœur et mon espérance, — dans la tienne, mon pays et ma vie que pour lui je résigne.

XIX.

LAMENTATIONS D'HÉRODE,

APRÈS LA MORT DE MARIAMNE.

1. Oh! Mariamne! pour toi, maintenant, saigne le cœur pour lequel on a versé ton sang. La vengeance se perd dans les angoisses et les remords cruels qui succèdent à la fureur. Oh! Mariamne, où es-tu? Tu ne peux entendre ma plainte amère; ah! si tu le pouvais, — tu me pardonnerais maintenant, quoique le ciel dût être sourd à ma prière.

2. Est-elle donc morte? — ont-ils osé obéir à la frénétique colère de ma jalousie? Ma rage a commandé ma propre désolation; le glaive qui la frappa est sur moi suspendu. — Mais tu es froide déjà, toi que j'aimai, toi que j'ai assassinée! Mon sombre cœur redemande en vain celle qui, sans moi, prend son essor vers le ciel, et qui laisse, ici bas, mon ame indigne de salut.

3. Elle n'est plus, celle qui partagea mon diadême! Elle est tombée, et avec elle toutes mes joies se sont abîmées. J'ai arraché de la tige de Juda cette fleur, dont les feuilles ne revêtaient leur éclat que

pour moi seul. A moi le crime, à moi l'enfer : ce sein est la proie du désespoir. J'ai bien mérité ces tortures ; ces flammes qui, sans se consumer elles-mêmes, consument à jamais le coupable.

XX.

SUR LE JOUR DE LA DESTRUCTION DE JÉRUSALEM PAR TITUS.

1. De la dernière colline qui regarde ton dôme naguère sacré, je t'ai contemplée, ô Sion! quand tu fus livrée à Rome. Ton dernier jour était venu ; et les flammes de ta ruine ont éclairé le dernier coup-d'œil que je donnai à tes murs.

2. Je regardai ton temple, je regardai ma maison, et j'oubliai un moment mon esclavage à venir. Je ne vis que l'incendie qui dévorait tes autels, et les mains trop bien enchaînées qui auraient en vain tenté la vengeance.

3. Maintes fois sur le soir, ce lieu élevé, d'où j'observais ta chute, avait réfléchi les derniers feux du jour, lorsque, monté sur le sommet, je contemplais le déclin du soleil du haut de la montagne qui brillait sur ton sanctuaire.

4. Mais en ce jour fatal j'étais sur la montagne, et ne remarquais pas les rayons du crépuscule se fondre peu à peu dans les ténèbres. Oh ! plût à Dieu que les éclairs eussent flamboyé en leur place, et que la foudre eût éclaté sur la tête du conquérant!

5. Mais les dieux du Gentil ne profaneront jamais

le sanctuaire où Jéhovah n'a pas dédaigné de régner : quelque dispersé, quelque outragé que puisse être ton peuple, ô père céleste! nos adorations ne sont que pour toi!

XXI.

SUR LES RIVES DE BABYLONE

NOUS NOUS ASSIMES ET PLEURAMES.

1. Nous nous sommes assis auprès des ondes de Babylone; et nous avons pleuré en songeant à ce jour où notre ennemi, teint du sang qu'il répandit à flots, fit des hauts lieux de Jérusalem sa misérable proie, où vous-mêmes, hélas! filles désolées de Sion, fûtes dispersées et fondîtes en larmes.

2. Tandis que nous contemplions tristement la rivière qui roulait ses libres flots sous nos regards, les tyrans nous demandèrent un cantique : mais l'étranger n'obtiendra jamais ce triomphe. Oh! puisse ma main droite se flétrir pour toujours, avant qu'elle n'ébranle pour l'ennemi les cordes de notre noble harpe.

3. Cette harpe est suspendue aux rameaux du saule : pour résonner, elle a besoin de liberté, ô Jérusalem! L'heure où périt ta gloire ne m'a laissé de toi que ce gage unique : jamais je n'en mêlerai la douce mélodie à la voix de ton désolateur.

XXII.
LA DESTRUCTION DE SENNACHÉRIB.

1. L'Assyrien fondit sur nous comme le loup sur la bergerie : ses cohortes étaient resplendissantes de pourpre et d'or ; leurs lances brillaient, comme les étoiles de la nuit brillent sur la mer qui frappe de ses vagues bleues les rivages de la Galilée.

2. Comme les feuilles de la forêt, lorsque règne la verdure d'été, ainsi parut un soir cette armée avec ses bannières déployées : comme les feuilles de la forêt lorsque la bise d'automne a soufflé, ainsi le lendemain cette armée joncha-t-elle le sol, toute flétrie et dispersée.

3. Car l'ange de la mort étendit ses ailes sur le vent, et dans son rapide passage frappa de son haleine la face de l'ennemi. Les yeux des guerriers endormis s'éteignirent et se glacèrent : leurs cœurs ne battirent qu'une fois, et se reposèrent pour toujours.

4. Là gisait le coursier dont les naseaux, largement ouverts, avaient cessé d'aspirer l'air avec orgueil : l'écume de sa bouche agonisante blanchissait le gazon, froide comme les bouillons de la vague qui se brise contre le roc.

5. Là gisait le cavalier roide et pâle, le front humide de rosée, la cuirasse rongée de rouille. Les tentes étaient muettes, les étendards abandonnés, les lances immobiles, la trompette silencieuse.

6. Les veuves d'Assur poussent mille cris de douleur; les idoles sont brisées dans le temple de Baal : la puissance des Gentils, sans être atteinte par le glaive, s'est fondue comme la neige devant le regard du Seigneur.

XXIII.

EXTRAIT DE JOB.

1. Un esprit a passé devant moi : j'ai vu face à face l'immortalité dévoilée ; — un profond sommeil ferma tous les yeux, hormis les miens : — il m'apparut — l'esprit immatériel, — mais divin : la chair qui entoure mes os frissonna d'une sainte terreur ; mes cheveux inondés de sueur se dressèrent sur ma tête, et voici ce que j'entendis :

2. « L'homme est-il plus juste que Dieu ? L'homme est-il plus pur que celui qui ne croit pas les séraphins eux-mêmes exempts de péril ? Créatures d'argile ! — êtres vains qui habitez dans la poussière ! les vers vous survivent; — êtes-vous donc plus justes ! Choses d'un jour, vous vous flétrissez avant la nuit ! Race insouciante et aveugle, à laquelle la sagesse prodigue en vain sa lumière ! »

FIN DES MÉLODIES HÉBRAIQUES.

LA MALÉDICTION

DE MINERVE.

............*Pallas te, hoc vulnere, Pallas*
) *Immolat, et pœnam scelerato ex sanguine sumit.*

Londres, 1812.

Ce petit poème est une satire contre lord Elgin, qui avait dépouillé la Grèce d'un grand nombre de monumens antiques pour en enrichir le muséum de Londres. Voir la vie de Lord Byron.

(*N. du Tr.*)

LA MALÉDICTION DE MINERVE.

Brillant d'une plus aimable splendeur sur la fin de sa carrière, le soleil couchant s'abaisse avec lenteur le long des collines de la Morée; il n'offre point, comme dans les climats du Nord, un disque de lumière obscure, mais un foyer de vives flammes que ne voile aucun nuage. Il épand ses rayons jaunes sur la mer silencieuse, et dore la vague verdâtre, étincelante de tremblans reflets. Sur le vieux rocher d'Égine, et sur l'île d'Hydra, le dieu qui guide l'astre de joie jette en partant un dernier sourire; il aime à prolonger l'éclat de ses feux sur cette contrée de prédilection, quoique ses autels n'y reçoivent plus un culte divin. Cependant les montagnes étendent leur ombre rapide, et la projettent sur ton golfe glorieux, ô Salamine invaincue! Leurs cimes bleues, qui se dessinent à travers l'azur plus sombre de l'espace, revêtent sous le doux regard du dieu les teintes délicates et vraiment célestes qui marquent sa riante course, jusqu'à ce qu'enfin, dérobé par une ombre profonde à la terre et à l'Océan, il aille sommeiller derrière sa colline sacrée; la col-

---

[1] Le début de ce poème a été transporté au 3ᵉ chant du *Corsaire*.
(*N. du Tr.*)

line de Delphes. Ainsi, en un soir pareil, il jetait sur toi sa pâle lumière, ô Athènes! — lorsque le plus sage de tes sages le vit pour la dernière fois. Avec quelle sollicitude les meilleurs de tes enfans épiaient ce rayon d'adieu qui devait clore le dernier jour de leur maître assassiné[1]! Pas encore! — pas encore! — l'astre s'arrête sur la colline : — l'heure précieuse des adieux dure encore. Mais triste est la lumière aux yeux de l'agonisant; sombres sont les couleurs de la montagne; naguère contemplées avec délices, Phébus semblait répandre les ténèbres sur ce beau pays; ce pays où il n'avait jamais encore assombri son front : avant qu'il ne disparût au-dessous du sommet du Cithéron, la coupe fatale fut vidée, — et l'ame s'envola; l'ame de celui qui dédaigna de craindre ou de fuir, qui vécut et mourut comme nul mortel ne peut vivre ou mourir. Mais voici la reine de la nuit! elle étend son silencieux empire depuis la cime du mont Hymette jusque dans la plaine.[2] Nulles sombres vapeurs, messagères de la tempête, ne cachent son riant visage ni n'entourent sa forme brillante. Sous le jeu de ses rayons resplendit le chapiteau de la blanche colonne, qui salue l'astre d'aimable lumière; et le croissant, son

[1] Socrate but la ciguë un peu avant le coucher du soleil (heure fixée pour l'exécution), malgré ses disciples, qui le supplièrent instamment d'attendre jusqu'à l'entière disparition de l'astre.

[2] Le crépuscule en Grèce est beaucoup plus court que dans notre pays; les jours, en hiver, sont plus longs, mais de moindre durée en été.

emblême, environné d'une vacillante auréole, étincelle sur le faîte du minaret. Les bosquets d'oliviers, épars de loin en loin dans la vallée où le modeste Céphise répand ses humbles flots, le cyprès attristant qui s'élève près de la sainte mosquée, la rayonnante tourelle du joyeux kiosque [1], et là-bas, triste et sombre au milieu de ce calme solennel, auprès du temple de Thésée, un palmier solitaire : voilà les objets divers qui, peints de nuances variées, appellent et fixent les regards, — et insensible serait le mortel qui passerait sans y jeter un coup d'œil. La mer Égée, dont le bruit ne se fait plus entendre au loin, repose son sein fatigué de la guerre des élémens : ses vagues, qui ont repris leurs douces teintes, déploient une immense surface de saphir et d'or, entremêlée des ombres des maintes îles lointaines, dont l'aspect semble menaçant, — là, où l'Océan aime à sourire avec grâce. Ainsi, dans l'enceinte du temple de Pallas, je contemplais les admirables scènes que m'offraient, alentour, la terre et l'onde, — à moi, seul et sans ami sur cette contrée magique, dont les arts et les exploits [2] ne vivent que dans les

---

[1] Le kiosque est une espèce de pavillon qui se trouve dans les jardins turcs. Le palmier est situé hors des murs actuels d'Athènes, non loin du temple de Thésée : c'est entre ce temple et l'arbre que passe le mur. Le Céphise est réellement un fort petit ruisseau, et l'Ilissus est tout-à-fait à sec.

[2] Il y a dans le texte une paronomase intraduisible :

Whose arts and arms but live in poet's lore.

(*N. du Tr.*)

chants du poète; toutes les fois que je me retournais pour admirer cet incomparable monument, sacré pour les dieux, mais non pour la fureur impie des hommes, soudain le passé renaissait, le présent semblait s'anéantir, et la gloire ne connaissait pas d'autre séjour que la Grèce. — Les heures s'écoulaient; l'astre de Diane avait atteint le centre de sa route à travers la voûte azurée, et je promenais encore mes pas infatigables dans les vains sanctuaires de maintes divinités évanouies [1], mais surtout dans le tien, ô Pallas! tandis que la lumière d'Hécate, interrompue par tes colonnes, tombait avec un éclat plus mélancolique sur les froids pavés de marbre, où le bruit de la marche saisit l'ame solitaire comme feraient les échos d'une tombe. Je m'étais abandonné à une longue rêverie; j'avais mesuré toutes les traces que la Grèce, dans son naufrage, a laissées après elle; tout-à-coup un fantôme géant s'avance vers moi, et Pallas me salua dans sa propre demeure. Oui, c'était Minerve elle-même; mais hélas! combien elle était changée [2]! combien elle différait de

---

[1] Encore une paronomase :

O'er the vain shrine of many a vanished god.

Au reste, on peut douter que les paronomases, et surtout cette dernière, aient été faites à dessein.

(*N. du Tr.*)

[2] .... *Quantùm mutatus ab illo*
Hectore, qui redit exuvias indutus Achillei.

(Virg. Æn. II.)

(*N. du Tr.*)

la déesse qui, jadis, errait en armes dans la plaine de Troie! Elle ne m'apparaissait point telle, qu'autrefois, à son ordre, son image apparut sous le ciseau de Phidias; elle avait perdu la majesté terrible de son front; sa vaine égide ne portait plus la tête de la Gorgone; son heaume était sillonné de brèches profondes, et sa lance semblait faible et émoussée, même aux regards d'un mortel; la branche d'olivier, qu'elle daignait tenir encore, s'était flétrie en sa main comme sous un contact odieux; son grand œil bleu, encore le plus beau de l'empire céleste, s'obscurcissait de larmes divines; autour du casque brisé, la chouette se promenait lentement, et poussait des cris de deuil comme pour plaindre sa maîtresse.

« Mortel (c'était Minerve qui parlait ainsi)! cette rougeur de honte te déclare Breton; — ce fut naguère un noble nom, — le premier parmi les peuples forts, le plus glorieux parmi les peuples libres; mais aujourd'hui il est méprisé par tout le monde, et surtout par moi [1]. On trouvera toujours Pallas à la tête de tes ennemis; — en cherches-tu la cause ? O mortel! regarde autour de toi! Ici même, en dépit de la guerre et des flammes dévastatrices, je vis expirer toutes les tyrannies qui se sont succédé durant le cours des âges. J'échap-

---

[1] *Now honoured less by all—and least by me.*

Littéralement : — maintenant honoré *moins* par tous, et *le moins possible* par moi.

(*N. du Tr.*)

pai aux ravages du Turc et du Goth [1]; mais ta patrie m'envoie un désolateur pire que ces barbares. Examine ce temple désert et profané; compte les débris sacrés qui subsistent encore. Ces monumens-ci, Cécrops les a fondés; — *celui-ci* dut sa beauté à Périclès [2]; *celui-là*, Adrien l'éleva quand la science s'abandonnait au deuil. Ma reconnaissance aime à proclamer ce que je dois. Alaric et Elgin firent le reste. Afin qu'on pût toujours savoir d'où le pillage fondit sur la Grèce, le mur outragé porte son nom odieux [3]. Voici comment Pallas, reconnaissante, plaide pour la gloire d'Elgin : sur ce mur est son nom; — mais, avant tout, contemple ses exploits!

[1] M. A. P. traduit : « *Du Musulman et du Vandale.* » Ce changement fait peu d'honneur à son savoir historique : les Vandales ne sont jamais venus en Attique.

(*N. du Tr.*)

[2] Il est ici question de la ville en général, et non de l'Acropolis en particulier. Le temple de Jupiter Olympien, que quelques antiquaires supposent être le Panthéon, fut achevé par Adrien : il en reste encore seize colonnes debout, du plus beau marbre et du plus beau style.

[3] On lit dans la relation d'un récent voyage en Orient, que lorsque l'entrepreneur en chef de ce commerce de spoliations vint visiter Athènes, il fit inscrire son nom et celui de sa femme sur une colonne d'un des principaux temples. Cette inscription fut exécutée d'une façon très-remarquable, et profondément gravée dans le marbre, à une élévation fort considérable. Malgré ces précautions, il s'est trouvé un individu qui, sans doute inspiré par la déesse protectrice d'Athènes, s'est mis à même de parvenir à la hauteur nécessaire, et a effacé le nom du noble laird, mais sans toucher à celui de lady Elgin. Le voyageur qui rapporte cette anecdote l'accompagne de la remarque suivante : c'est à savoir qu'il a fallu du travail et de l'adresse pour atteindre le but; et que cela n'a pu être exécuté sans un grand zèle et une forte résolution.

Ici, soit à jamais accueillie, d'un hommage égal, la mémoire du monarque Goth[1], et du pair Écossais, digne descendant des Pictes[2]. Les armes firent le droit de l'un ; l'autre n'eut aucun droit, mais il vola bassement ce que des guerriers moins barbares avaient conquis. Ainsi, lorsque le lion quitte son sanglant repas, près de là rôde le loup ;—puis, enfin, vient l'ignoble chacal ; la chair, les membres, le sang, voilà ce dont les deux premiers font leur proie ; le dernier, vil animal, ronge les os sans péril. Toutefois, les dieux sont encore justes, et les crimes sont châtiés ; vois ici ce qu'Elgin a gagné et ce qu'il a perdu ! Un autre nom souille avec le sien mon sanctuaire ; regarde cette place que les rayons de Diane dédaignent d'éclairer ! C'est déjà une sorte de réparation qui me fut accordée, quand Vénus eut vengé à demi l'outrage de Minerve[3]. »

Elle se tut un instant, et j'osai répondre en ces

---

[1] M. A. P. met ici *le monarque des Huns*. Alaric était Visigoth, et non pas Hun ou Vandale. Pourquoi, d'ailleurs, s'écarter du texte anglais, quand cet écart ne doit amener que bévues ?

(*N. du Tr.*)

[2] Les *Pictes* et les *Scots* étaient les habitans de l'ancienne Calédonie, aujourd'hui l'Écosse.

(*N. du Tr.*)

[3] Le nom de sa seigneurie et celui *d'une personne qui ne le porte plus* sont gravés en grandes lettres en haut du Parthénon. Non loin de cette inscription sont les restes mutilés des bas-reliefs qu'on a brisés dans les vaines tentatives faites pour les enlever.

termes, pour apaiser la vengeance qui enflammait son regard : — « Fille de Jupiter! au nom de la Bretagne outragée, un légitime et vrai Breton peut désavouer le crime! Ne te courrouce pas contre l'Angleterre; — l'Angleterre ne reconnaît pas cet homme, — non, protectrice d'Athènes [1]! Le spoliateur fut un Écossais [2]! Veux-tu savoir la différence? du haut des tours de Phylé, regarde la Béotie! nous avons aussi la nôtre, c'est la Calédonie! Je sais trop que dans cette contrée bâtarde la déesse de la sagesse n'a jamais établi son empire [3] : c'est un sol infertile, où les germes de la nature sont condamnés à une triste stérilité, où l'esprit languit dans d'étroites bornes. Ce pays trahit bien sa pauvreté par ses chardons, emblèmes de tous ceux auxquels il donne la naissance. C'est une terre de bassesses, de sophismes et de brouillards. Chaque brise de la nébuleuse montagne et de la plaine marécageuse imprègne de ses froides

---

[1] Il y a dans le texte — no, Athena! — c'est le nom grec de Minerve (Ἀθήνα). On ne l'a pas transporté en français. M. A. P. a pris ce nom pour celui de la ville même.
(N. du Tr.)

[2] Le mur de plâtre bâti à la façade occidentale du temple de *Minerva Polias*, porte l'inscription suivante, en caractères taillés à une assez grande profondeur :

Quod non fecerunt Gothi,
Hoc fecerunt Scoti.
(*Hobhouse's Travels in Greece*, etc., page 345.)

[3] Les Écossais sont des Irlandais bâtards; suivant sir Callaghan O'Brallaghan.

pluies la cervelle des habitans, jusqu'à ce qu'enfin, de leurs têtes humides, s'échappe un torrent hideux comme leur sol et froid comme leurs neiges. Mille rêves d'avarice et d'orgueil envoient au loin çà et là tous ces hommes à projets, les uns à l'est, les autres à l'ouest, — partout, hormis au nord ! Ils courent à la recherche de gains illégitimes. Ainsi maudits soient l'an et le jour où vint ici un Picte pour déployer sa félonie. Toutefois, la Calédonie s'honore de quelques enfans de mérite, comme l'épaisse Béotie donna le jour à un Pindare ; puisse le petit nombre de ses lettrés et de ses braves, supérieurs à l'influence des climats, et vainqueurs de l'oubli des tombeaux, secouer la sordide poussière d'un pareil sol, et rivaliser d'éclat avec les fils d'une terre plus heureuse. Ainsi jadis, dans un pays coupable, dix noms (si on les eût trouvés) auraient sauvé une race perverse.[1] !

— Mortel (répliqua la vierge aux yeux bleus.[2]), je te le dis encore une fois, porte mes décrets à ta contrée natale. Mes autels sont tombés, hélas ! mais je puis encore me venger en retirant mes conseils aux nations comme la tienne. Écoute donc en silence

---

[1] Dieu dit à Abraham que s'il y avait eu dix justes à Sodôme, il n'aurait pas résolu la ruine de cette ville. (*Genèse*, XVIII.)

(*N. du Tr.*)

[2] « *The blue-eyed maid.* » Expression homérique, Γλαυκῶπις κόρη.

(*N. du Tr.*)

la prophétie sévère de Pallas : écoute et crois, car le tems t'apprendra le reste. D'abord sur la tête de l'homme qui accomplit l'œuvre coupable, tombera ma malédiction, — oui, sur lui et sur toute sa race. Que sans la moindre étincelle d'intelligence les fils soient à jamais aussi sots que le père! S'il s'en rencontre un seul dont l'esprit dépare la famille, tiens-le pour un bâtard né d'un meilleur sang. Que toujours Elgin babille avec ses artistes à gages, et reçoive les louanges des sots pour prix de la haine des sages [1]! Que les flatteurs célèbrent longuement le goût de leur patron, dont le goût le plus noble et le plus *naturel* — est de vendre, — de vendre, et — le dirai-je ? puisse la honte enregistrer ce jour fatal ! — de faire de l'état le recéleur de ses larcins ! Cependant West, imbécile adulateur, tournera chaque modèle dans ses mains paralytiques, et s'avouera lui-même un écolier de quatre-vingts années [2]. Que tous les athlètes de Saint-Gilles soient convoqués, afin que l'art et la nature puissent comparer leurs styles. Tandis que mainte brute bien musclée con-

---

[1] Un sot trouve toujours un plus sot qui l'admire.
(BOILEAU.)

[2] M. West, en voyant *la collection Elgin* (je suppose que nous entendrons bientôt parler de la collection d'Abershaw et de Jack Shephard *), déclara qu'il n'était dans l'art qu'un vrai novice.

* Abershaw, célèbre voleur de grands chemins : Jack Shephard, non moins célèbre enfonceur de portes. Tous deux furent pendus, non pour avoir *volé* les *statues* étrangères, mais pour avoir *violé* les *statuts* nationaux.
(*Édit. anglais.*)

templera dans un ébahissement stupide *le magasin de pierres* de sa seigneurie [1], ces fats qui battent le pavé de Londres se glisseront autour de la porte qu'encombre la foule, et cela pour tuer le tems et muser, pour babiller et lancer des œillades. Mainte beauté langoureuse, avec un soupir de convoitise, jettera un regard curieux sur les statues gigantesques, semblera d'un œil errant effleurer la salle entière [2], et pourtant remarquera ces larges derrières et ces membres de longue dimension [3], réfléchira tristement sur la différence d'*aujourd'hui* à *autrefois*, s'écriera : « En vérité, ces Grecs étaient de belle taille ! » établira de tristes comparaisons entre les *hommes du présent* et les *hommes du passé*, et enviera à Laïs tous les petits-maîtres de l'Attique. Une belle des tems modernes eut-elle jamais des amans comme ceux-ci ? Hélas ! sir Harry n'est pas un Her-

---

[1] Le pauvre Crib * fut horriblement embarrassé quand on lui montra la maison Elgin : il demanda si ce n'était pas *un magasin de pierres*. Il avait raison, c'était un magasin.

[2] *The room with transient glance appears to skim.*

M. A. P. traduit : « *Elles feindront de parler d'un air d'insouciance...* » Qu'en dire.....

(*N. du Tr.*)

[3] Nous n'avons été ni plus ni moins hardis que le texte :

Yet marks the mighty back and the length of limb.

La pudeur de M. A. P. l'a sans doute empêché de traduire ce passage.

(*N. du Tr.*)

* Célèbre boxeur.

cule! Enfin, au milieu de ces badauds, quelque paisible spectateur, promenant sa vue avec une indignation muette et mêlée de douleur, admirera le butin, mais détestera le voleur. Abhorré durant sa vie, — et à peine pardonné dans la tombe, puisse l'infâme ne rencontrer jamais que la haine pour prix de son avidité sacrilége! Maudit avec le fou qui livra aux flammes le monument d'Éphèse, la vengeance le suivra au-delà du sépulcre. Les noms d'Erostrate et d'Elgin seront à jamais flétris et stigmatisés dans mainte page accusatrice. Condamnés tous deux à une malédiction éternelle, peut-être le second est-il encore plus abject que le premier : ainsi, durant les âges encore à naître, puisse-t-il poser comme une statue fixée sur le piédestal du mépris [1]! Mais la ven-

[1] Hélas! tous les monumens de la magnificence romaine, tous les restes du génie grec, si chers à l'artiste, à l'historien, à l'antiquaire, ne dépendent que de la volonté d'un souverain absolu ; et cette volonté est trop souvent influencée par l'intérêt ou la vanité, par un neveu ou un sycophante. Faut-il un nouveau palais (à Rome) pour une famille parvenue? — on dépouille le Colisée pour avoir des matériaux. Un ministre étranger veut-il orner d'antiques les laides [*] murailles d'un château du Nord? — les temples de Thésée ou de Minerve seront démantelés, et les ouvrages de Phidias ou de Praxitèle arrachés à la frise brisée. Qu'un oncle caduc, absorbé dans les devoirs religieux de son âge et de sa place, prête l'oreille aux suggestions d'un neveu intéressé, cela est naturel : qu'un despote oriental mette à bas prix les chefs-d'œuvre des artistes grecs, on doit s'y attendre, quoique néanmoins on ait à déplorer vivement, dans l'un et l'autre cas, les conséquences d'un tel aveuglement ;

[*] *Bleak walls*, et non pas *Black walls*, comme M. A. P. l'a entendu.

(*N. du Tr.*)

geance ne veille pas que pour lui seul ; elle prépare
les futures destinées de ta patrie. C'est la Bretagne
qui apprit à son coupable fils à faire ce que souvent
elle a fait elle-même. Regarde la Baltique en flammes :
votre ancien allié gémit encore d'une guerre perfide [1].
Pallas ne prêta point son aide à de tels exploits, ne
déchira point le contrat qu'elle-même avait dressé ;
loin de tels conseils, loin de cette scène de trahison,
elle s'enfuit — mais laissa en arrière son bouclier à
tête de Méduse, don fatal qui changea vos amis en
pierre, et laissa la misérable Albion seule et chargée
de haine. Regarde l'Orient, où la race basanée du
Gange ébranlera les fondemens de votre pouvoir usurpateur : voici venir la rebellion qui lève son horrible

---

— mais que le ministre d'une nation renommée pour connaître la langue et pour respecter les monumens de l'ancienne Grèce, ait été le promoteur et l'instrument de ces destructions, cela est presque incroyable. Une telle rapacité est un crime contre tous les siècles et toutes les générations : elle enlève aux générations passées les trophées de leur génie et les titres de leur gloire ; aux générations présentes, les plus puissans motifs d'activité, les plus nobles spectacles que la curiosité puisse contempler ; aux générations futures, les chefs-d'œuvre de l'art, les plus beaux modèles à imiter. Empêcher le renouvellement de pareilles déprédations est le souhait de tout homme de génie, le devoir de tout homme puissant, et l'intérêt commun de toute nation civilisée.

(*Eustace's Classical tour through Italy*, page 269.)

Ces tentatives faites pour transplanter le temple de Vesta d'Italie en Angleterre, honorent peut-être le patriotisme ou la magnificence de feu lord Bristol ; mais elles ne peuvent être considérées comme une preuve de goût ou de jugement.

(*Ibid*, page 419.)

[1] Bombardement de Copenhague.

(*N. du Tr.*)

tête ; voici venir Némésis, vengeresse des victimes que vous avez immolées : l'Indus roule une onde de pourpre, et réclame un long arriéré de sang européen. Puissiez-vous tous périr ! Pallas, en vous faisant citoyens d'un état libre, vous défendit de faire des esclaves.

» Regarde votre Espagne : elle presse la main qu'elle hait, mais la presse avec froideur et vous pousse hors de ses foyers. Portés-en témoignage, noble Barossa, tu peux dire quels guerriers bravement combattirent et bravement moururent, tandis que la Lusitanie, bonne et chère alliée, ne peut envoyer qu'un petit nombre de soldats qui fuient presque aussi souvent qu'ils combattent : ô glorieuse prouesse ! vaincu par la famine cruelle, le Gaulois se retire une fois, et tout est fini ! Quand donc Pallas vous enseigna-t-elle qu'une seule retraite de l'ennemi réparait trois longues olympiades [1] de défaites ?

» Enfin regarde ta patrie elle-même : vous n'aimez pas arrêter vos regards sur le hideux sourire de l'extrême désespoir. Votre cité est dans le deuil, malgré le bruit étourdissant de vos fêtes : ici expire la misère affamée, et plus loin rôde le vol. Vois, tous les citoyens ont perdu *plus* ou *moins*, aucun avare ne tremble quand il n'y a plus rien. Qui osera jamais

---

[1] Une olympiade est un intervalle de quatre ans.

(*N. du Tr.*)

dire : *Heureux papier, symbole du crédit* [1] ! Ce papier surcharge, comme le plomb, l'aile fatiguée de la corruption ! Pourtant Pallas tira par l'oreille tous les premiers négociateurs des emprunts : mais ces messieurs dédaignaient alors d'écouter les dieux et les hommes. Un seul, tout repentant qu'un état fasse banqueroute, invoque Pallas, mais l'invoqué trop tard : puis il se prend de belle passion pour ****[2] ; il s'incline devant ce mentor, qui cependant n'a jamais été ami de Pallas. Les sénats écoutent celui qu'ils n'avaient jamais encore écouté, sénats jadis trop dédaigneux, et maintenant non moins absurdes. Telles autrefois les grenouilles raisonnables jurèrent foi et hommage au soliveau souverain ; ainsi vos législateurs saluèrent leur idole patricienne, comme l'Égypte choisit un oignon pour Dieu. Maintenant, bonne chance, — jouissez de l'heure qui vous reste ; allez, — saisissez l'ombre de votre puissance évanouie : déclamez sur le mauvais succès de vos plans les plus chers, votre force est un nom, votre orgueilleuse richesse un rêve. Il n'est plus cet or, dont le genre humain s'émerveillait, et des pirates font

---

[1] *Blest paper credit, last and best supply,*
That lends corruption lighter wings to fly.

(POPE cité par Lord Byron.)

« Heureux papier, symbole du crédit, la dernière et la meilleure des ressources, qui prête au vol de la corruption une aile plus légère. »

(*N. du Tr.*)

[2] *The deal and dover trafiqueurs* in specie.

trafic de tout ce qui en est resté [1]. Désormais, plus de soldats gagés qui de contrées voisines et lointaines, se précipitent en foule à une guerre mercenaire ; le commerçant oisif languit sur un quai inutile au milieu des ballots qu'aucun navire ne peut emporter, ou retourne voir ses marchandises se pourrir pièce à pièce dans ses magasins encombrés : l'ouvrier mourant de faim brise son métier qui se rouille, et dans son désespoir se révolte contre la commune misère. Puis, dans le sénat de votre état en décadence, montre-moi l'homme dont les conseils aient quelque poids. Vaine est aujourd'hui la voix dont les accens commandaient naguère l'obéissance. Les factions elles-mêmes cessent de charmer une terre factieuse, tandis que les sectes rivales ébranlent une île, sœur de l'Angleterre, et allument d'une main furieuse le bûcher qui couronnera leur mutuelle destruction.

» C'en est fait, c'est fini, puisque Pallas a vainement averti, elle abdique le sceptre ; les furies règnent en sa place, elles agitent dans tout le royaume leurs torches flamboyantes, et de leurs mains redoutables déchirent ses entrailles. Mais un effort convulsif reste encore à faire, et la Gaule doit pleurer avant que de charger Albion de ses chaînes. Les pompeux étendards de la guerre, les bataillons brillans et gaîment équipés que suit le sourire de la farouche

---

[1] Voir la dernière note de la page précédente.

Bellone ; la trompette d'airain et le tambour d'électrique influence, qui portent défi à l'ennemi avant l'action ; le héros tressaillant à l'appel de sa patrie ; la gloire qu'il s'assure en tombant sur le champ d'honneur : voilà ce qui remplit un jeune cœur de visions enivrantes, et le porte à anticiper avant l'âge les joies des combats. Mais écoute une leçon que tu peux recevoir encore ; la mort seule n'est qu'un faible prix des lauriers militaires. Ce n'est pas au fort de la mêlée que le génie du mal se complaît ; pour lui, un jour de bataille est un jour de merci : mais après l'affaire, après la victoire, quoiqu'il soit abreuvé de sang, il n'a fait que commencer ses ravages : — ses plus grands exploits, vous ne les connaissez encore que de nom ; — le paysan massacré, la pudeur outragée, les maisons saccagées et les moissons pillées, tout cela convient mal à des hommes qui ont vécu dans un état libre. Dis, de quel œil les bourgeois fuyant dans la plaine apercevront-ils l'incendie de la ville ? Comment verront-ils la longue colonne de flammes agiter son ombre rouge sur la Tamise épouvantée [1] ? Hé bien ! — n'en murmure pas, ô Albion ! car c'est ton flambeau qui alluma ces feux de ruine et de mort

---

[1] *Shake* his *red shadow o'er the startled Thames.*

Vers que Lord Byron a textuellement répété dans la 6ᵉ pièce des *Miscellanées*, excepté le pronom *his,* qui est remplacé par *its.* Nous avons déjà eu occasion de signaler quelques emprunts que Byron s'était faits à lui-même.

(*N. du Tr.*)

depuis le Tage jusqu'au Rhin : si ces feux éclataient sur ton rivage maudit, réponds, interroge ton cœur, ne les as-tu pas mérités? *Mort pour mort*, telle est la loi du ciel et de la terre. Qui déclara la guerre, en regrettera vainement les horreurs. »

FIN DE LA MALÉDICTION DE MINERVE.

L'AGE DE BRONZE,

ou

CARMEN SECULARE ET ANNUS HAUD MIRABILIS.

Impar congressus *Achilli.*

Ce poème fut composé à l'époque et à l'occasion du congrès de Vérone, en 1822-23.

(N. du Tr.)

L'AGE DE BRONZE.

1. Le *bon vieux tems* — (car le vieux tems est toujours bon.), — le *bon vieux tems* n'est plus; le présent pourrait le valoir, si l'on voulait : de grandes choses ont été et sont encore ; et de plus grandes ne demandent pour naître que la volonté des simples mortels ; un plus vaste espace, un champ plus neuf est ouvert à ceux qui jouent leur jeu *sous la voûte du ciel*. Je ne sais si les anges pleurent, mais les hommes ont assez pleuré, — et pourquoi ? — pour pleurer encore.

2. Toute chose est frondée, — bonne ou mauvaise, n'importe. Lecteur ! souviens-toi que, lorsque tu n'étais qu'un jouvenceau, Pitt était tout pour l'Angleterre ; ou s'il n'était pas tout, peu s'en fallait, et son rival lui-même n'était pas bien loin de le regarder comme tel. Nous-mêmes, oui, nous-mêmes avons vu les géans, enfans du génie, paraître, comme les Titans, face à face ; — Athos et Ida, avec un océan d'éloquence dont les libres flots bouillonnaient entre les deux colosses, comme les vagues rugissantes de la mer Égée entre la Grèce et la Phrygie. Mais où sont-ils, — ces rivaux ? — quelques pieds de terre séparent l'un et l'autre linceul. De

quelle paix, de quel pouvoir est douée la tombe qui réduit tout au silence ! abîme dont les ondes, sans bruit et sans orages, engloutissent le monde. *La poussière retourne en poussière*, voilà un thème bien vieux ; mais tout n'est pas encore dit. Le tems n'adoucit pas cette loi terrible ; — toujours le ver déroule ses froids replis ; le sépulcre garde sa forme, — qui, variée au dehors, pour tous au-dedans est la même ; quel que soit l'éclat de l'urne funéraire, la cendre demeurera toujours glacée. Quoique la momie de Cléopâtre traverse la mer où Marc-Antoine abandonna l'empire pour suivre cette reine ; quoique l'urne d'Alexandre soit offerte en spectacle dans ces contrées à lui-même inconnues dont il souhaitait la conquête en pleurant : — combien enfin nous semblent vains et pis que vains les désirs de l'insensé guerrier, les pleurs du monarque macédonien ! Il pleurait faute de mondes à conquérir ! — La moitié des peuples de la terre ne sait pas son nom ; ou sait tout au plus sa naissance, sa mort et quels pays il désola ; tandis que la Grèce, sa patrie, désolée à son tour, a tout perdu sans même gagner la paix de la désolation. Il *pleurait faute de mondes à conquérir !* Lui qui ne conçut jamais le globe terrestre, il tremblait de n'en pas avoir assez ! et pourtant il ignorait même l'existence de ce pays bruyant d'affaires, de cette île septentrionale qui possède aujourd'hui l'urne du conquérant sans avoir jamais connu son sceptre.

3. Mais où est-il, le moderne conquérant, homme

encore plus puissant, qui, sans être né roi, attela les monarques à son char ; le nouveau Sésostris, traîné naguère par ces esclaves couronnés, qui, délivrés maintenant du harnois et du mors, pensent avoir des ailes, et dédaignent la poussière où tout-à-l'heure ils rampaient enchaînés aux roues de l'empire du chef suprême ? Oui ! — où est-il, le *champion et l'enfant* [1] de tout ce qui est grand ou petit, sage ou insensé ? ce joueur de royaumes, avec les trônes pour enjeu, la terre pour tapis, — et pour dés, les ossemens humains ? Contemple le grand résultat : vois cette île lointaine et solitaire, et, suivant l'impulsion de ta nature, pleure ou souris. Gémis d'apercevoir l'aigle altier réduit dans son courroux à ronger les barreaux de son étroite cage ; souris de surprendre le vainqueur des nations s'abaissant chaque jour à chicaner pour le manger et le boire ; pleure en le voyant durant son repas se chagriner pour quelques plats trop peu garnis, pour le vin fourni trop chichement, pour de misérables querelles sur de misérables objets. Est-ce là l'homme qui châtiait ou festoyait les rois ? Vois les balances où son destin se pèse, — le certificat d'un chirurgien et les harangues d'un noble comte ! Le retard d'un

---

[1] *The champion and the child.*

Lord Byron a eu sans doute en vue la qualification expressive que M. Pitt appliqua à Bonaparte : « *The child and champion of jacobinism* ; l'enfant et le champion du jacobinisme. »

(*Note d'un éditeur anglais.*)

buste, le refus d'un livre, voilà ce qui peut troubler le sommeil de celui qui tint en éveil le monde entier. Est-ce bien là, en vérité, le dompteur des grands de la terre, lui qui maintenant est l'esclave de tout ce qui peut tracasser et irriter ; — du vil geôlier, de l'espion qui partout se glisse, de l'étranger qui, ses notes en main, porte sur tout un regard curieux ? Plongé dans un cachot, il aurait encore été grand. Mais combien fut bas, combien petit ce moyen terme entre une prison et un palais, cet état d'humiliation où peu d'ames purent comprendre ce qu'il avait à souffrir ! Vaines furent ses plaintes : — mylord [1] présente le bill ; ce qu'il faut d'alimens et de vin est dûment réglé. Vaine fut sa maladie : — jamais climat ne fut si pur d'homicide, — en douter c'est un crime ; et le chirurgien qui soutint la cause de l'illustre captif a perdu sa place, mais en obtenant les applaudissemens du monde. Mais souris maintenant : — quoique les angoisses du cerveau et du cœur dédaignent et défient les tardifs secours de l'art ; quoiqu'il n'y ait autour du lit de mort que ces rares amis, compagnons de l'exil, et le portrait de ce bel enfant que son père n'embrassera jamais ; — quoique à cette heure même s'éteigne le génie que le genre humain vénéra long-tems et vénère encore : — souris, — car l'aigle enchaîné brise ses fers, et regagne des sphères plus élevées que ce monde-ci.

---

[1] Lord Castlereagh, marquis de Londonderry.   (*N. du Tr.*)

4. Oh! si cet esprit, qui prend l'essor vers le ciel, conserve encore un obscur souvenir de son règne brillant, combien il doit sourire, en abaissant son regard sur la terre, à voir le peu qu'il fut, le peu qu'il voulut être! Oui, quoiqu'il ait imposé son nom à un empire plus vaste que son ambition presque sans bornes; quoique tour à tour, placé au faîte de la gloire, plongé dans le plus profond abîme de revers, il ait goûté les douceurs et l'amertume de la puissance; quoique les rois, à peine échappés d'esclavage, aient voulu dans l'accès de leur joie se faire les singes de *leur* tyran : combien il doit sourire en se tournant vers ce tombeau solitaire, le plus noble monument qui s'élève au-dessus des flots[1]! Oui, quoique son geôlier, rigoureux jusqu'au dernier moment, ait pu à peine se persuader que le plomb du cercueil fût une prison sûre, et qu'il n'ait pas permis de tracer une misérable ligne qui datât la naissance et la mort de l'homme caché sous le sépulcre,— ce nom consacrera le rivage jusqu'alors ignoré, c'est un talisman dont jamais la vertu n'a échoué, excepté pour celui qui le porta. Les flottes qui fendent les vagues devant la brise d'orient entendront leurs matelots saluer Sainte-Hélène du haut des mâts. Quand

---

[1] *The proudest sea-mark that o'ertops the wave!*
Mot à mot, l. p. n. *balise* q. s'é., etc. Nous avons craint d'employer cette expression technique de la langue des marins, parce qu'elle est fort peu connue. — Quand nous sommes inexacts, nous en avertissons toujours le lecteur.

(*N. du Tr.*)

la colonne triomphale de la Gaule ne s'élevera plus qu'au milieu du désert comme aujourd'hui la colonne de Pompée, le rocher qui possédera ou du moins aura possédé l'illustre cendre, couronnera l'Atlantique comme ferait le buste du grand homme, et la nature toute-puissante environnera ses augustes funérailles de plus d'honneur que l'avare envie n'en refuse. Mais que lui importe, à lui, tout cela ? Le désir de la gloire touche-t-il un pur esprit ou une argile ensevelie ?— Le héros mort prend-il quelque souci de son tombeau? aucun, s'il sommeille,—et pas davantage s'il existe. Son ombre plus clairvoyante sourira à la grossière caverne de cette île hérissée de rochers, comme si ses restes eussent trouvé pour demeure dernière l'antique Panthéon ou la copie gauloise du temple romain. Lui, il n'en a pas besoin. Mais la France sentira la nécessité de cette faible mais dernière consolation [1]; honneur, gloire, loyauté, tout l'oblige à réclamer les ossemens de son empereur pour élever au-dessus une pyramide de trônes, ou, quand elle engagera le combat, en former, comme de la cendre de Duguesclin [2], un victorieux talisman. Mais quoiqu'il en soit aujourd'hui,— le tems vien-

---

[1] La prophétie de Lord Byron se réalise aujourd'hui. (*N. du Tr.*)

[2] Duguesclin mourut durant le siége d'une ville [*]. Elle se rendit, et les clefs en furent apportées et placées sur la bière du capitaine breton, en sorte que la place parut se rendre à ses mânes.

[*] Châteauneuf de Randon, dans le Gévaudan (Lozère).

(*N. du Tr.*)

dra peut-être où son nom battra l'alarme comme le tambour de Ziska [1].

5. O ciel, dont il fut en puissance une image ! O terre, dont il fut une noble créature ! Et toi, île pour long-tems illustre, qui vis l'aiglon sans plumes sortir de sa coquille [2] ! Alpes, qui le contemplâtes, à l'aurore de son vol, planer vainqueur en cent combats ! Rome, qui le vis surpasser les exploits de ton César ! — (Hélas ! pourquoi, lui aussi, franchit-il le Rubicon, — le Rubicon des droits de l'homme réveillé à la liberté, — et cela pour se mêler au troupeau vulgaire des rois et de leurs parasites ?) Égypte, où les Pharaons, oubliés dans ces tombeaux dont la date est perdue, se levèrent de leur long sommeil, et frémirent, au fond de leurs pyramides, d'entendre retentir à leur oreille les foudres d'un nouveau Cambyse, tandis que les ombres de quarante siècles [3]

---

[1] Jean Ziska, gentilhomme bohémien, chef des Hussites. A sa mort, il ordonna que son corps fût laissé sans sépulture, et que l'on fît de sa peau un tambour : il assurait que les ennemis prendraient la fuite aussitôt qu'ils en entendraient le bruit. On dit que les Hussites accomplirent sa volonté, et qu'en effet les catholiques s'enfuirent en plusieurs batailles au bruit de ce tambour.

(*N. du Tr.*)

[2] *That saw'st the unfledged eaglet chip his shell.*

Mot à mot, *amenuiser*, amincir sa coquille. Nous trouvons une métaphore pareille dans ce beau vers d'*Hernani*, que des *gens d'un goût difficile* ont dit avoir *odeur de cuisine*..... Pauvres gens !

J'écraserais dans l'œuf ton aigle impériale.

(*N. du Tr.*)

[3] Imité de Napoléon.

(*N. du Tr.*)

bordaient, comme des géans étonnés, les ondes fameuses du Nil, ou, du haut de l'immense pyramide, regardaient le désert peuplé de combattans, qui, comme sortis de l'enfer, jonchaient de leurs cadavres les sables stériles pour engraisser cette terre jusqu'alors privée de culture ! Espagne, qui, oubliant un moment le Cid, vis la bannière tricolore insulter Madrid ! Autriche, dont la capitale fut deux fois prise et deux fois épargnée, et qui récompensas la clémence par la trahison ! Vous, race de Frédéric ! — vous, Frédérics de nom et en perfidie, — qui avez tout hérité de votre père, sauf sa gloire ; — qui, tombés par terre à Iéna, tombés à genoux à Berlin[1], ne vous relevâtes que pour suivre le vainqueur ! Et vous qui demeurez où demeura Kosciusko, qui vous souvenez encore de n'avoir pas acquitté la sanglante dette de Catherine! Pologne ! où l'ange de la vengeance passa, mais qu'il laissa comme il l'avait trouvée, toujours déserte, oublieuse de tes imprescriptibles droits, de ton peuple distribué en lots et de ton nom éteint, de tes soupirs pour la liberté, de tes longues et abondantes larmes, de ce son qui froisse l'oreille du tyran — Kosciusko ! aux armes ! — aux armes ! — aux armes ! — la guerre a soif du sang des serfs et de leur czar : le soleil brille sur les minarets de Moscou, cité à

---

[1] *Who crushed at Iéna, crouched at Berlin*, etc. Nous avons essayé de rendre ce jeu de mots par un équivalent. Ce n'est pas la première fois que nous signalons les calembours, ou, pour parler plus noblement, les paronomases de Byron, même dans un sujet sérieux.

(*N. du Tr.*)

demi-barbare, mais c'est un soleil couchant.—Moscou! limite de la longue carrière du héros, — en vain le désir de te voir arracha jadis à l'indomptable Charles [1] une larme glacée; — *lui*, il te vit;—mais comment? avec tes clochers et tes palais en proie à un commun incendie. Oui, le soldat y prêta sa mèche enflammée, le paysan donna le chaume de sa cabane, le marchand livra ses magasins, le prince son château,— et Moscou ne fut plus! O le plus sublime des volcans! les feux de l'Etna pâlissent devant les tiens, et les perpétuelles flammes de l'Hécla sont peu de chose : le cratère du Vésuve n'offre plus qu'un spectacle usé, bon pour des *touristes* [2] ébahis : toi seul restes sans rival jusques à l'embrasement futur où doivent expirer tous les empires. Et toi, autre élément, non moins fort et non moins sévère pour donner aux conquérans une leçon dont ils ne profiteront pas, toi, dont l'aile glacée frappa de défaillance l'armée ennemie, et fis tomber un héros à chaque flocon de neige; combien tes victimes souffrirent sous les coups de ton bec engourdissant et les étreintes de ta serre muette; jusqu'à ce que les bataillons succombassent à une dernière et unique angoisse! Vainement la Seine cherchera sur ses rives les rangs

---

[1] Charles XII, roi de Suède.

(*N. du Tr.*)

[2] En Angleterre, on regarde les voyages comme le complément d'une éducation libérale. Un jeune homme doit faire son *tour*, et l'on nomme *tourist* celui qui parcourt ou a parcouru la France, la Suisse, l'Italie, etc.

(*N. du Tr.*)

serrés de ses joyeux soldats : vainement la France rappellera sous l'ombre de ses vignes ses jeunes enfans; leur sang coule à flots plus pressés que ses vins, ou, durci en glace humaine, reste immobile dans ces momies congelées qui gisent dans les plaines polaires. Vainement l'Italie voudrait réchauffer, sous le large disque de son soleil, ses guerriers, qui, vaincus par l'hiver, disent adieu pour jamais aux rayons de l'astre de vie. De tous les trophées amassés par la guerre, que restera-t-il au retour ? Le char brisé du conquérant ! son courage encore tout entier ! De nouveau le cor de Roland a sonné, et non pas en vain. Lutzen, où le monarque suédois périt jadis au milieu de la victoire [1], voit Napoléon triompher, mais hélas! ne le voit pas mourir. Dresde, regarde trois despotes fuir devant leur souverain,—souverain comme auparavant; mais la fortune épuisée abandonne son favori, et la trahison de Leipsick oblige à la fuite le mortel jusqu'alors invaincu ; le chacal saxon délaisse le lion pour se faire le guide de l'ours, du loup et du renard; le roi des forêts rétrograde jusques à son antre, ressource dernière de son désespoir, mais il n'y trouve point asile ! Oui, contrées qu'il a parcourues, je vous atteste une à une, et toutes ensem-

---

[1] Gustave-Adolphe, père de Christine, périt en 1632, à la bataille de Lutzen, qu'il gagna sur les Impériaux. Tout le monde sait que Bonaparte gagna aussi à Lutzen, en 1813, une grande bataille.

(*N. du Tr.*)

ble [1] ! O France, dont les vastes et belles campagnes furent foulées comme une terre ennemie, et disputées pied à pied jusqu'à ce que la trahison, qui seule triompha de lui, eût de la colline de Montmartre promené ses regards sur Paris abattu ! Et toi, île qui aperçois de tes remparts la riante Étrurie, toi, refuge momentané de l'orgueilleux héros, toi dans les bras de qui le jeta le danger, fiancée qui le pleures encore ! O France, reconquise par une simple marche à travers un immense arc de triomphe! ô sanglant et trois fois inutile Waterloo, qui prouves comme les sots peuvent aussi avoir leur heureuse fortune, gagnée moitié par bévue, moitié par perfidie ! O sombre Sainte-Hélène, avec ton geolier cruel, —écoute, écoute Prométhée [2], du haut de son rocher, en appeler à la terre, à l'air, à l'océan, à tout ce qui sentit ou sent encore sa puissance et sa gloire, à tous ceux qui entendront un nom éternel comme le cours des ans : il leur enseigne une maxime si long-tems, si souvent, si vainement enseignée,—il leur apprend à ne jamais forfaire au devoir. Un seul pas dans la vertu eût fait de cet homme le Washington de mondes asservis : un seul pas dans la route con-

---

[1] Le texte anglais s'exprime avec une concision merveilleuse, que j'ai crue intraduisible, et qui m'a presque obligé à une paraphrase.

Oh ye! and each, and all!

(*N. du Tr.*)

[2] Je renvoie le lecteur au premier monologue de Prométhée dans Eschyle, lorsque sa suite l'a laissé seul, et avant l'arrivée du chœur des nymphes de la mer.

traire a livré son nom aux caprices des vents ; roseau de la fortune et fléau des trônes, il fut de la renommée le Moloch ou le demi-dieu, le César de sa patrie, l'Annibal de l'Europe, mais sans une chûte aussi honorable que la leur. Pourtant la vanité même aurait pu lui enseigner un chemin plus sûr vers la gloire où il aspirait, en lui montrant sur la stérile page de l'histoire dix mille conquérans pour un seul sage. Tandis que vers les cieux monte la paisible mémoire de Franklin,— de Franklin, calmant la foudre qu'il fit descendre d'en haut, ou tirant du sein d'une terre non moins embrasée la liberté et la paix pour une nation fière d'un tel enfant ; tandis que Washington est un cri de ralliement qui ne périra qu'avec les échos des airs ; tandis que l'Espagnol lui-même, si avide d'or et de guerre, oublie Pizarre pour proclamer le nom de Bolivar : — hélas ! pourquoi faut-il que cette même Atlantique, qui donna le signal de la liberté, ceigne le tombeau d'un tyran, — roi des rois, et pourtant esclave des esclaves ; de celui qui rompit les fers de tant de millions d'hommes pour reconstruire la chaîne que son bras avait mise en pièces, et qui méconnut les droits de l'Europe et les siens propres pour tomber entre un cachot et un trône.

6. Mais il n'en sera pas toujours de même : — l'étincelle a brillé : — voici que l'Espagnol basané ressent ses anciennes ardeurs ; ce même courage qui repoussa les Maures durant huit cents longues années

de mutuels massacres, le voilà qui renaît, — et où donc? sous ce climat de vengeance où jadis l'Espagne fut un synonyme du crime, où Cortès et Pizarre portèrent leurs bannières; le jeune continent renie enfin son nom de *Nouveau-Monde* : c'est le *vieil* esprit d'indépendance qui ranime de son souffle brûlant les ames de ces corps dégradés, tel qu'autrefois il chassa le Perse loin du rivage où la Grèce *a été* : — mais, que dis-je? la Grèce revit à cette heure. Une cause commune rassemble en myriades unanimes les esclaves de l'est ou les îlotes de l'ouest : déployé sur les cimes des Andes et de l'Athos, le même étendard brille sur l'un et l'autre monde; l'Athénien ressaisit l'épée d'Harmodius, le guerrier du Chili abjure son maître étranger; le Spartiate se reconnaît encore pour Grec; la liberté naissante orne le cimier des Caciques. Vainement les despotes, qui débattent leurs intérêts sur l'autre bord, ferment l'oreille aux rugissemens de l'Atlantique réveillée : le flux impétueux s'avance par le détroit de Calpé [1], chemine légèrement à travers la France, terre à demi domptée, fond sur le berceau de l'antique Espagnol, et tente d'unir l'Ausonie à l'immense Océan : mais, éloigné de là pour un moment, et non pour toujours, il envahit la mer Egée, qui se rappelle le jour de Salamine. — C'est là, oui, c'est là que les vagues se soulevèrent, et non point pour être endormies par

---

[1] Détroit de Gibraltar. Calpé est l'une des colonnes d'Hercule.
(*N. du Tr.*)

les victoires d'un tyran. Les peuplades isolées, perdues, abandonnées dans leurs pressans dangers par les chrétiens à qui elles donnèrent leur foi, les campagnes désolées, les îles ravagées, les discordes nourries, la fraude encouragée, les promesses de secours adroitement éludées, et tous ces froids délais de plus en plus prolongés dans l'unique espérance de s'assurer une proie, —voilà ce qui parlera assez haut, voilà comment la Grèce fera voir qu'un ami perfide est pire que l'ennemi le plus furieux. Mais c'est très-bien : la Grèce seule doit délivrer la Grèce, et non pas le barbare avec son masque de paix. Comment l'autocrate pourrait-il tout à la fois régner sur un parc de serfs, et rendre aux nations la liberté? Mieux vaut encore servir le hautain Musulman, que de grossir la caravane pillarde des Cosaques; mieux vaut travailler pour des maîtres, que de veiller, esclave des esclaves, devant la porte d'un château russe;—d'être dénombrés par troupeaux, traités comme un capital d'hommes, comme un immeuble vivant qui n'existe que pour l'esclavage, et donnés par milliers au premier courtisan qui sut capter la faveur du czar, tandis que le propriétaire immédiat ne goûte jamais le sommeil *sans*[1] songer aux déserts de la Sibérie. Ah! mieux vaut cent fois succomber à son désespoir; plutôt conduire le chameau que devenir le pourvoyeur de l'ours!

---

[1] Le mot est en français dans le texte, au lieu de *without*, sans aucune autre raison que celle du mètre. (*N. du Tr.*)

7. Mais ce n'est pas seulement sous cet antique climat où la liberté date sa naissance avec la naissance du tems, ni seulement aux lieux où, plongée dans la nuit, la foule des Incas apparaît comme un nuage obscur;—non, ce n'est pas là seulement que l'aurore vient de renaître. La célèbre, la romantique Espagne repousse de nouveau les usurpateurs loin de son sol. Les légions romaines ou les hordes puniques ne demandent plus ses campagnes pour lice aux exploits de leurs glaives. Ni le Vandale, ni le Visigoth ne souillent plus les plaines qui abhorrent l'un et l'autre de la même haine. Le vieux Pélayo[1] ne rassemble plus sur sa montagne les braves guerriers qui léguèrent à leurs fils mille ans de combats : cette race a été semée et moissonnée, comme s'en souvient encore maintes fois le Maure qui soupire sur son triste rivage. Long-tems, dans la chanson du paysan et dans la page du poète, a vécu la mémoire d'Abencérage : les *Zégri* et les anciens vainqueurs, à leur tour vaincus et captifs, sont rentrés dans le barbare pays d'où ils sortirent. Ils ont disparu,—eux, leur foi, leurs épées, leur empire. Mais ils ont laissé des ennemis plus antichrétiens[2] qu'eux-mêmes; le monarque bigot ou le prêtre bourreau[3], l'inquisition

---

[1] Plus connu sous le nom de Pélage. Nous avons, d'après Lord Byron, donné le nom espagnol, avec sa véritable orthographe.

(*N. du Tr.*)

[2] Le texte dit *Yet left more* antichristian *foes than they.*

(*N. du Tr.*)

[3] Le texte dit *boucher. The butcher priest.* (*N. du Tr.*)

avec ses solennels bûchers, le sanglant *auto da fe*[1], dont la flamme se nourrit de chairs humaines, et que préside le Moloch catholique, froidement cruel, fixant avec joie son œil inexorable sur cette flamboyante fête de mort. Le souverain, tour à tour trop sévère ou trop faible; l'orgueil se targuant de la paresse; les nobles abâtardis par une longue décadence; l'hidalgo avili; le paysan, moins dégénéré, mais encore plus dégradé; le royaume dépeuplé; une marine, jadis si fière, devenue oublieuse de la mer; les phalanges, jadis impénétrables, complètement désorganisées; la forge où se formaient les lames de Tolède, depuis long-tems oisive; les trésors étrangers affluant chez toutes les nations étrangères, hormis chez celle qui les acheta de son propre sang; cette langue elle-même, digne rivale de la langue de Rome, et naguères aussi commune aux peuples que leur idiôme maternel, désormais négligée ou même oubliée : — telle fut l'Espagne; telle, dorénavant, elle n'est, ni ne sera plus. Les plus terribles de ses ennemis, les usurpateurs de son sol, ont senti ce qu'a pu faire l'esprit de l'antique Numance ressuscité dans la Castille. Sus! sus! debout! indompté toréador! Le taureau de Phalaris renouvelle ses mugissemens. A cheval, noble hidalgo! ce n'est pas en vain que renaît le cri des anciens jours : — « Iago!

---

[1] Acte de foi. Le texte anglais n'a conservé de l'espagnol que le mot *auto* (*faith's red auto*) : nous ne pouvions dire *auto* de foi.

(*N. du Tr.*)

et fermons l'Espagne[1]! » Oui, fermez-la dans l'enceinte de vos bataillons, élevez la barrière armée que rencontra Napoléon.—Une guerre d'extermination; les plaines désertes; les rues sans autres habitans que des cadavres; la sauvage Sierra, retraite de la troupe plus sauvage des guérillas aux panaches de vautour, de ces guerriers toujours prêts à fondre comme des éperviers sur leur proie; Saragosse désespérée, puissante encore dans sa chute; l'homme égal en force à un pur esprit, et la jeune fille brandissant son glaive mieux que l'amazone elle-même; le couteau d'Aragon[2], l'acier de Tolède, la fameuse lance de la chevaleresque Castille; la carabine catalane, toujours fidèle au but; les coursiers d'Andalousie en avant-garde; les torches allumées pour faire de Madrid une autre Moscou: enfin, l'esprit du Cid passé dans tous les cœurs:—voilà quelle a été, quelle est, quelle sera l'Espagne. Avance donc, ô France, pour conquérir.—non pas l'Espagne, mais ta propre liberté.

8. Mais que vois-je? Un congrès! C'est le nom solennel qui rendit libre l'Atlantique! Pouvons-nous espérer même chose pour l'Europe vieillie et usée? A ce nom s'élèvent, comme autrefois l'ombre de Samuel devant les monarchiques regards de Saül, les prophètes de la jeune liberté, convoqués des loin-

---

[1] Ancien cri de guerre espagnol.

[2] Les Aragonais ont une adresse particulière à se servir de cette arme, et ils l'ont surtout déployée dans les dernières guerres contre les Français.

tains climats de Washington et de Bolivar; Henri [1]; ce Démosthène des forêts, qui lança les foudres de sa voix contre le Philippe des mers; le stoïque Franklin, ombre énergique, enveloppée des feux célestes que sa main apaisa; et Washington, dompteur des tyrans. Les voilà tous qui s'éveillent, et qui nous commandent de rougir de nos vieilles chaînes ou de les briser. Mais, hélas! *qui* sont-ils, ceux qui composent ce sénat d'élus destinés à racheter la foule? *Qui sont-ils*, ceux qui renouvellent ce nom sacré, jusqu'alors départi aux conseils assemblés pour le bonheur du genre humain? Quels hommes se réunissent aujourd'hui à ce vénérable appel? C'est la sainte-alliance, qui dit que trois font tout. Terrestre trinité, qui revêt une apparence céleste, comme le singe contrefait l'homme! Unité pieuse, formée dans le dessein unique — de fondre trois sots en un Napoléon. Ah! l'Égypte eut des dieux raisonnables en comparaison des nôtres : ses chiens et ses bœufs connaissaient leur véritable place, et, demeurant en repos dans leur chenil ou leur étable, ils ne se souciaient que d'être bien et dûment nourris; mais aux nôtres, plus affamés, il faut encore quelque chose de plus, le pouvoir d'aboyer et de mordre, de ré-

---

[1] Ce Henri, célèbre patriote, est un des hommes les plus extraordinaires, et peut-être un des moins connus en Europe; il se distingua, dans la révolution de l'Amérique, par un talent merveilleux. Ce fut un *phénomène*, même pour un tems de révolution.

(*Note d'un édit. anglais.*)

pandre le sang et dévorer les chairs vivantes. Oh! combien étaient plus heureuses que nous les grenouilles du bon Ésope! car nous avons pour maîtres des soliveaux animés, qui étendent çà et là leur masse méchante, et accablent les nations sous leurs stupides coups, dans la crainte insensée de laisser quelque ouvrage à la cigogne révolutionnaire.

9. O trois fois heureuse Vérone, depuis que brille sur toi l'impériale présence de la nouvelle trinité! Fière d'un tel honneur, ton sol perfide oublie la tombe tant vantée de *tous les Capulets*, tes Scaliger, — (qu'était en effet *le grand chien*, « *can grande* », que je me hasarde de traduire, auprès de ces singes bien plus sublimes?) — ton poète Catulle, dont les vieux lauriers cèdent à ces lauriers nouveaux; ton amphithéâtre où les Romains siégèrent; le Dante dont tu accueillis l'exil; ton bon vieillard [1] pour qui le monde entier était dans ton enceinte, et qui ne savait point qu'il y eût quelque chose au-delà; ah! plût à Dieu que les hôtes royaux que tu renfermes lui ressemblassent au point de ne jamais sortir de tes murs! Courage! poussez mille cris de joie, gravez des inscriptions, élevez des monumens de honte pour dire à la tyrannie que le monde est dompté! Courez en foule au théâtre avec une rage de loyauté : la comédie n'est pas sur la scène, le spectacle est riche en rubans et en croix.

---

[1] Le fameux vieillard de Vérone.

Allons, bonne Italie, regarde à travers les barreaux de ta prison ; applaudis, on te le permet : pour cela, tes mains chargées de fers sont libres.

10. Brillant spectacle! voyez le czar fat, l'autocrate des valses et des combats, aussi désireux d'un *bravo* que d'un royaume, et tout aussi propre à manier un éventail qu'à porter un casque ; beau comme un Calmouk, spirituel comme un Cosaque ; ame généreuse tant qu'elle n'est pas atteinte par les frimas ; se laissant à demi amollir par un dégel libéral, mais reprenant sa dureté première toutes les fois que le soleil levant est environné de nuages ; sans autre objection à la vraie liberté, sinon que les nations deviendraient libres. Comme l'impérial dandy jase bien sur la paix! comme il est prêt à délivrer la Grèce, si les Grecs voulaient être ses esclaves! Avec quelle noblesse il a rendu aux Polonais leur diète, puis commandé à la belliqueuse Pologne de demeurer en repos! Avec quelle bonté il enverrait les aimables pulks [1] de la douce Ukraine faire la leçon à l'Espagne! Avec quelle majesté royale montrerait-il à la fière Madrid sa gracieuse personne, long-tems inconnue aux peuples du Sud!.. Bonheur acheté à bon marché, le monde entier le sait, — en ayant les Moscovites pour amis ou pour ennemis. Continue, monarque homonyme de l'illustre fils de Philippe!

[1] Mot russe, par lequel on désigne particulièrement les bandes de Cosaques.
(*N. du Tr.*)

La Harpe, ton Aristote, te fait signe. Ce que fut la Scythie à l'ancien Alexandre, l'Ibérie le sera à toi et à tes Scythes. Jeune homme déjà un peu mûr, songe à ton prédécesseur sur les bords du Pruth : si sa destinée doit être aussi la tienne, tu as pour t'aider plus d'une vieille femme, mais point de Catherine[1] : l'Espagne aussi a des rochers, des rivières et des défilés ; — l'ours peut tomber dans les piéges du lion. Les plaines ardentes de Xérès sont fatales aux Goths : crois-tu que le vainqueur de Napoléon doive céder à tes armes ? Mieux vaut améliorer tes déserts, changer tes épées en socs de charrue, raser et laver tes hordes de Baskirs, arracher tes états à l'esclavage et au knout ; que de t'engager tête baissée dans une route funeste, pour infester de tes hideuses légions la contrée où les lois sont aussi pures que le ciel. L'Espagne n'a pas besoin d'engrais : son sol est fertile, mais elle ne nourrit pas ses ennemis : ses vautours se sont rassasiés depuis peu ; voudrais-tu leur fournir une nouvelle proie ? Hélas ! tu ne seras pas conquérant, mais pourvoyeur. Je suis Diogène, quoique Russes et Huns se tiennent devant mon soleil et celui de plusieurs millions d'hommes : mais si je n'étais pas Diogène, j'aimerais mieux me traîner comme un ver que d'être un *tel* Alexandre ! Soit esclave qui voudra : le cynique sera libre ; son ton-

---

[1] L'adresse de Catherine tira d'embarras Pierre, surnommé le Grand (sans doute, par pure courtoisie), lorsqu'il était entouré par les Musulmans sur les bords du Pruth.

neau a des murailles plus dures que Sinope [1]; toujours il aura en main sa lanterne, pour découvrir sur le visage des monarques *un honnête homme*.

11. Et cependant, que fait la Gaule, terre prolifique des ultras *nec plus ultrà*, et de leur bande de mercenaires? Que font ses chambres bruyantes, et sa tribune, où chaque orateur grimpe avant de trouver une parole, et quand elle est trouvée, entend pour réponse *le mensonge*, qui fait écho tout alentour? Les représentans de notre Grande-Bretagne daignent quelquefois écouter : un sénat gaulois a plus de langues que d'oreilles : *Constant* lui-même, leur unique maître en débats politiques [2], doit se battre prochainement pour justifier en champ-clos son discours. Mais ceci coûte peu aux vrais Français, qui toujours aimèrent mieux combattre qu'écouter, fût-ce leur propre père. Qu'est-ce, en effet, que se tenir ferme devant les boulets, au prix de l'obligation d'être long-tems attentifs, et de ne jamais interrompre? Telle n'était point en vérité la méthode de la vieille Rome, lorsque Cicéron frappait de son tonnerre les échos du Forum : mais Démosthène a sanctionné le fait, en définissant l'éloquence *de l'action, toujours de l'action*.

---

[1] Patrie de Diogène le Cynique. (*N. du Tr.*)

[2] Byron oublie le général Foy, Manuel, M. Royer-Collard, et tant d'autres orateurs dont le nom ne s'offre pas tout de suite à notre plume. (*N. du Tr.*)

12. Mais où est le monarque? a-t-il dîné? ou bien gémit-il encore sous la pesante dette de l'indigestion? Les *pâtés* [1] révolutionnaires se sont-ils soulevés, et les royales entrailles se sont-elles changées en prison? Le mécontentement a-t-il mis les troupes en fermentation; ou bien *nulle* fermentation n'a-t-elle suivi les perfides potages [2]? Les cuisiniers carbonari n'auraient-ils pas assez prodigué la carbonnade [3] à chaque service? ou les docteurs impitoyables auraient-ils conseillé la diète? Ah! dans tes regards abattus je lis que la France entière n'a pas d'autres instrumens de trahison que ses cuisiniers, ô bon et classique L —! Est-il, peux-tu dire, désirable d'être le *Désiré*? Pourquoi abandonnas-tu le calme le verdoyant séjour d'Hartwell, la table d'Apicius et les odes d'Horace, pour régir un peuple qui ne veut pas être régi, et qui aime beaucoup mieux un fesseur qu'un professeur [4]? Ah! les trônes ne cadraient

---

[1] Le mot est en français dans le texte.

(*N. du Tr.*).

[2]   *Have discontented movements stirr'd the troops;*
    Or have no movements follow'd trait'rous soups?

(*N. du Tr.*)

[3]   *Have carbonaro cooks not carbonadoed*
    Each course enough?

(*N. du Tr.*)

[4] C'est un jeu de mots analogue à celui du texte :

    And love much rather to be scourged than schooled.

Le peuple français a enfin regimbé sous le fouet, et reconquis pour jamais sa liberté.

(*N. du Tr.*)

ni à ton tempérament ni à ton goût, la table te voit bien mieux placé : doux épicurien, fait pour être un hôte aimable et un non moins bon convive, pour parler de littérature et connaître par cœur, *à moitié* l'art du poète, et *à fond* l'art du gourmand [1] ; toujours érudit, de tems en tems spirituel, et gracieux quand la digestion le permet ; — mais non pas né pour gouverner une terre asservie ou libre, la goutte était déjà pour toi un suffisant martyre !

13. Et la noble Albion passera-t-elle sans recevoir d'un hardi Breton l'ordinaire phrase d'éloges ? Ses arts, — ses armes, — et George, — et la gloire et les îles, — et l'heureuse Bretagne, — les sourires de la richesse et de la liberté, — les côtes blanchâtres et escarpées qui forcèrent l'invasion à se tenir au large, — le contentement des sujets à l'épreuve des taxes, — l'orgueilleux Wellington, avec son bec d'aigle si recourbé que son nez est le croc où il suspend le monde [2] ! — et Waterloo, — et le commerce, — et — (chùt! ne lâchons pas encore une syllabe sur les impôts, ni sur la dette) — et cet homme qu'on ne pleure jamais (assez), Castlereagh, dont le canif fendit l'autre jour une plume

---

[1] *A moitié*, *à fond*, sont en français dans le texte.
(*N. du Tr.*)

[2] *That nose, the hook where he suspends the world.*

Naso suspendit adunco.
(HORACE.)

Le poète romain applique cette expression à un homme qui était simplement impérieux envers son ami.

d'oie ¹. — et *les pilotes qui ont triomphé de tous les orages*, — (mais n'altérez pas un nom, même pour la rime.) ² ». Voilà les lieux communs, jusqu'ici chantés si souvent, qu'à mon sens, nous n'avons plus désormais besoin de les chanter ; on les trouve partout dans tant de volumes qu'il n'y a aucune nécessité que vous les trouviez ici. Toutefois, il nous reste encore l'espérance d'un *régime*, conforme à la raison, et, ce qui est plus étrange, à la *rime* ³; ton génie nous permet de l'espérer, ô Canning! toi qui, homme d'état par éducation, mais, né homme d'esprit, ne pus jamais, même dans cette stupide chambre, abaisser ton poétique enthousiasme à une prose froide et plate : notre dernier, notre meilleur, notre unique orateur, moi, je puis te louer, — ce que les torys ne font plus, ou du moins pas autant ; — ils te haïssent, grand homme, parce que tu les soutiens encore moins que tu ne leur en imposes. La meute se rassemblera dès que le chasseur aura crié : holà ! elle le suivra, bande docile, partout où il la con-

---

¹ *Whose pen-knife slit a goose-quill t'other day* : il y a un jeu de mots intraduisible, *quill* ayant un double sens, celui de *plume* et celui de *tuyau*, et indiquant par là l'artère carotide que Castlereagh se coupa.

(*N. du Tr.*)

² Toutes ces phrases sont des lambeaux de Southey et autres poëtes courtisans : la dernière parenthèse indique qu'un de ces poëtes avait altéré, pour la justesse de la rime, le nom de son héros.

(*N. du Tr.*)

³ *Yet something may remain perchance to chime*
With reason, and, what's stranger still, with rhyme.

duira. Mais ne t'y méprends pas; leurs hurlemens ne sont pas des cris d'amour, leur aboiement après le gibier n'est pas un éloge. Encore moins fidèles que la troupe quadrupède, les bipèdes, au moindre soupçon d'odeur, reviendraient sur leurs pas. Les liens qui attachent ta selle ne sont pas encore tout-à-fait sûrs, et l'on ne peut pas se fier beaucoup aux jarrets du royal étalon. Le lourd et vieux cheval blanc est enclin à broncher, à ruer, à se laisser parfois, lui et son cavalier, dans la boue. Mais que vois-je ? l'animal est saignant.

14. Hélas! pauvre contrée[1]! comment la langue ou la plume déplorera-t-elle tes *country-gentlemen*, aujourd'hui pris au dépourvu, les derniers à imposer silence au cri de guerre, les premiers à faire de la paix une maladie? Pourquoi sont nés tous ces patriotes de campagne[2]? pour chasser, voter, et hausser le prix du grain? Mais le grain, comme toute chose mortelle, doit tomber : oui, tout tombe, rois, conquérans, et principalement le cours des marchés. Devez-vous donc tomber avec chaque épi de blé? Pourquoi troubliez-vous Bonaparte dans son empire? Il était votre grand Triptolème : ses vices ne détruisaient que des royaumes, mais maintenaient vos prix : il agrandissait, au profit et au contentement de tous

---

[1] Il reste dans la traduction une inévitable obscurité, parce que Byron joue sur le double sens de *country*, patrie et campagne.

(*N. du Tr.*)

[2] *Country patriots*.

les lords, le grand œuvre d'alchimie agraire que l'on appelle *rente* [1]. Pourquoi le tyran trébucha-t-il chez les Tartares, et fit-il baisser le froment à un taux si désespérant? cet homme valait beaucoup plus sur son trône. A dire vrai, le sang et l'argent étaient répandus sans mesure; mais qu'est-ce que cela? le crime peut en retomber sur la Gaule. Mais le pain était cher; le fermier payait exactement, et les arpens de terre acquittaient leur dette au jour fixé. Maintenant, qu'est devenu le compte clair et net de l'ale? le métayer, fier de sa bourse bien arrondie, et connu pour n'avoir jamais manqué à un paiement? la ferme qui jusqu'ici ne resta jamais sur les bras du propriétaire? le marais converti en champ fertile? l'espoir impatient de l'expiration du bail? les fermages portés au double? Ah! que la paix est un grand mal! En vain l'on propose des prix pour exciter le génie du cultivateur, en vain la chambre des communes vote son bill patriotique, l'*intérêt foncier*, — (peut-être comprendrez-vous mieux la phrase en supprimant l'épithète) [2] — l'intérêt frappe tous les échos de ses gémissemens, dans la crainte que l'aisance ne descende jusqu'au pauvre. Vite! vite! rentes fon-

---

[1] En anglais, *rent* est une expression technique, spéciale pour désigner exclusivement le revenu d'une propriété terrienne.

(*N. du Tr.*)

[2] *The* landed *interest* — (*you may understand*
The phrase much better leaving out the land). —

cières[1], hâtez-vous de hausser : sinon le ministère perdra ses votes ; le patriotisme, si délicat et si pur, baissera ses pains au prix courant, car, hélas! *les pains et les poissons*, naguère cotés si haut, aujourd'hui ne sont plus ; — les fours sont fermés, les pêcheries à sec, et après tant de millions dépensés, il ne reste plus qu'à devenir modérés et contens. Ceux qui ne le sont pas *ont eu* leur tour, — et toujours tour à tour l'urne de la fortune verse le bien et le mal. Qu'ils trouvent aujourd'hui leur récompense dans leur vertu, et qu'ils partagent les heureuses destinées qu'eux-mêmes ont préparées. Voyez donc cet essaim de Cincinnatus sans gloire, fermiers de la guerre et dictateurs des fermes! *Leur* soc fut le glaive remis entre des mains mercenaires, *leurs* champs s'engraissèrent du sang des autres contrées. Sains et saufs dans leurs granges, ces laboureurs sabins envoyèrent leurs frères aux combats, — et pourquoi? pour la rente[2]! Chaque année ils votèrent par immenses budgets le sang, les sueurs, les millions de la nation en larmes, — et pourquoi? pour la rente! Ils beuglaient, dînaient, buvaient, et juraient qu'ils

---

[1] C'est ainsi que nous traduisons et devons traduire *rents*, qui, dans le texte, n'est accompagné d'aucun adjectif.
(*N. du Tr.*)

[2] Comme en français le mot *rente* employé seul indique spécialement le revenu de l'argent, et non pas le revenu des terres, nous prévenons nos lecteurs qu'ici il faut l'entendre dans le sens anglais (rente foncière) : ce mot se répétant neuf fois, on sent pourquoi nous avons préféré à un anglicisme une périphrase lourde.
(*N. du Tr.*)

étaient prêts à mourir pour l'Angleterre; pourquoi donc vivre? pour la rente! La paix a produit le mécontentement général de ces patriotes à grand marché [1]; la guerre était pour eux la rente! Comment rétablir leur amour de la patrie, rétablir les millions follement dépensés? — en rétablissant la rente. Ne rendront-ils donc pas les trésors prêtés? non sans doute : il faut tout sacrifier à la hausse de la rente. Leur bien, leur mal, leur santé, leur richesse [2], leur joie ou leur chagrin, leur être, leur fin; leur but, leur religion, c'est la rente! la rente! rien que la rente! O Ésaü, tu vendis ton droit d'aînesse pour un plat de lentilles : tu aurais dû gagner plus, ou manger moins; maintenant tu as avalé goulûment ton potage, tes réclamations sont vaines; Jacob dit que le marché tient. Tel fut, seigneurs terriens [3], votre appétit pour la guerre; et, gorgés de sang, vous grognez pour une blessure! Quoi donc? voudrait-on étendre ce tremblement du sol jusqu'à la caisse publique, et, quand la terre s'écroule, ébranler le papier consolidé? pourvu que la rente foncière se relève, faire tomber la banque et la nation, et fonder sur la bourse un *fundling* hôpital? puis,

---

[1] *These high market patriots.* — Pour rendre cette expression énergique et concise, nous avons employé une locution ancienne.

(*N. du Tr.*)

[2] Il y a un jeu de mots : *Health, wealth.*

(*N. du Tr.*)

[3] *Landlords.*

(*N. du Tr.*)

tandis que la religion se débat dans les convulsions de l'agonie, notre sainte mère l'église ne pleure que sur ses dîmes, comme Niobé sur ses enfans : les prélats sont condamnés au sort des saints, et l'orgueilleux *pluralist* [1] se voit réduit à un seul bénéfice. L'église, l'état et la faction luttent au milieu des ténèbres, dans l'arche commune où le déluge les ballotte. Sans évêques, sans banques, sans dividendes, une autre Babel s'élève, — mais la Bretagne finit. Et pourquoi ? pour choyer les besoins de l'égoïsme, et étayer le tertre de ces fourmis, maîtresses des champs. *Regrade ces fourmis, paresseux, et sois sage* [2] : admire leur patience dans chaque sacrifice, jusqu'à ce que tu aies appris à sentir la leçon de leur orgueil, la valeur des taxes et de l'homicide ; admire leur justice qui renierait volontiers la dette des nations : — et pourtant cette dette, répondez, je vous prie, *qui l'a faite si haute ?*

15. [3] Ou bien guide tes voiles entre ces roches trompeuses, nouvelles symplégades [4], — écueils fé-

[1] *And proud pluralities subside to one.*

Nous avons hasardé de franciser le mot *pluralist*, qui désigne spécialement l'individu cumulant plusieurs bénéfices ecclésiastiques. Si cela déplait, qu'on mette à la place le mot *cumulard*, moins étrange, mais plus général et plus vague.
(*N. du Tr.*)

[2] Citation.

[3] La Bourse.

[4] Ce sont deux rochers, situés à l'embouchure du Bosphore, dans le

conds en naufrages, où Midas pourrait voir de nouveau ses souhaits accomplis en papier réel ou en or imaginaire : ce magique palais d'Alcine montre plus de richesses que la Bretagne n'en eut jamais à perdre, fût-elle tout entière une mine pure d'atomes étrangers, fussent tous ses cailloux sortis du Pactole.

Là s'ouvre le tripot de la fortune, tandis qu'une vaine rumeur tient l'enjeu, et que le monde tremble de forcer les banquiers à la banqueroute [1]. Combien la Bretagne est riche, non pas, il est vrai, en mines, en paix, en aisance, en blé, en huile ni en vins. Ce n'est pas une terre de Chanaan, pleine de lait et de miel, ni d'autre monnaie courante que ses sicles de papier [2]. Mais ne refusons pas d'avouer la vérité : jamais terre chrétienne fut-elle si riche en juifs ? Le bon roi Jean [3] ne leur laissa que les dents : mais aujourd'hui, ô rois, tous tant que vous êtes, ce sont

---

Pont-Euxin. Les poètes anciens en ont parlé comme de deux masses mobiles qui s'entrechoquaient pour abîmer les navires engagés dans ce passage.

(*N. du Tr.*)

[1] *And the world trembles to bid* brokers *break.*

— *Broker* indique plus particulièrement ce que nous entendons par *agent de change*. Nous y avons substitué le mot *banquier*, pour conserver la paronomase par dérivation.

(*N. du Tr.*)

[2] *Paper shekels.* — Le sicle est une monnaie dont il est question dans la Bible.

(*N. du Tr.*)

[3] Jean-sans-Terre, sous le règne duquel les Juifs souffrirent les plus cruelles exactions.

(*N. du Tr.*)

les juifs qui vous tirent poliment les vôtres, ce sont eux qui régissent tous les états, tous les événemens, tous les souverains, et qui font voyager un emprunt de *l'Indus* jusqu'au pôle. Les trois frères [1], — le banquier, le *broker* [2], — et le baron — se hâtent de porter secours à nos tyrans banqueroutiers, — et non pas aux nôtres seulement ; la Colombie voit aussi les heureuses spéculations se succéder les unes aux autres, et les philanthropiques enfans d'Israël daignent soutirer goutte à goutte leur gentil droit de courtage aux veines épuisées de l'Espagne [3]. Sans l'aide d'Abraham, la Russie ne peut marcher : c'est l'or, non pas l'acier, qui élève les arcs de triomphe. Deux juifs, race choisie, peuvent trouver en tout royaume leur *terre promise* : deux juifs humilient les Romains, et haussent le Hun maudit, plus brutal que dans les anciens jours : deux juifs, — vrais juifs, et non pas samaritains, — gouvernent le monde avec tout l'esprit de leur secte. Que leur importe le bonheur de la terre ? Un congrès forme leur

---

[1] Byron désigne les trois Rothschild, celui de Paris, celui de Londres et celui de Vienne. (*N. du Tr.*)

[2] *Courtier*, *agent-de-change* ne rendent qu'à peu près, et d'une manière fausse, ce que les Anglais nomment *broker*. (*N. du Tr.*)

[3] *And philanthropic Israel deignus to drain*
Her mild per centage (littéralement : son *tant pour cent*) *from exhausted Spain.* (*N. du Tr.*)

nouvelle Jérusalem, où les appellent les baronies et les cordons. — O saint Abraham! vois-tu ce spectacle? tes sectateurs se mêlent à ces royaux pourceaux [1], qui ne crachent pas *sur leur juive souquenille* [2], mais qui les honorent comme personnages de conséquence. — (Qu'est devenu, ô Pope, ton vigoureux jarret? ne pourrait-il accorder à Juda la faveur de quelques coups de pied? ou bien a-t-il donc cessé de *ruer contre l'aiguillon* [3]?) Vois dans le pays de Shylock [4] les juifs prêts de nouveau à retrancher du cœur des nations une *livre de chair* [5].

16. Étrange spectacle! ce congrès fut destiné à unir ce qui ne peut être uni, ce qui est incompatible. Je ne parle pas des souverains; — ils sont tous semblables, monnaie commune, telle qu'elle fut toujours frappée. Mais ceux qui régissent les marionnettes, qui en remuent les fils, offrent plus de bigarrure que leurs lourds monarques : ce sont juifs, auteurs, généraux, charlatans, qui s'assemblent, tandis que l'Europe s'émerveille d'un si vaste dessein. Là, Metternich, premier parasite du pouvoir, prodigue ses cajoleries : là, Wellington oublie de combattre; là, Châteaubriand compose de nouveaux livres des *Mar-*

---

[1] *These royal* swine. (*N. du Tr.*)
[2] Citation : *On their jewish gabardine.* (*N. du Tr.*)
[3] Citation : *Kick against the pricks.* (*N. du Tr.*)
[4] Le Juif du *Marchand de Venise.* (*N. du Tr.*)
[5] Citation : *Pound of flesh.* (*N. du Tr.*)

tyrs[1] ; les rusés Grecs intriguent pour les stupides Tartares ; Montmorency, ennemi juré des chartes, devient un diplomate de grand *éclat*,[2] pour fournir des articles aux *Débats* ; pour lui, la guerre est chose sûre,—et cependant pas aussi certaine que son congé signifié par le *Moniteur*. Hélas ! comment son cabinet put-il errer ainsi ? la paix vaut-elle un ministre-ultra ? Il tombe, en vérité, mais peut-être pour se relever *presque aussi vite qu'il a conquis l'Espagne.*

17. Assez de cela ! —un spectacle plus triste détourne et fixe les regards de ma muse, qui s'en défend en vain. L'impériale archiduchesse, l'impériale fiancée, l'impériale victime—sacrifiée à l'orgueil ! cette mère de l'enfant, espoir du héros, du jeune Astyanax de la moderne Troie : cette femme, maintenant ombre pâle de la plus grande reine que la terre ait encore à voir, ou ait jamais vue ; elle s'éclipse parmi les fantômes du moment ! Objet de pitié, débris de puissance ! oh ! raillerie cruelle ! L'Autriche ne peut-elle donc épargner une fille ? Qu'est-ce que la veuve de la France a fait là ? Sa véritable place était sur les rivages de Sainte-Hélène ; son seul trône, sur le tombeau de Napoléon. Mais non :—elle doit encore

---

[1] M. Châteaubriand, qui n'a pas oublié l'auteur dans le ministre, reçut à Vérone un joli compliment d'un souverain lettré : « Ah ! monsieur C —; êtes-vous parent de ce Châteaubriand qui — qui — qui a écrit quelque chose ? » On dit que l'auteur d'*Atala* se repentit pour un instant d'être un *légitime lui-même*.

[2] En français dans le texte, pour rimer avec *Débats*, qui est également en français. (*N. du Tr.*)

conserver un petit royaume sous la garde assidue de son formidable chambellan, martial argus qui, sans avoir cinquante paires d'yeux, doit veiller sur elle au milieu de ces pompes chétives. Elle ne partage plus l'empire qu'elle partagea en vain, l'empire qui, surpassant celui de Charlemagne, s'étendit depuis Moscou jusques aux mers du sud; mais elle gouverne encore le pastoral duché du fromage[1], où Parme voit le voyageur accourir pour noter les affiquets de cette cour de contrefaçon. Mais la voilà qui paraît, cette femme! Elle se montre en spectacle à Vérone, mais privée de toute splendeur : elle se montre, — tandis que les nations regardent et demeurent en deuil, — avant même que les cendres de son époux aient eu le tems de se glacer sous le ciel inhospitalier de l'exil : (si toutefois ces cendres augustes peuvent jamais devenir froides; — mais non, — elles cachent encore des feux qui s'échapperont de la terre.) La voilà qui s'avance, la nouvelle Andromaque! — (non l'Andromaque de Racine ou d'Homère.) Voyez, elle marche, appuyée sur le bras de Pyrrhus. Oui, cette main, rouge encore du sang de Waterloo, cette main, qui trancha le sceptre à demi brisé d'un premier époux, est offerte et acceptée! L'impudeur d'une esclave serait-elle montée plus haut ou descendue plus bas? — *Lui*, cependant, il gît dans sa tombe encore fraîche! Quant à elle, ni ses

---

[1] Tout le monde sait ce que c'est que le Parmesan.

(*N. du Tr.*)

yeux, ni ses joues ne trahissent aucune lutte intérieure, et l'*ex*-impératrice devient aussi bien *ex*-épouse. Tant les ames royales ont d'égard pour les nœuds humains! Pourquoi donc respecteraient-elles les sentimens des hommes, quand les leurs ne sont pour elles-mêmes qu'un jeu?

18. Mais, fatigué des folies étrangères, je retourne dans ma patrie, et j'esquisse le groupe, — le tableau encore à venir. Ma muse allait pleurer, mais, avant de laisser couler ses larmes, elle surprit sir William Curtis en jupon retroussé. Tandis que les chefs de tous les clans highlandais accouraient en foule pour saluer leur frère, Vich Ian Alderman! — tandis que l'hôtel-de-ville devient tout-à-fait gaélique, et répète les rugissemens erses, tandis que le conseil s'écrie d'une commune voix : « Claymore! » — à voir les tartans de la fière Calédonie environner comme une ceinture le gros *sirloin*¹ d'une cité celtique, ma muse éclata en rires si bruyans, que je m'éveillai, et ce n'était plus un rêve!

Ici, lecteur, nous nous arrêterons : — s'il n'y a pas de mal dans ce premier essai, — vous aurez peut-être un second *carmen*².

---

¹ *Sirloin*, vieux mot qui signifie littéralement *seigneur longe de veau*, et se dit des rois anglais faits chevaliers dans un accès de bonne humeur.   (*N. du Tr.*)

² Le mot est en latin dans le texte anglais.   (*N. du Tr.*)

FIN DE L'AGE DE BRONZE.

ROMANCE

MUY DOLOROSO

DEL SITIO Y TOMA DE ALHAMA.

La ballade originale, soit en espagnol, soit en arabe (car elle existait dans l'une et l'autre langue), produisait une telle impression, qu'il était défendu aux Maures de la chanter dans Grenade, sous peine de la vie.

———

Nous avons cru devoir, à l'exemple des meilleures éditions anglaises, donner le texte espagnol, que les amateurs ne pourraient se procurer qu'avec grande peine. Au reste, c'est le texte anglais que nous traduisons avec la fidélité la plus rigoureuse. Ainsi, l'on pourra juger de l'exactitude de Lord Byron comme traducteur.

(*N. du Tr.*)

TRÈS-PLAINTIVE BALLADE

SUR

LE SIÉGE ET LA CONQUÊTE D'ALHAMA [1];

LAQUELLE, EN LANGUE ARABE, A LE SENS SUIVANT.

1. Le roi Maure traverse à la hâte la royale ville de Grenade ; il va des portes d'Elvira à celles de Bivarambla.

Malheur à moi, Alhama !

2. Une dépêche annonce au monarque, que la cité d'Alhama a succombé. Il jeta le papier dans le feu, et tua le messager.

Malheur à moi, Alhama !

TEXTE.

ROMANCE MUY DOLOROSO
DEL SITIO Y TOMA DE ALHAMA,
EL QUAL DEZIA EN ARAVIGO ASSI.

1. Passeavase el rey Moro
Por la ciudad de Granada,
Desde las puertas de Elvira
Hasta las de Bivarambla.

Ay de mi, Alhama !

2. Cartas le fueron venidas
Que Alhama era ganada.
Las cartas echò en el fuego,
Y al mensagero matava.

Ay de mi, Alhama !

---

[1]. Jolie et assez grande ville d'Espagne, dans le royaume de Grenade.

(*N. du Tr.*)

3. Il quitte sa mule et monte son cheval : puis il presse son coursier à travers la rue de Zacatin, jusques à l'Alhambra.

Malheur à moi, Alhama !

4. Quand il eut atteint les murs de l'Alhambra, soudain il ordonna que la trompette se hâtât de sonner en même tems que le clairon d'argent.

Malheur à moi, Alhama !

5. Et que le bruit sourd des tambours de guerre, battant au loin l'alarme, fît répondre à l'appel de la musique martiale les Maures de la ville et de la plaine.

Malheur à moi, Alhama !

6. Soudain les Maures, avertis par un tel signal

TEXTE.

3. Descavalga de una mula,
Y en un cavallo cavalga.
Por el Zacatin arriba
Subido se avia al Alhambra.
 Ay de mi, Alhama !

4. Como en el Alhambra estuvo,
Al mismo punto mandava
Que se toquen las trompetas
Con anafiles de plata.
 Ay de mi, Alhama !

5. Y que atambores de guerra
Apriessa toquen alarma ;
Por que lo oygan sus Moros
Los de la vega y Granada.
 Ay de mi, Alhama !

que le sanguinaire Mars les rappelait, vinrent, un à un et deux à deux, former un puissant escadron.

Malheur à moi, Alhama !

7. Puis un vieillard maure parla en ces termes au roi : « Pourquoi nous appeler, ô roi ! Que veut dire cette convocation ? »

Malheur à moi, Alhama !

8. « Hélas ! amis, vous avez à connaître un désastre bien cruel : les chrétiens, par un coup de haute hardiesse, se sont emparés d'Alhama.

Malheur à moi, Alhama !

9. Puis un vieil alfaqui [1], à barbe longue et blan-

TEXTE.

6. Los Moros que el son oyeron,
Que al sangriento Marte llama,
Uno a uno, y dos a dos,
Un gran esquadron formavan.
    Ay de mi, Alhama !

7. Alli habló un Moro viejo;
Desta manera hablava :
Para que nos llamas, Rey ?
Para que es este llamada ?
    Ay de mi, Alhama !

8. Aveys de saber, amigos,
Una nueva desdichada :
Que Cristianos, con braveza,
Ya nos han tomado Alhama !
    Ay de mi, Alhama !

---

[1] Nom des prêtres chez les Maures.   (*N. du Tr.*)

che, s'écria : « Bon roi, tu es justement traité ; bon roi, tu l'as bien mérité. »

Malheur à moi, Alhama !

10. « Par toi, en un jour fatal, furent mis à mort les Abencerrages, fleur de Grenade : par toi, les étrangers furent admis dans la chevalerie de Cordoue. »

Malheur à moi, Alhama !

11. « Et pour cela, ô roi! un double châtiment tombe sur ta tête : toi et les tiens, ta couronne et ton royaume, tout périra dans l'abîme d'un dernier naufrage. »

Malheur à moi, Alhama !

12. « Quiconque ne respecte point les lois, la loi

TEXTE.

9. Alli hablò un viejo Alfaqui,
De barba crecida y cana : —
Bien se te emplea, buen rey,
Buen rey; bien se te empleava.
    Ay de mi, Alhama!

10. Mataste los Abencerrages,
Que era la flor de Granada ;
Cogiste los tornadizos
De Cordova la nombrada.
    Ay de mi, Alhama!

11. Por esso mereces, Rey,
Una pena bien doblada ;
Que te pierdas tu y el regno,
Y que se pierda Granada.
    Ay de mi, Alhama!

veut qu'il périsse. Ainsi, Grenade doit être prise, et toi-même succomber avec elle. »

    Malheur à moi, Alhama !

13. La flamme étincelait dans les yeux du vieux Maure ; le courroux du monarque s'allumait à ce discours d'un sujet rebelle, qui parlait trop bien des lois [1].

    Malheur à moi, Alhama !

14. « Aucune loi ne permet de dire ce qui blesse l'oreille des rois » : — ainsi répond le roi moresque, frémissant de colère. Il dit, et condamne à mort le vieillard.

    Malheur à moi, Alhama !

TEXTE.

12. Si no se respetan leyes,
Es ley que todo se pierda,
Y que se pierda Granada,
Y que te pierdas en ella.
    Ay de mi, Alhama!

13. Fuego per los oyos vierte,
El rey que esto oyera :
Y como el otro de leyes
De leyes tambien hablava.
    Ay de mi, Alhama!

14. Sabe un rey que no ay leyes
De darle a reyes disgusto. —
Esso dize el rey Moro,
Relinchando de colera.
    Ay de mi, Alhama!

---

[1] On remarquera que ces trois dernières strophes (11, 12, 13) sont loin de rendre fidèlement la noble simplicité de l'original. (*N. du Tr.*)

15. Maure alfaqui! Maure alfaqui! sans égard pour ta blanche barbe, le roi ordonne à ses bourreaux de te saisir : car la perte d'Alhama l'irritait.

Malheur à moi, Alhama!

16. Il leur ordonne d'attacher ta tête à la plus haute pierre de l'Alhambra, afin que ton supplice satisfasse à la loi, et que les autres tremblent en le voyant.

Malheur à moi, Alhama!

17. « Cavaliers, hommes de bien, écoutez mes paroles; écoutez-moi dire au monarque maure que je ne lui dois rien. »

Malheur à moi, Alhama!

18. « Mais la chute d'Alhama pèse sur mon cœur

TEXTE.

15. Moro Alfaqui, Moro Alfaqui,
El de la vellida barba,
El rey te manda prender,
Por la perdida de Alhama!
 Ay de mi, Alhama!

16. Y cortarte la cabeça,
Y ponerla en el Alhambra,
Por que a ti castigo sea,
Y otros tiemblen en miralla.
 Ay de mi, Alhama!

17. Cavalleros, hombres buenos,
Dezid de mi parte al rey,
Al rey Moro de Granada,
Como no le devo nada.
 Ay de mi, Alhama!

et déchire mon ame. Si le roi a perdu son domaine, d'autres peuvent avoir perdu davantage. »

Malheur à moi, Alhama!

19. « Les pères ont perdu leurs enfans, les femmes leurs époux, et maints vaillans hommes leurs vies : l'un a perdu ce qui fut l'objet de son plus vif amour, l'autre sa richesse ou son honneur. »

Malheur à moi, Alhama!

20. « Moi-même j'ai perdu, en cette fatale journée, une fille, la plus aimable fleur de toute la contrée : je donnerais sur l'heure cent doublons pour la racheter, et je ne croirais pas payer trop cher sa rançon. »

Malheur à moi, Alhama!

21. Comme le vieux Maure tenait ces discours,

TEXTE.

18. De averse Alhama perdido
A mi me pesa en alma.
Que si el rey perdió su tierra,
Otro mucho mas perdiera.
 Ay de mi, Alhama!

19. Perdieran hijos padres,
Y casados las casadas;
Las cosas que mas amara
Perdió l'un y el otro fama.
 Ay de mi, Alhama!

20. Perdi una hija donzella
Que era la flor d'esta tierra,
Cien doblas dava per ella,
No me las estimo en nada.
 Ay de mi, Alhama!

on lui trancha la tête, et on la porta sans délai sur les murs de l'Alhambra, suivant l'ordre du roi.

Malheur à moi, Alhama !

22. Hommes et enfans pleurent une perte si dure et si cruelle : toutes les dames que Grenade renferme dans son enceinte, fondent en larmes amères.

Malheur à moi, Alhama !

23. De toutes les fenêtres s'épandent sur les murs les noires tentures de deuil. Le roi pleure comme une femme sur sa perte : car c'était un grand mal, une grande plaie.

Malheur à moi, Alhama !

TEXTE.

21. Diziendo assi al hacen Alfaqui,
Le cortaron la cabeça,
Y la elevan al Alhambra,
Assi come el rey lo manda.
 Ay de mi, Alhama !

22. Hombres, ninos y mugeres,
Lloran tan grande perdida,
Lloravan todas las damas
Quantas en Granada avia.
 Ay de mi, Alhama !

23. Por las calles y ventanas
Mucho luto parecia;
Llora el rey como fembra,
Qu' es mucho lo que perdia.
 Ay de mi, Alhama.

FIN DE LA TRÈS-PLAINTIVE BALLADE.

PREMIER CHANT

DU

MORGANTE MAGGIORE,

TRADUIT DE L'ITALIEN DE PULCI.

AVERTISSEMENT
DU TRADUCTEUR.

Le lecteur peut-être s'étonnera que nous ayons *traduit* une *traduction*, d'autant plus que nous-même, dans les *Heures de loisir*, avons omis toutes les traductions, paraphrases ou imitations ; mais il y a une grande différence entre les faibles essais de la jeunesse de notre poète, et une traduction que fit Lord Byron dans toute la force de son talent. Lord Byron a, en général, rendu Pulci avec une fidélité dont on aurait été tenté de croire incapable un génie aussi vif et aussi indépendant que le sien. On ne peut dire de lui *traduttore, traditore :* quand il n'est pas fidèle (et cela est rare), il embellit.

AVERTISSEMENT
DE LORD BYRON.

Le *Morgante Maggiore*, dont je publie le premier chant traduit en anglais, partage, avec l'*Orlando innamorato*, l'honneur d'avoir formé et inspiré le style et la fable de l'Arioste. Les grands défauts du Boïardo furent sa manière trop sérieuse de traiter les récits de chevalerie, et son âpre style. L'Arioste, en continuant l'histoire de l'*Orlando*, a évité le premier défaut par un judicieux emploi de l'esprit de saillie du Pulci; et Berni a fait disparaître le second, en retouchant le poème du Boïardo. Pulci peut être considéré comme précurseur et modèle unique de Berni, comme il l'a été en partie à l'égard de l'Arioste, quelque inférieur qu'il soit, néanmoins, à ses deux imitateurs. Il n'en est pas moins le fondateur d'un nouveau genre de poésie récemment éclos en Angleterre : je veux parler de la poésie de l'ingénieux Whistlecraft. Les poèmes sérieux sur Roncevaux en même style, et plus particulièrement celui de M. Mérivale ; vrai chef-d'œuvre du genre, doivent être rapportés à la même source. Il n'a pas encore été entièrement décidé si Pulci eut ou n'eut pas l'intention de ridiculiser la religion, qui est un de ses thêmes favoris. Il me semble qu'une telle intention eût été non moins périlleuse pour le poète que pour le prêtre, eu égard surtout au siècle et au pays. D'ailleurs, la publication du poème a toujours été permise ; il a été admis au nombre des classiques italiens : ce qui prouve qu'il n'a jamais été et qu'il n'est pas non plus maintenant interprété en mauvaise part. Que l'auteur ait eu l'intention de tourner en dérision la vie monastique, et qu'il ait laissé son imagination se jouer de la niaise simplicité de son géant converti, cela paraît assez évident. Mais, certes, il serait aussi injuste de l'accuser d'irréligion là-dessus, que de dénoncer Fielding pour son ministre *Adams*, *Barnabas*, *Thwackun*, *Supple*, et *the Ordinary* dans *Jonathan Wild*, — ou Walter-Scott, pour l'heureux parti qu'il a tiré de ses covenantaires, dans les *Tales of my Landlord*.

Dans la traduction suivante, j'ai usé de la liberté de l'original envers les noms propres : de même que Pulci dit *Gan*, *Ganellon* ou *Ganellone* ; *Carlo*, *Carlomagno* ou *Carlomano* ; *Rondel* ou *Rondello*, etc., selon que telle ou telle forme se trouve à sa convenance : ainsi en use le traducteur. Sous d'autres rapports, la version est fidèle, ou du moins le traducteur a fait de son mieux pour combiner l'interprétation d'une langue étrangère avec la difficile tâche de la réduire au même mode de versification dans sa langue. Le lecteur est prié de se souvenir que le style vieilli de Pulci, malgré sa pureté, n'est pas d'une intelligence aisée, pour la plupart des Italiens eux-mêmes, en raison de l'emploi fréquent des proverbes toscans ; et il en sera peut-être plus indulgent à l'égard de l'essai que je lui offre. Jusqu'à quel point le traducteur a-t-il réussi? Continuera-t-il ou non son ouvrage ? Ce sont questions que le public décidera. Ce qui m'a engagé en partie à faire cette expérience, c'est mon amour, mon étude partiale de la langue italienne, dont il est si aisé d'acquérir une légère teinture, et si difficile, pour ne pas dire impossible, à un étranger d'obtenir une connaissance complète et approfondie. La langue italienne est comme une beauté capricieuse, qui accorde ses sourires à tous les cavaliers, ses faveurs à un petit nombre d'élus, et quelquefois récompense le moins ceux qui l'ont courtisée le plus long-tems. Le traducteur désirait aussi présenter sous un vêtement anglais une partie au moins d'un poème qui n'a jamais encore été transporté dans une langue du Nord, d'autant plus que ce poème a été le modèle original des plus célèbres ouvrages produits en deçà des Alpes, ainsi que de ces poétiques essais récemment tentés en Angleterre, desquels j'ai déjà fait mention.

Chant Premier.

1. Au commencement était le verbe immédiatement après Dieu; Dieu était le verbe, le verbe n'était rien moins que Dieu. Il était au commencement des choses, selon ma manière de voir, et rien ne put se faire sans lui. Ainsi, ô Seigneur plein de justice! du haut de ton céleste séjour, envoie-moi, dans ta bienveillante sagesse, un ange, un ange seul, qui soit mon compagnon et mon appui durant le cours de la fameuse, noble et ancienne histoire que je m'en vais chanter.

2. Et toi, ô vierge, fille, mère, épouse de ce même Seigneur, qui te donna les clefs du ciel, de l'enfer et de l'univers entier, dès ce jour où ton ange Gabriel te dit : « Salut, Marie! » Ah! puisque tu ne refusas jamais ta pitié à tes serviteurs, daigne, dans ta bonté, prodiguer à mes vers les rimes coulantes, les fleurs d'un style aisé, et jusques à la fin illumine mon esprit.

3. C'était dans la saison où la triste Philomèle pleure avec sa sœur, qui se rappelle et déplore les antiques malheurs que toutes deux ont soufferts, et

où ses chants inspirent l'amour aux nymphes : à la main de Phaéton, fils trop aimé, Phébus avait livré les rênes de son char, sans cesser néanmoins cette fois d'en modérer le cours par ses ordres : l'astre venait de poindre à l'horizon, et d'obliger Tithon à se gratter le front ;

4. Lorsque je préparai ma barque à obéir incontinent, comme elle le doit toujours faire, à mon esprit, son vrai gouvernail, à porter prose ou vers, et ce mien poème sur l'empereur Charles, que mainte plume, comme bien pouvez le voir, a déjà célébré ; mais ceux qui désirèrent répandre sa gloire, à en juger par tout ce que j'ai lu de rimes ou de prose, ont mal compris l'histoire de Charles — et l'ont écrite encore plus mal.

5. Léonard Arétin a déjà dit que si, comme Pepin, Charles avait eu un historien d'une imagination vive et d'un zèle scrupuleux, aucun héros n'aurait une place plus brillante dans les annales des siècles. Politique infatigable dans le cabinet, et sur le champ d'honneur invincible guerrier, ce prince a, pour l'église et pour la foi chrétienne, fait certainement beaucoup plus qu'on ne dit ou qu'on ne pense.

6. Vous pouvez encore voir, à San-Liberatore, l'abbaye élevée à sa gloire, dans les Abruzzes, non loin de Manopello, à cause de la grande bataille où, si l'on en croit la renommée, tombèrent — un roi payen et son peuple félon, que Charles envoya aux enfers : et là gisent tant d'ossemens, tant d'osse-

mens, qu'auprès d'eux la vallée de Josaphat semblerait peu de chose, sinon rien.

7. Mais le monde, aveugle et ignorant, ne prise pas les vertus du héros autant que je voudrais le voir. Toi, Florence, c'est par sa grande bonté que tu t'élèves, que tu as et peux avoir, si tu veux bien l'avouer, les coutumes les plus louables, et les grâces les plus vraies : tout ce que tu as acquis depuis lors jusqu'à ce jour par ton chevaleresque courage, par tes trésors ou par tes lances, tu en dois la source première au noble sang de France.

8. Charles avait à sa cour douze paladins, dont le plus sage et le plus fameux était Roland, que le traître Ganellon précipita dans la tombe à Roncevaux. Ainsi le scélérat accomplit-il son noir dessein, pendant que le cor retentissait si haut, et sonnait l'heure de cette douloureuse rencontre, où le noble preux fit tout ce qu'un chevalier peut faire. Dante, dans sa *Divine Comédie*, a donné à Roland et à Charles une place dans le ciel parmi les bienheureux.

9. C'était le jour de Noël; Charles avait assemblé à Paris toute sa cour; Roland, comme je viens de le dire, en était le chef; le preux Danois[1], Astolphe y accoururent, ainsi qu'Ansuigi, pour passer le tems en joyeuses fêtes, et en gais triomphes, et cela en l'honneur du très-renommé saint Denis : vinrent

---

[1] Ogier le Danois. (*N. du Tr.*)

aussi Angiolin de Bayonne, Olivier, et le gracieux Berlinghieri.

10. Avolio, Arino, Othon de Normandie, le paladin Richard, le sage Hamon, le vieux Salomon, Gaultier de Montlion, et Baudoin, fils du farouche Ganellon, étaient là réunis, ce qui transportait d'une trop vive allégresse le fils de Pépin : — quand ses chevaliers s'avancèrent, il soupira de joie de les voir tous ensemble.

11. Mais la fortune, qui se tient aux aguets, prend toujours grand soin d'élever une barrière contre nos desseins. Tandis que Charles se reposait, Roland, de nom et de fait, gouvernait la cour, Charles, et toutes choses. Le maudit Ganellon, crevant d'envie, eut un tel besoin d'évaporer son dépit, qu'un jour il se mit à dire ouvertement au roi Charlemagne : « Devons-nous donc toujours obéir à Roland ?

12. » Mille fois j'ai été sur le point de le dire, Roland se conduit avec trop de présomption : tous tant que nous sommes ici, comtes, rois, marquis, nous reconnaissons ton autorité ; Hamon, Othon, Ogier, Salomon, nous tous, enfin, nous ne songeons qu'à t'honorer, et à t'obéir : mais Roland a trop de crédit auprès du trône, c'est ce que nous ne pouvons souffrir, et nous sommes entièrement résolus à ne plus nous laisser régir par un tel jouvenceau.

13. » C'est à Aspremont même que tu commenças à lui faire entendre qu'il était un brave chevalier,

et qu'il avait, près de la fontaine, contribué de beaucoup au gain de la journée. Mais je sais *qui* aurait remporté ce jour-là la victoire, si ce n'eût pas été le vaillant Gérard; oui, Aumont eût été le vainqueur; c'est lui qui eut toujours l'œil sur l'étendard; en vérité, et de bonne foi, c'est lui qui a mérité les lauriers, roi Charlemagne.

14. » Et en Gascogne, s'il t'en souvient encore, lorsque les hordes d'Espagne s'y précipitèrent, la cause de la chrétienté eût souffert un honteux échec, si la vaillance d'Aumont n'eût repoussé les ennemis. Ce qu'il y a de mieux à faire, c'est de dire la vérité, quand il y a motif pour cela : connais-la donc, ô empereur; sache que tout le monde se plaint. Quant à moi, je repasserai les monts que j'ai franchis avec ma suite de soixante-deux comtes.

15. » Il convient que ta grandeur dispense les grâces, de manière à donner à chacun la part qui lui est due. Tous tes courtisans s'affligent, les uns plus, les autres moins. Crois-tu peut-être que ce damoiseau soit un Mars en fait de bravoure? ». Roland entendit en partie ces discours, un jour qu'il se trouvait par hasard assis à l'écart près du lieu de l'entretien. Il lui déplut que Ganellon tînt un pareil langage, mais plus encore que Charles y ajoutât foi.

16. Il voulut percer de son épée Ganellon, mais Olivier se jeta entre eux deux, et lui arracha des

mains sa Durandal[1]; enfin l'on parvint à séparer les deux ennemis. Roland n'était pas moins irrité contre Charlemagne, et même peu s'en fallut qu'il ne le tuât sur-le-champ. Le noble preux s'enfuit de Paris, sans aucun compagnon de voyage, le cœur gros de soupirs, et la raison égarée par la colère et par la douleur.

17. A Ermelline, compagne du preux Danois, il prit Cortane[2], et puis il prit Rondel[3], et pressa le coursier à travers la plaine jusques à Brara. Dès qu'Aldabelle le vit arriver, elle étendit les bras pour embrasser l'époux qu'elle revoit. Mais Roland, dont la cervelle était troublée, pour réponse à l'épouse qui s'écriait : « Mon Roland, sois le bienvenu ! » leva son glaive pour la frapper à la tête.

18. Comme un homme qu'un délire furieux conseille, il s'imaginait dans son impétueuse colère exercer sa vengeance sur Ganellon, ce qui parut fort étrange à Aldabelle. Mais bientôt Roland se réveilla de son illusion, et, à ce retour de sa raison, sa compagne ayant saisi la bride de son cheval, il mit pied à terre, s'empressa de parler de tout ce qui s'était passé, et puis se reposa quelques jours dans la maison conjugale.

---

[1] Nom de l'épée de Roland. (*N. du Tr.*)

[2] Épée d'Ogier le Danois. (*N. du Tr.*)

[3] Coursier du même paladin. (*N. du Tr.*)

19. Puis, le cœur toujours plein de rage, il abandonna ses foyers; errant à l'aventure, il s'en fut jusque dans les contrées payennes; et, tandis qu'il se laissait emporter par son cheval le long de la route, il ne pouvait bannir l'image du traître Ganellon, sans cesse attachée à ses pas. Enfin, de courses en courses et d'erreurs en erreurs, après avoir franchi un long espace, il trouva dans un désert solitaire une abbaye, qui, parmi d'obscures vallées et de lointains pays, formait une limite entre la terre des chrétiens et celle des payens.

20. L'abbé s'appelait Clermont, et était issu de la race d'Angrant. Une énorme montagne étendait sa cime sombre au-dessus de l'abbaye, et c'était de ce poste élevé, que certains géans sauvages, savoir, en premier rang un nommé Passamont, puis deux autres, Alabastre et Morgant, assaillaient la place à coups de fronde, et la mettaient chaque jour en péril.

21. Les moines ne pouvaient plus franchir le seuil du couvent, ni quitter leurs cellules pour aller chercher de l'eau ou du bois. Roland frappa, mais nul ne voulut ouvrir, avant que le prieur ne l'eût enfin trouvé bon. Une fois entré, le paladin dit qu'il avait été instruit à adorer l'homme-Dieu qui naquit du sang sacré de Marie, et qu'il avait reçu le baptême chrétien, puis il raconta comment il était arrivé jusqu'à l'abbaye.

22. L'abbé lui dit alors : « Vous êtes le bienvenu;

tout ce qui appartient à mon couvent, nous vous l'offrons de grand cœur, puisque vous avez foi comme nous au divin fils de la Vierge Marie ; et, afin que vous n'alliez pas attribuer à grossièreté le retard que nous avons mis à vous recevoir, vous saurez, noble chevalier : pourquoi notre porte vous fut quelque tems fermée, ainsi doit agir quiconque vit dans le soupçon du danger.

23. » Quand nous vînmes pour la première fois habiter ces montagnes, quelque sombres qu'elles soient comme bien le voyez, néanmoins elles semblaient nous promettre un asile aussi sûr contre la crainte que contre le blâme. Il suffisait de garantir notre paisible demeure contre les brutes sauvages, trop farouches pour être apprivoisées : mais maintenant, si nous voulons rester ici; il faut que nous nous gardions des bêtes domestiques qui veillent et se tiennent aux aguets autour de nous.

24. » En vérité, nous sommes forcés d'être toujours sur le qui vive : dernièrement sont ici survenus trois géans cruels. Quel peuple ou quel royaume nous a envoyé cette troupe ennemie ? je ne le sais, mais elle est d'une sauvage étoffe. Quand la force et la malice se joignent à un peu de génie, vous savez que rien n'y résiste ; — *nous* ne sommes pas en nombre suffisant. Nos oraisons sont tellement troublées, que je ne sais plus quoi faire, à moins que la face des choses ne change.

25. » Nos antiques aïeux ; qui vivaient dans le

désert, étaient bien et dûment traités pour leurs œuvres saintes et justes ; ne croyez pas qu'ils ne vécussent que de sauterelles, il est certain qu'une pluie de manne leur tombait du ciel pour nourriture. Mais il nous faut ici monter la garde dans nos murs, ou goûter les pierres qui pleuvent sur nous en guise de pain ; grêle rapide qui chaque jour nous vient du haut de cette montagne, et que nous lance Passamont et Alabastre.

26. » Morgant, le troisième, est le plus farouche des trois ; il déracine pins, hêtres, peupliers et chênes, et les lance sur notre communauté pour l'ensevelir sous la masse : tout ce que je puis faire ne sert qu'à exciter davantage sa colère. » Tandis qu'ils parlaient devant le cimetière, une pierre, partie de la fronde d'un des géans, faillit écraser Rondel, et vint tomber à terre avec une telle force qu'elle rebondit presque jusques au toit.

27. » Au nom de Dieu, chevalier, s'écria l'abbé, hâtez-vous d'entrer: voici venir la pluie de manne.— Cher abbé, répliqua Roland, ce gaillard-là ne veut pas que mon cheval paisse plus long-tems, il le guérirait d'humeur rétive, si besoin en était; cette pierre me semble avoir été lancée de bon cœur, et cela n'est pas mal visé. » Le révérend père repartit : « Je ne vous trompe point ; un jour, je crois, ils lanceront la montagne. »

28. Roland recommanda qu'on prît soin de Rondel, et se mit aussi à déjeûner. « Abbé, dit-il, j'ai

besoin d'aller trouver le camarade qui a lancé ce pavé contre mon bon cheval. » L'abbé reprit alors : « Ne méprisez-pas mon avis, je vous parle comme à un frère chéri; baron, je voudrais vous dissuader d'engager un pareil combat, car je suis sûr que vous y perdrez la vie.

29. » Ce Passamont a en main trois dards, — plus frondes, massues, et roches, devant lesquelles il faut céder; vous savez que les géans ont des cœurs plus hardis que les nôtres, et cela par une trop juste raison. Si vous êtes résolu de marcher au combat, méfiez-vous bien d'eux, car ils sont barbares et robustes. » Roland reprit : « Je verrai cela, soyez-en certain, et je vais, pour plus de sûreté, traverser à pied le désert. »

30. L'abbé traça sur le front de Roland un grand signe de croix. « Allez donc, dit-il, avec la bénédiction de Dieu et la mienne. » Roland, après qu'il eut gravi la montagne, se dirigea en droite ligne, suivant les instructions de l'abbé, vers le séjour ordinaire de Passamont, qui, le voyant ainsi tout seul, le regarda par devant et par derrière avec un œil observateur, puis lui demanda s'il désirait devenir son serviteur.

31. Il lui promit un office propre à lui donner du bon tems. Mais Roland repartit : « Sarrazin insensé ! je viens te tuer, s'il plaît à Dieu, et non pas me faire page, et, comme tel, grossir le cortége de tes serviteurs. Vous avez trop souvent ravi la paix aux moines du Très-Haut : oui, vil chien; la patience divine est

poussée à bout ». Le géant courut saisir ses armes, furieux qu'il était de recevoir une réponse si injurieuse.

32. Revenu au lieu où Roland était resté sans s'écarter d'un seul pas, il fit pirouetter sa corde, et lança une pierre avec une si terrible force, qu'il donna un bel exemple de son adresse dans le maniement de la fronde. La pierre tomba sur le casque de bonne trempe qui couvrait la tête du comte Roland, et elle fit retentir à la fois la tête et le casque, au point que le noble preux s'évanouit de douleur comme s'il fût mort : il semblait même plus que mort, tant le coup l'avait étourdi.

33. Lors Passamont, qui le crut tué sans retour, se dit : « Je m'en vais, maintenant qu'il est par terre, le dépouiller de ses armes ; pourquoi me suis-je battu contre un tel poltron ? » Mais jamais le Christ n'abandonne pour un long tems ses serviteurs, et surtout Roland ; délaisser un tel chevalier, ce serait presque un tort. Tandis que le géant s'apprête à le désarmer, Roland a recouvré sa force et ses sens.

34. Il s'écria d'une voix forte : « Géant, où vas-tu ? Tu as sans doute pensé m'avoir mis au linceul, fuis d'un autre côté ; — si tu n'as point d'ailes, tu n'es pas assez preste pour échapper à ma vengeance, — chien de renégat ! Ce n'est que par un coup de trahison que tu m'as jeté sur le carreau. » Le géant ne put retenir sa surprise, se détourna soudain, arrêta ses pas, puis se baissa pour prendre une grosse pierre.

35. Roland avait en main la tranchante Cortane ; fendre en deux la tête du géant, voilà quel fut son dessein, et Cortane coupa ce crâne païen comme doit faire un pur acier. Passamont tomba pour ne plus se relever ; mais, hautain et farouche jusque dans sa chute, il adressa dévotement à Mahom ses prières impies. En entendant ces horribles et durs blasphêmes, Roland remercia le Père céleste et le Verbe, —

36. Disant : « Oh ! quelle grâce tu m'as accordée ! et je te dois, Seigneur, une éternelle reconnaissance. Je sais que toi seul, du haut des cieux, as pu me sauver la vie, lorsque le géant m'eut si bien étendu par terre. Toutes choses sont, par toi, réglées dans une juste mesure ; notre pouvoir n'est rien sans ton secours. Je te prie de veiller sur moi, jusqu'à ce que je revoie encore Charlemagne. »

37. Ayant ainsi parlé, il s'en fut, et trouva plus bas Alabastre employant tout ce qu'il avait de forces à enlever d'une rive escarpée un rocher ou deux. Lorsqu'il se fut approché de lui, il dit d'une voix haute : « Comment penses-tu, glouton, lancer une telle pierre ? » Dès qu'Alabastre eut entendu retentir ces menaçantes paroles, il se saisit soudain de sa fronde,

38. Et jeta un roc de si large dimension, que si l'énorme masse eût en effet rempli sa mission, si Roland n'eût point paré le choc avec son bouclier, certes il n'y aurait pas eu besoin de médecin. Le paladin prit, à son tour, l'offensive, et fit à l'im-

mense poitrine du géant une blessure où il plongea son épée jusqu'à la garde. Le rustre tomba; mais, quoique expirant, il ne renia pas Mahomet.

39. Morgant avait un palais à sa guise, un palais composé de branches, de poutres et de terre; il s'étendait à son aise dans cette demeure, et s'y renfermait dès le soir. Roland frappa, — puis refrappa encore pour réveiller le géant. Celui-ci vint ouvrir la porte, comme un être en démence, car un songe funeste avait troublé son sommeil.

40. Il s'était vu attaquer par un serpent terrible; il invoquait Mahom, mais Mahom ne lui servait à rien, et ne lui donnait pas un instant de secours; alors, adressant sa prière au divin Jésus, il était délivré de toutes les craintes qui le torturaient. Il vint donc à la porte avec grand regret : — « Qui frappe ici? dit-il tout en grommelant. — Vous le verrez bientôt, dit Roland.

41. » Je viens, envoyé par les malheureux moines, vous prêcher, ainsi qu'à vos frères, — la pénitence; car la divine Providence condamne en vous, comme dans les autres, les outrages faits à vos voisins. Ceci est écrit là-haut; — votre propre malheur doit venger le malheur d'autrui; le ciel même a porté cette sentence. Sachez donc qu'à cette heure j'ai laissé plus froids que des pilastres votre Passamont et votre Alabastre. »

42. Morgant lui dit : « O noble chevalier! au nom de votre Dieu, ne me dites pas d'injures. Faites-

moi le plaisir de m'apprendre votre nom ; et si vous êtes chrétien, dites-le moi, de grâce. » Roland répondit : « Par ma foi, votre oreille entendra ce que vous désirez savoir : j'adore le Christ, qui est le Dieu véritable ; et, si vous le voulez, vous pourrez l'adorer. »

43. Le Sarrazin répliqua d'une voix humble : « J'ai eu une étrange vision : un serpent féroce m'assaillit ; j'étais seul, et Mahom n'avait aucune pitié de mon sort. Soudain, j'offris mes vœux à ton Dieu, au Dieu qui expia vos péchés sur la croix ; il me secourut à tems, et je fus sauf et libre ; aussi suis-je tout disposé à devenir chrétien. »

44. Roland repartit : « Baron juste et pieux, si cette bonne résolution dévoue réellement votre cœur au vrai Dieu qui, seul, nous dispense un immortel honneur, vous irez au céleste séjour ; et, si vous voulez, nous vivrons ensemble en amis, et je vous aimerai d'une amitié parfaite. Vos idoles sont les œuvres du mensonge et de la fraude ; le seul vrai Dieu est le Dieu des chrétiens.

45. » Ce Dieu descendit dans le sein de sa mère Marie, vierge pure et immaculée. Si vous reconnaissez le divin Rédempteur, sans qui ni le soleil ni les étoiles ne peuvent briller, abjurez la foi fausse et félone du maudit Mahom ; reniez votre Dieu, et adorez le mien ; — recevez, avec zèle, le baptême, puisque vous vous repentez. » A quoi Morgant répondit : « J'y consens avec plaisir. »

46. Roland courut l'embrasser, prodigua ses caresses à son nouveau converti, et lui dit : « Ce me sera grande joie de vous mener à l'abbaye. — Allons-y, reprit Morgant, j'ai à faire ma paix avec les religieux. » Roland écoutait ces paroles avec un secret orgueil, et disait : « Mon frère, vous êtes si dévot et si bon que vous demanderez pardon à l'abbé, comme je désire que vous le fassiez.

47. » Puisque Dieu a daigné vous éclairer de sa lumière, et vous admettre, dans sa miséricorde, au nombre de ses enfans, l'humilité doit être votre première offrande. » Morgant lui dit alors : « De grâce, puisque votre Dieu va devenir le mien, faites-moi connaître votre rang, et apprenez-moi votre véritable nom; puis je suivrai vos ordres de point en point. » Sur quoi l'autre lui dit qu'il était Roland.

48. « Oh! s'écria le géant, divin Jésus! reçois de ma reconnaissance mille et mille bénédictions! J'ai entendu souvent parler de vous, incomparable baron, durant le cours de mes diverses années; et, comme je vous l'ai dit, je veux être à jamais votre vassal, tant votre bravoure m'inspire d'admiration! » Ainsi causant, tous deux continuèrent à deviser de mainte et mainte chose, et se mirent en route pour l'abbaye.

49. Et, chemin faisant, Roland parlait avec Morgant sur les deux géans tués : « Consolez-vous de leur mort, je vous prie; et, puisque tel est le bon plaisir de Dieu, pardonnez-moi. Ils avaient fait mille

outrages aux moines, et nos saintes écritures déclarent nettement — que le bien est récompensé, et le mal puni, et le Seigneur n'a jamais manqué à cette loi,

50. » Tant il aime à rendre justice à chacun. Il veut que ses jugemens accablent quiconque a commis un péché, grand ou petit; mais il n'oublie pas de rendre le bien pour le bien. S'il n'était pas juste, pourrions-nous l'appeler saint, ce Dieu que je veux maintenant vous faire adorer? Tous les hommes doivent prendre sa volonté pour règle suprême de leurs désirs, et lui obéir soudainement et de plein gré.

51. » Nos docteurs s'accordent tous en ce point, et parviennent tous à cette même conclusion; — c'est que si les bienheureux esprits qui louent le Seigneur dans le ciel, se laissaient entraîner à une compassion coupable pour leurs parens précipités en enfer et voués à la damnation, — soudain leur félicité serait réduite à néant : et en ceci le Tout-Puissant pourrait paraître injuste.

52. » Ils ont mis dans le Christ leur plus ferme espérance, et tout ce qu'il a trouvé bon de faire, leur semble légitime; et cela ne pouvait pas être autrement, car Jésus ne peut faillir en aucun point. Si leurs pères ou leurs mères subissent d'éternelles tortures, ils ne prennent nul souci de leurs pères ni de leurs mères : ce qui plaît à Dieu ne peut que les satisfaire. — Tels sont les devoirs observés par le chœur des élus.

53. — Un mot suffit aux sages, dit Morgant, et vous verrez quel chagrin je ressens du trépas de mes frères; et si j'approuve la volonté de Dieu, suivant la stricte obéissance que vous me dites être pratiquée dans le ciel. — Les morts sont morts, — ne songeons qu'à nous réjouir. Je vais couper les mains aux deux cadavres, et les porter aux saints moines.

54. » Ainsi, chacun pourra s'assurer qu'ils sont bien morts, et qu'on ne doit plus craindre de se promener seul dans ce désert; et l'on verra que mon esprit a été illuminé par la grâce du Seigneur, qui a déchiré le voile des ténèbres, et a fait paraître à mes yeux son brillant royaume. » A ces mots, il coupa les mains de ses frères, et abandonna leurs troncs mutilés aux bêtes féroces et aux oiseaux de proie.

55. Puis ils s'en furent tous deux à l'abbaye, où l'abbé attendait dans la plus grande anxiété. Les moines, qui ne savaient pas encore le fait, coururent en désordre et hors d'haleine vers leur supérieur, et lui dirent en tremblant : « Veuillez nous dire si vous voulez voir ce géant dehors ou dedans. » L'abbé, regardant Morgant à travers la porte, fut trop effrayé au premier aspect pour consentir à ouvrir.

56. Roland, le voyant ainsi troublé, lui dit aussitôt : « Abbé, réjouis-toi; ce géant croit en Jésus-Christ, et doit être compté au nombre des chrétiens; il a renié son faux prophète Mahom. » Morgant

corrobora ce discours en exhibant les mains, preuve tout-à-fait claire du sort des deux géans : sur quoi, l'abbé adressa au Seigneur un juste remercîment, disant : « Tu m'as comblé de joie, ô mon Dieu! »

57. Il regarda Morgant, calcula les dimensions de ce nouveau-venu, après les avoir mesurées de l'œil plutôt deux fois qu'une ; puis il dit : « O géant très-illustre ! sachez que je ne m'étonnerai plus désormais que vous déraciniez et lanciez les arbres comme vous l'avez fait naguère : mes propres yeux m'instruisent de vos forces. Dorénavant vous vous montrerez l'ami aussi sincère et aussi parfait du Christ, que vous en fûtes autrefois l'ennemi.

58. » Un de nos apôtres jadis, nommé Saül, persécuta la foi du Christ. Un jour enfin, enflammé par le souffle du Saint-Esprit : « Pourquoi me persécutes-» tu ainsi ? » dit le Christ. Lors, il ouvrit les yeux sur son péché, et s'en fut prêchant en tout lieu et à toute heure le Christ : trompette de la foi, ses accens résonnent et retentissent par toute la terre.

59. » Ainsi ferez-vous, mon cher Morgant : un seul pécheur qui se repent, — telle est la parole de l'évangéliste, — occasionne plus de joie dans les cieux qu'une liste de quatre-vingt-dix-neuf bienheureux. Vous pouvez être sûr que, si tous vos vœux aspirent à Dieu avec un juste zèle, vous goûterez dans l'éternité le bonheur des saints, — vous qui naguères étiez condamné à la perdition et à l'enfer. »

60. Ainsi l'abbé rendit de grands honneurs à

Morgant, et durant plusieurs jours on ne songea qu'au repos. Un jour qu'ils se promenaient tous trois, et couraient çà et là au gré de leur caprice, l'abbé ouvrit une chambre où se trouvaient plusieurs armures, et entr'autres certains arcs : Morgant eut la fantaisie d'en prendre un, quoiqu'il pensât n'en faire jamais aucun usage.

61. Ce lieu étant tout-à-fait dépourvu d'eau, Roland dit en bon et digne frère : « Morgant, vous me feriez plaisir en ce moment, si vous alliez quérir de l'eau. — Vous serez toujours obéi, reprit Morgant ; et dès que vous aurez commandé. » Là-dessus, il plaça sur son épaule une grande cuve, et se mit en chemin vers une fontaine, où il avait coutume de boire, et qui était située au pied de la montagne.

62. Arrivé à la fontaine, il entend un prodigieux fracas, qui soudain s'étend dans la forêt : aussitôt il tire de son carquois une flèche, bande son arc, et lève la tête. Voici venir une immense troupe de pourceaux, qui marche avec un bruit pareil à celui de la tempête, et se dirige précisément aux bords de la source : ainsi notre géant se trouve environné de ces immondes animaux.

63. Morgant décocha à tout hasard une flèche qui frappa un porc à l'oreille, et lui perça la tête d'outre en outre ; l'animal, blessé à mort, tomba en gambillant. Un autre enfant de la race cochonne, brûlant de venger son frère, courut contre le géant avec une

ardeur farouche, et franchit la distance d'un pas si rapide, que Morgant n'eut pas le tems de tirer l'arc.

64. Voyant le verrat près de lui, Morgant lui donna sur la tête un tel coup de poing [1], qu'il lui fracassa le crâne, et l'étendit roide mort à côté de l'autre. Témoins d'un pareil coup, les autres pourceaux s'enfuirent par la vallée. Morgante se mit sur la nuque le baquet rempli d'eau, sans en répandre une seule goutte, sans y imprimer la moindre secousse.

65. Le tonneau sur une épaule, et les deux porcs sur l'autre, il marcha à grands pas vers l'abbaye qui se trouvait encore assez loin, et dans sa course il ne perdit pas une gouttelette d'eau. Roland, l'apercevant sitôt reparaître avec les porcs tués et ce vase plein jusqu'au bord, s'étonna de voir un mortel doué d'une si grande force; — ainsi fit l'abbé; et pour recevoir le géant, la porte fut toute grande ouverte.

66. Les moines se réjouirent à la vue de cette eau bonne et fraîche, mais encore davantage en apercevant le porc : tout animal est joyeux à l'aspect de la pâture. Ils laissent dormir leurs bréviaires, et se

---

[1] *He gave him such a punch upon the head.*
Gli dette in sulla testa un gran punzone.

Il est étrange que Pulci ait mot à mot employé par avance la phrase technique de mon vieux maître et ami, Jackson, qui a porté l'art à son plus haut degré de perfection. *A punch on the head* ou *a punch in the head*; « un punzone in sulla testa. » Voilà l'exacte et fréquente locution de nos meilleurs pugilistes, qui se doutent peu de parler le pur toscan.

mettent à l'œuvre avec une telle gloutonnerie, manient la fourchette avec un tel plaisir, que la chair du cochon n'a pas besoin d'être salée; il n'y a pas de danger qu'elle devienne rance et se pourrisse; car on laisse en arrière tous les jeûnes.

67. Ils mangèrent comme s'ils eussent voulu se crever, et jouèrent si bien de la mâchoire, que les os qu'ils laissèrent semblaient avoir trempé dans l'eau : vive douleur pour le chien et le chat, qui trouvaient à peine de quoi ronger! L'abbé fit grand honneur à tout le monde : puis, quelques jours après cette scène de bombance, il donna à Morgant un beau cheval bien harnaché, qu'il avait long-tems gardé pour son propre usage.

68. Morgant mena le cheval dans une prairie, afin de le faire galopper, et de le mettre à l'épreuve; il croyait peut-être que l'animal avait une échine de fer, ou se croyait lui-même assez léger pour ne point casser les œufs. Mais la bête, accablée de fatigue, tomba par terre et creva. Tandis qu'elle gisait immobile et froide, Morgant s'écriait : « Allons, lève-toi, rosse rétive! » et il continuait à la piquer de l'éperon.

69. Mais, enfin, il jugea convenable d'abandonner la selle, et dit : « Je suis pourtant léger comme une plume, et il est crevé; — qu'en dites-vous, comte Roland? » Celui-ci repartit : « Vous me semblez plutôt un grand mât avec sa hune en guise de front : — laissez cet animal; la fortune veut que nous chemi-

nions ensemble, moi à cheval, mais vous, Morgant, à pied. » A quoi le géant répondit : « Je le veux bien.

70. » Quand l'occasion s'offrira, vous verrez comme je déploierai mon courage dans le combat. » Roland dit alors : « Je crois, en vérité, que vous serez, s'il plaît à Dieu, un brave chevalier, et vous ne me verrez pas non plus m'endormir. Ne vous inquiétez plus de votre cheval ; — toutefois, il vaudrait mieux le porter en quelque bois caché, mais je ne sais ni le moyen ni la route. »

71. Le géant dit : « Eh bien, je le porterai moi-même, puisque le lâche n'a pu me porter ; — je rendrai, comme Dieu, le bien pour le mal ; mais donnez-moi un coup de main pour le mettre sur mon dos. » Roland répliqua : « Si mon conseil a quelque poids, Morgant, n'entreprenez pas de soulever ou d'emporter ce cheval mort, qui vous fera ce que vous lui avez fait.

72. » Prenez garde qu'il ne se venge, quoique mort, et d'une vengeance irréparable, comme fit jadis le centaure Nessus ; je ne sais si vous avez lu ou entendu cette histoire, mais il vous fera crever, soyez-en sûr. — Aidez-moi à me le mettre sur le dos, dit Morgant, et vous verrez quel fardeau je peux supporter, mon bon Roland ; je porterais, à la place de ce palefroi, ce clocher avec toutes ses cloches. »

73. L'abbé reprit : « Le clocher est bien là, mais, quant aux cloches, vous les avez brisées. » Morgant

répondit : « Ils en portent la peine dans les enfers, ceux qui gisent roides morts dans cette grotte; » et hissant sur ses épaules le cheval qui l'avait fait tomber : « Eh bien, dit-il, regardez, Roland, si la goutte m'est descendue dans les jambes, — et si j'ai la force nécessaire. » Et, à ces mots, il fit deux gambades avec le cheval sur le dos.

74. Morgant étant constitué comme une montagne, il n'y avait aucun prodige à le voir faire cela. Mais Roland le blâmait dans le fond de son ame; il craignait que ce géant, qui était maintenant de sa famille, ne se fît quelque mal ou ne s'estropiât; il l'engagea encore une fois à déposer son fardeau : « Mettez-le à bas, ne le portez pas dans le désert. » Morgant répondit : « Oh! certes, je l'y porterai. »

75. Il le porta, en effet, et le jeta dans quelque recoin; puis il se hâta de retourner à l'abbaye. Roland lui dit : « Pourquoi demeurer ici plus longtems? Morgant! ici, il n'y a rien à faire, en vérité. » Il prit un jour l'abbé par la main, et lui dit, avec une extrême politesse, qu'il avait résolu de quitter sa Révérence; mais que, pour accomplir cette résolution, il lui demandait pardon et congé :

76. Que les honneurs dont on les comblait sans cesse excédaient peut-être la mesure de leurs mérites. Puis il ajouta : « J'ai intention de réparer, et le plus tôt possible, les jours perdus du tems passé : mon inaction est susceptible de blâme. Je vous au-

rais, il y a déjà plusieurs jours, demandé permission de partir; mon bon père, mais j'éprouvais une confusion réelle; et je ne sais même encore comment vous dévoiler ma pensée, tant je vous vois content de notre long séjour.

77. » Mais, dans mon cœur, j'emporte, partout où j'irai, le souvenir de l'abbé, de l'abbaye et de ce lieu désert, — tant j'ai conçu d'amour pour vous en si peu de tems! Puisse, du haut des cieux, vous rendre tout le bien que vous m'avez fait, ce vrai Dieu, ce maître éternel et puissant, dont le royaume est ouvert pour vous à la fin du monde! Pour le moment, nous attendons votre bénédiction, et nous nous recommandons vivement à vos prières. »

78. Quand l'abbé entendit le comte Roland, il fut tout attendri jusqu'au fond de son cœur, tant chaque parole allumait en son sein une douce ferveur. « Chevalier, dit-il, si j'ai paru ne pas accorder à votre mérite autant de bienveillance et de courtoisie qu'il convient d'en montrer à un si noble sang (car je sais que j'ai trop peu fait en cette occurrence), n'accusez que notre ignorance et la pauvreté du lieu.

79. » Nous ne pouvons, en vérité, que vous prodiguer les messes, les sermons, les bénédictions et les *Pater noster*; soupers chauds, bons dîners, se trouvent mieux ailleurs que dans les cloîtres. Mais mon cœur est épris d'un tel amour pour vous, à cause des mille et mille vertus que vous nourrissez

en votre ame, que je serai partout où vous irez, et que d'autre part, néanmoins, vous resterez avec moi.

80. » Ceci renferme une apparente contradiction ; mais je sais que vous êtes sage, que vous entendez et goûtez mes paroles, que vous me comprenez avec une entière conviction. Pour vos justes et pieux exploits, puissiez-vous recevoir les hautes récompenses et la bénédiction du Seigneur, qui vous a envoyé dans ce désert ! C'est à sa grande miséricorde que nous devons notre liberté ; nous en rendons grâces à lui et à vous.

81. » Vous avez sauvé tout à la fois notre vie et notre ame ; ces géans nous inspiraient une telle épouvante, que nous avions perdu les voies qui pouvaient guider heureusement nos pas jusques à Jésus et à l'armée céleste. Votre départ fait naître ici une telle douleur, que nous restons tous inconsolables. Mais vous ne pouvez perdre les mois et les années dans l'oisiveté, et vous n'êtes pas né pour revêtir notre modeste costume ;

82. » Mais pour porter les armes et manier la lance ; et, en vérité, on peut, sous les armes, faire œuvres aussi méritoires que sous ce capuchon ; en preuve de quoi je vous invite à lire l'Écriture. Quant à ce géant, son ame peut gagner le ciel, grâce à votre miséricorde : qu'il aille donc en paix ! Je ne cherche pas à découvrir votre état et votre nom ; mais, si l'on m'interroge, je dirai, pour ré-

ponse, qu'un ange est descendu, ici, du haut des cieux.

83. » Si vous avez besoin d'armures ou de quelque autre chose, venez, examinez notre garde-robe, et prenez-y ce que vous voudrez; choisissez de quoi couvrir la nudité de ce géant. » Roland répondit : « Si il y avait quelque armure qui pût servir à l'usage de mon compagnon, avant de nous mettre en voyage, j'accepterais le présent avec plaisir. » L'abbé reprit alors : « Venez voir. »

84. Ils entrèrent dans une chambre dont la muraille était couverte de vieilles armures comme d'un vernis, et l'abbé leur dit : « Je vous donne tout cela. » Morgant secoua, une à une, ces armures poudreuses qui se trouvèrent toutes trop petites, hormis une seule cuirasse, dont les mailles n'avaient pas non plus échappé à la rouille. Il l'essaya, et ce fut merveille de voir avec quelle exactitude elle s'ajustait à sa taille, comme aucune peut-être n'avait jamais fait.

85. Ç'avait été la cuirasse d'un géant démesuré, qui, plusieurs années auparavant, était tombé devant l'abbaye, sous les coups du grand Milon d'Angrant. L'histoire était parfaitement figurée sur le mur; on avait peint les derniers momens du cruel ennemi qui, long-tems avait fait à l'abbaye, une guerre implacable; le combat était dessiné, et Milon était là qui renversait son adversaire.

86. Voyant cette histoire, le comte Roland dit

en son cœur : « O Dieu! qui sais tout! comment Milon vint-il ici pour donner la mort au géant? » Puis il lut, en pleurant, certaines lettres; il ne pouvait s'empêcher de mouiller de larmes son visage, — comme je vous l'expliquerai dans la suivante histoire. — De mal toujours vous garde le glorieux roi du ciel!

FIN DU MORGANTE MAGGIORE.

DISCOURS

PARLEMENTAIRES

DE LORD BYRON.

I. Discours sur le bill relatif aux mécaniques (*frame-work bill*), prononcé dans la Chambre des Lords, le 27 février 1812.

II. Sur la motion du comte de Donoughmore, qui réclamait la formation d'un comité pour l'examen des droits des catholiques, le 21 avril 1812.

III. Sur la pétition du major Cartwright, le 1ᵉʳ juin 1813.

AVERTISSEMENT

DU TRADUCTEUR.

Ces trois discours sont certainement dignes d'attirer l'attention. On verra avec plaisir Lord Byron plaider en faveur de la classe ouvrière, réclamer l'émancipation des catholiques, la réforme parlementaire, etc., etc. C'est ainsi que, dès son entrée dans la carrière politique, Byron se sépara de l'orgueilleuse et égoïste aristocratie, à laquelle il appartenait par sa naissance. Que l'on songe que l'émancipation catholique n'a été obtenue qu'en 1828, que la réforme parlementaire trouve encore mille préjugés et mille intérêts à combattre, et l'on ne s'étonnera pas que la *haute société* anglaise ait prononcé l'anathème contre un *noble* si infecté d'opinions démocratiques, et l'ait abreuvé de dégoûts, au point de l'obliger à maudire et fuir son pays.

DISCOURS

SUR LE BILL RELATIF AUX MÉCANIQUES

(frame-work bill),

PRONONCÉ, DANS LA CHAMBRE DES LORDS, LE 27 FÉVRIER 1812.

L'ordre du jour étant la seconde lecture de ce bill, Lord Byron se leva, et (pour la première fois) s'adressa à leurs Seigneuries dans les termes suivans :

Milords,

Le sujet actuellement soumis à vos Seigneuries pour la première fois, quoique nouveau à la Chambre, n'est en aucune façon nouveau pour le pays. Je crois qu'il a occupé les sérieuses méditations de toutes sortes de personnes, long-tems avant d'être amené à la connaissance de la législature, qui seule pouvait rendre de réels services. Comme homme attaché en quelque degré au comté souffrant, quoique je sois étranger, non seulement à la Chambre en général, mais presque à chacune des personnes dont j'ose solliciter l'attention, je dois réclamer de vos Seigneuries quelque peu d'indulgence, lorsque j'offre un petit nombre d'observations sur une question dans laquelle je m'avoue moi-même gravement intéressé.

Il serait superflu d'entrer dans le détail des excès commis. La Chambre sait déjà que les mutins se sont tout permis, sauf l'effusion du sang ; que les propriétaires des métiers, et toutes les personnes qu'on supposait avoir quelque relation avec eux, ont été exposés à toute espèce d'insultes et de violences. Durant le court espace de tems que je passai récemment dans le Nottinghamshire [1], douze heures ne s'écoulèrent pas sans quelque nouvel acte de violence; et le jour où je quittai le comté, j'appris que quarante métiers avaient été brisés le soir précédent, comme d'ordinaire, sans résistance, et sans qu'on connût l'auteur du délit. Tel était alors l'état de ce comté, et tel il est encore en ce moment, comme j'ai quelque raison de le croire. Mais, tout en admettant que ces excès prennent en ce moment une extension alarmante, on ne peut nier qu'ils n'aient pris naissance du sein d'une détresse inouie. La persévérance de ces misérables dans leur conduite tend à prouver qu'il n'y a que l'extrême indigence qui ait pu porter une nombreuse, honnête et industrieuse classe du peuple à commettre des violences si périlleuses pour eux-mêmes, pour leurs familles et pour la société.

---

[1] Le comté de Nottingham, dans le diocèse d'Yorck : pays manufacturier, riche en fabriques de bas faits au métier, de soieries et cotonnades. (*N. du Tr.*)

A l'époque dont je parle, la ville et le comté étaient chargés de considérables détachemens militaires; la police était en mouvement, les magistrats assemblés, cependant tous les mouvemens de la justice civile et de la force militaire n'ont abouti à rien. Il ne s'est pas présenté un seul exemple d'arrestation d'un malfaiteur pris réellement en flagrant délit ; il n'y a donc pas eu un seul individu contre lequel il existât des preuves légales, suffisantes pour le faire déclarer coupable. Mais la police, quoique inutile, n'était point demeurée oisive : plusieurs individus notoirement coupables, avaient été découverts; hommes atteints et convaincus, avec la plus grande évidence, du crime capital de pauvreté ; hommes qui avaient le tort affreux d'avoir légitimement engendré un grand nombre d'enfans, que, grâces à la dureté des tems, ils étaient incapables d'entretenir. Un dommage considérable avait été fait aux propriétaires des métiers perfectionnés ; ces machines leur étaient avantageuses, en ce qu'elles leur permettaient de renvoyer un assez grand nombre d'ouvriers, qui, par conséquent, se trouvaient réduits à mourir de faim. Par exemple, par l'adoption d'une certaine espèce de métier, un homme faisait la besogne de plusieurs, et les travailleurs superflus étaient dépourvus d'emploi. Cependant il est digne de remarque, que l'ouvrage ainsi exécuté était de qualité inférieure, qu'il ne pouvait se vendre dans l'intérieur du royaume, et n'était fabriqué que pour l'exportation. Il était désigné, dans l'argot commercial, par le nom d'*œuvre d'araignée* [1]. Les ouvriers renvoyés, dans leur aveugle ignorance, au lieu de se réjouir de ces progrès dans les arts si utiles à l'humanité, pensèrent qu'ils allaient être sacrifiés aux progrès des mécaniques. Dans la simplicité de leurs cœurs, ils imaginèrent que l'existence et le bien-être des pauvres industrieux étaient des objets d'importance plus grande que l'accroissement de la fortune d'un petit nombre d'individus par le moyen de machines perfectionnées, qui ôtaient aux ouvriers leur emploi, et mettaient le travailleur hors d'état de gagner son salaire. Et l'on doit l'avouer, quoique l'adoption des mécaniques, dans l'état de prospérité commerciale dont notre patrie s'enorgueillissait naguère, ait pu être avantageuse au maître sans causer aucun détriment au serviteur, néanmoins, dans la situation actuelle de nos manufactures, dont les produits pourrissent dans les magasins sans espoir d'exportation, les métiers de cette espèce tendent matériellement à aggraver la détresse et le mécontentement de ceux qui souffrent. Mais la cause réelle de la détresse et des troubles qu'elle engendre est située plus haut. Quand on nous dit que ces hommes sont ligués non seulement pour la destruction de tout ce qui fait leur propre aisance [2], mais encore de leurs moyens

---

[1] *Spider work.*

[2] Tout ce qui fait l'aisance. Cela est exprimé en anglais par le mot

de subsistance, pouvons-nous oublier que c'est la désastreuse politique, le funeste état de guerre des huit dernières années, qui a détruit leur aisance, la vôtre, et celle de tout le monde? Politique, qui, née avec de *grands hommes d'état qui ne sont plus*, a survécu à la mort de ces hommes, pour devenir une source de malédictions pour les vivans, jusqu'à la troisième et la quatrième génération! Les ouvriers ne détruisirent jamais leurs métiers avant que ces métiers ne fussent devenus inutiles, et pis qu'inutiles, avant qu'ils ne fussent devenus un obstacle immédiat au travail nécessaire pour gagner leur pain quotidien. Pouvez-vous donc vous étonner, que dans des tems comme ceux où nous vivons, lorsque des banqueroutiers, des hommes convaincus de fraude, accusés de félonie, se rencontrent dans une position sociale fort peu inférieure à celle de vos Seigneuries; pouvez-vous, dis-je, vous étonner que la plus basse classe du peuple, qui n'en est pas moins une classe fort utile, oublie son devoir, et devienne coupable à un moindre degré que tel ou tel de ses représentans? Mais, tandis que le coupable de haut rang peut trouver le moyen de mépriser la loi, de nouvelles peines capitales doivent être imaginées, de nouveaux piéges de mort doivent être tendus contre le malheureux ouvrier que la faim a poussé au mal.

---

comfort; il serait à désirer que ce mot fût transporté dans notre langue, comme son dérivé *comfortable*.

(*N. du Tr.*)

Ces hommes étaient disposés à bêcher la terre, mais la bêche était en d'autres mains; ils ne rougissaient pas de demander l'aumône, mais il n'y avait personne pour la leur faire; leurs moyens de subsister étaient supprimés, tous les autres emplois déjà occupés : leurs excès, tout déplorables et condamnables qu'ils sont, peuvent à peine être un sujet de surprise.

Il a été dit que les personnes qui possèdent temporairement les mécaniques sont de connivence avec les ouvriers qui les brisent; si la preuve de ce fait est résultée de l'enquête, il était nécessaire que cette circonstance accessoire du crime fût une des principales considérations dans l'application de la peine. Mais j'espérais que la mesure proposée par le gouvernement de Sa Majesté, et soumise à la décision de vos Seigneuries, aurait eu pour base les moyens de conciliation, ou du moins, si cette espérance était vaine, que quelque enquête préalable, quelque délibération eût été jugée nécessaire, afin que nous ne fussions pas appelés, sans examen et sans motif, à prononcer des condamnations en masse, et à signer, les yeux fermés, des arrêts de mort. Mais admettons que ces hommes n'aient eu aucun motif de se plaindre; que leurs doléances et celles de leurs maîtres soient sans fondement; qu'ils méritent le dernier supplice : quelle insuffisance, quelle ineptie évidente dans la méthode adoptée pour réduire ces rebelles ! Pourquoi, si la force militaire devait être appelée, l'a-t-elle été pour devenir un objet de risée ? Autant que la différence des saisons l'a permis, ç'a été une pure parodie de la campagne d'été du major Sturgeon ; et, en vérité, tous les actes de l'autorité civile et militaire semblent avoir été calqués sur ceux du maire et de la municipalité de Garratt. — Que de marches et de contremarches ! de Nottingham à Bullwell, de Bullwell à Bandford, de Bandford à Mansfield ! Et quand enfin les détachemens arrivaient à leur destination, dans tout *l'orgueil, la pompe et l'apparence d'une guerre glorieuse*, ils venaient juste à tems pour être témoins des désastres qui avaient été commis, pour s'assurer que les auteurs du crime avaient fui, pour recueillir comme *dépouilles opimes* [1] les débris des métiers mis en pièces, et retourner dans leurs quartiers à travers les railleries des vieilles femmes et les huées des enfans. Certes, quoique, dans un pays libre, il soit à désirer que notre force militaire ne devienne jamais trop formidable à nous mêmes, cependant je ne comprends pas la politique qui place nos soldats dans une situation où ils ne peuvent être que ridicules. Comme le glaive est le pire argument que l'on puisse employer, il doit être le dernier. Dans cette circonstance, il a été le premier ; mais, par un heureux hasard, il n'est pas encore sorti de son fourreau. La mesure actuelle va, il est vrai, le mettre hors de sa gaîne. Cependant, si des conférences [2] convenables eussent été tenues

---

[1] En latin dans le texte : *spolia opima*.
[2] *Meetings*.

lors des premières scènes de ce désordre, si les souffrances de ces hommes et de leurs maîtres (car les maîtres ont aussi leurs souffrances), eussent été bien pesées et justement examinées, je pense qu'on aurait pu trouver le moyen de rendre les ouvriers à leur besogne, et la tranquillité au comté. A présent le comté souffre le double fléau d'une garnison militaire oisive, et d'une population mourante de faim. Dans quel état d'apathie avons-nous été si long-tems plongés, pour que la Chambre n'ait eu jusqu'à ce moment aucune connaissance officielle de ces troubles ? Tout cela s'est passé à cent-trente milles[1] de Londres, et cependant nous, *braves gens dans l'aisance, nous avons cru que notre grandeur s'accroissait,* et nous avons, au milieu des calamités domestiques, paisiblement joui des triomphes que nous remportons au dehors. Mais toutes les villes que vous avez prises, toutes les armées qui ont battu en retraite devant vos généraux, ne sont que de misérables sujets de nous féliciter, si votre pays se divise, si vos dragons et vos exécuteurs doivent être lâchés contre vos concitoyens. — Vous appelez ces hommes une populace désespérée, dangereuse et ignorante ; et vous semblez penser que le seul moyen d'apaiser la *bellua multorum capitum*[2] est d'abattre quelques-unes de ces têtes superflues. Mais la populace même est sus-

---

[1] Environ quarante-trois lieues. (*N. du Tr.*)

[2] La bête à plusieurs têtes. (*N. du Tr.*)

ceptible d'être ramenée à la raison par un mélange de mesures fermes et de voies conciliatrices, beaucoup mieux que par de nouveaux sujets d'irritation, que par des supplices multipliés. Connaissons-nous ce dont nous sommes redevables à la populace ? C'est la populace qui laboure dans vos champs, et qui sert dans vos maisons, — qui arme vos vaisseaux et recrute votre armée, — qui vous a mis en état de défier le monde entier, et qui pourra aussi vous défier vous-mêmes, alors que l'abandon et la misère l'auront poussée au désespoir. Libre à vous d'appeler le peuple *populace*; mais n'oubliez pas que la populace exprime trop souvent les sentimens du peuple. Et ici je dois remarquer avec quel empressement vous êtes accoutumés à voler au secours de vos alliés malheureux, tandis que vous abandonnez les malheureux de votre propre patrie au soin de la providence ou de la paroisse. Quand les Portugais eurent été ruinés par les Français forcés à la retraite, chacun étendit son bras, ouvrit sa main; depuis les immenses largesses du riche jusques au denier de la veuve, tout leur fut fourni pour les mettre à même de rebâtir leurs villages et de regarnir leurs greniers. Et, dans ce moment, quand des milliers de vos concitoyens, hommes égarés mais malheureux, luttent contre la misère et la faim, votre charité devrait faire dans l'intérieur du pays l'œuvre qu'elle a commencée au dehors. Avec une somme beaucoup moindre, avec la dîme des libéralités faites au Portugal, lors même que ces hommes n'auraient pu être rendus à leurs occupations (ce que je ne puis admettre sans enquête ultérieure), vous auriez rendu inutiles les tendresses miséricordieuses de la baïonnette et du gibet. Mais sans doute nos amis ont trop de misères étrangères à soulager pour tourner leurs regards sur les calamités domestiques, quoique jamais la pitié n'ait pu avoir un plus touchant spectacle. J'ai traversé le théâtre de la guerre dans la péninsule, j'ai été dans quelques-unes des provinces turques les plus opprimées; mais jamais sous le plus despotique des gouvernemens infidèles, je ne vis une détresse aussi affreuse que celle que j'ai vue depuis mon retour dans le cœur même d'un pays chrétien. Et quels sont vos remèdes ? Après des mois entiers d'inaction, et des mois d'action pires que l'inactivité, enfin paraît le grand spécifique, l'infaillible recette de tous les médecins du corps politique, depuis le siècle de Dracon jusqu'à l'époque actuelle. Après avoir tâté le pouls du patient et hoché la tête; après avoir prescrit les ressources usuelles de l'eau chaude et de la saignée, l'eau chaude de votre nauséeuse police et les lancettes de vos militaires, ces convulsions doivent se terminer par la mort, sûre terminaison des prescriptions de tous nos Sangrados politiques. Je mets de côté l'injustice palpable, et l'inefficacité non-douteuse du bill ; n'y a-t-il donc pas assez de peines capitales dans vos statuts ? N'y a-t-il pas assez de sang qui souille votre code pénal ? voulez-vous en verser encore, qui monte vers le ciel et porte témoignage contre vous ? Comment, d'ailleurs, mettrez-vous le bill à exécution ? Pouvez-vous renfermer un comté tout entier dans ses prisons ? Élèverez-vous un gibet dans chaque champ, et pendrez-vous les hommes comme autant d'épouvantails? ou bien (puisque vous devez mettre à exécution cette mesure), procéderez-vous par décimation ? placerez-vous le pays sous le régime de la loi martiale ? dépeuplerez-vous, ravagerez-vous tout autour de vous ? et rétablirez-vous la forêt de Sherwood comme apanage de la couronne, dans son ancien état de chasse royale, et d'asile pour les malfaiteurs ? Le malheureux affamé qui a bravé vos baïonnettes, pâlira-t-il à l'aspect de vos gibets ? Quand la mort est un bien, et le seul bien que vous paraissiez vouloir lui faire, vos dragonnades le réduiront-elles à la tranquillité ? Ce que vos grenadiers n'ont pu faire, vos bourreaux pourront-ils l'accomplir ? Si vous procédez par les formes légales, où est votre évidence ? Ceux qui ont refusé de dénoncer leurs complices, lorsque la déportation était la seule punition à craindre, ne seront pas tentés de porter témoignage contre eux, maintenant que la peine capitale les attend. Avec toute la déférence due aux nobles lords d'opinion contraire, je soutiens qu'une petite investigation, une enquête préalable les engagerait à changer de conduite. Cette mesure favorite de nos hommes d'état, suivie de succès si merveilleux dans plusieurs circonstances, et dans des circonstances récentes, la temporisation ne perdrait point ses avantages dans le cas actuel. Quand une proposition vous est faite dans le but d'émanciper et de soulager, vous hésitez, vous délibérez pendant des années entières, vous temporisez et vous préparez les esprits; mais un bill de mort doit passer tout de suite, sans que l'on songe le moins du monde aux conséquences. Je suis sûr d'après ce que j'ai entendu dire, et d'après ce que j'ai vu, que l'adoption du bill, sans enquête, sans délibération, ne ferait qu'ajouter une injustice à l'irritation actuelle, et la barbarie à l'abandon. Les auteurs d'un tel bill doivent être contens d'hériter des honneurs de ce législateur athénien, dont on a dit que les décrets avaient été écrits non pas avec de l'encre, mais en lettres de sang. Mais supposons le bill adopté; supposons un de ces hommes, comme je les ai vus, — amaigri par la famine, plongé dans un sombre désespoir, peu soucieux de conserver une vie que vos Seigneuries sont peut-être sur le point d'évaluer un peu au-dessous d'un métier à bas, — supposez cet homme environné par ses enfans à qui il ne peut procurer du pain aux dépens même de son existence, près d'être arraché pour toujours à une famille que naguère il entretenait par sa paisible industrie, et qu'il est devenu, sans faute de sa part, incapable d'entretenir; — supposez cet homme (et il y en a dix mille tels que lui, parmi lesquels vous pouvez choisir vos victimes), supposez-le traîné devant la cour pour être jugé pour ce nouveau délit, par cette nouvelle loi ; hé bien ! il manque encore deux conditions pour qu'il soit reconnu coupable, et condamné comme tel; il manquera, c'est mon opinion, — douze bouchers pour jury, et un Jefferies [1] pour juge.

[1] Lord George Jefferies, chancelier d'Angleterre sous Jacques II, célèbre par ses cruautés.   (*N. du Tr.*)

DISCOURS

SUR LA MOTION DU COMTE DE DONOUGHMORE,

QUI RÉCLAMAIT LA FORMATION D'UN COMITÉ POUR L'EXAMEN DES DROITS DES CATHOLIQUES, AVRIL 21, 1813.

MILORDS,

La question qui occupe la Chambre a été l'objet de discussions si fréquentes, si complètes, si habiles (et peut-être aujourd'hui encore plus habiles qu'en aucune autre circonstance), qu'il serait difficile d'apporter de nouveaux argumens pour ou contre. Mais, à chaque discussion, des difficultés ont été éloignées, des objections ont été épluchées et réfutées ; et quelques-uns des anciens adversaires de l'émancipation catholique ont enfin concédé qu'il était convenable de faire droit aux réclamations des pétitionnaires. Après cette importante concession, néanmoins, une nouvelle objection s'est élevée : *il n'en est pas tems*, dit-on, ou *le tems est mal choisi*, ou *il y a encore assez de tems*. En quelque sorte, je suis d'accord avec ceux qui disent qu'il n'en est pas tems précisément : le tems en est passé ; mieux vaudrait, pour le pays, que les catholiques possédassent en ce moment leur quote-part de nos priviléges, et que leurs nobles eussent dans nos conseils une juste portion d'influence, que de nous trouver ici assemblés pour discuter leurs droits. Oui, cela vaudrait mieux.

Non tempore tali
Cogere consilium, quum muros obsidet hostis.

L'ennemi est au dehors et la misère est au dedans. Il est trop tard pour chicaner sur des points de doctrine, quand nous devons nous unir pour la défense de choses plus importantes que le pur cérémonial de la religion. Il est, en vérité, singulier que nous soyons convoqués pour délibérer, non pas sur le Dieu que nous devons adorer, car là-dessus nous sommes d'accord; non pas sur le roi à qui nous devons obéir, car nous lui sommes très-fidèles; mais sur la question de savoir jusqu'à quel point une différence dans les cérémonies du culte, jusqu'à quel point une foi, non pas trop restreinte, mais trop étendue (ce qui est le pire des griefs que l'on puisse imputer aux catholiques), — jusqu'à quel point un excès de dévotion à leur Dieu peut rendre nos concitoyens incapables de servir efficacement leur roi.

On a, dans cette Chambre et hors de cette Chambre, beaucoup parlé de l'église et de la constitution; et, quoique ces mots respectables aient été trop souvent prostitués aux plus misérables desseins de l'esprit de parti, nous ne pouvons les entendre répéter trop souvent. Tous les orateurs sont, je présume, les défenseurs de l'église et de la constitution ; de l'église du Christ et de la constitution de la Grande-Bretagne, mais non d'une constitution d'exclusion et de despotisme ; non d'une église intolérante, non d'une église militante, qui s'expose elle-même à l'objection dirigée contre la communion romaine, et s'y expose à un plus haut degré ; car la religion catholique ne refuse que ses bénédictions spirituelles (et ce point même est douteux) ; mais notre église, ou plutôt nos hommes d'église, non-seulement dénient aux catholiques les grâces spirituelles, mais encore toute espèce de biens temporels. Le grand lord Peterborough observa dans cette enceinte, ou dans celle où les lords s'assemblaient à cette époque, qu'il était *pour un roi parlementaire, pour une constitution parlementaire, mais non pour un Dieu parlementaire, non pour une religion parlementaire*. L'intervalle d'un siècle n'a pas affaibli la force de cette remarque. Il est tems, en vérité, que nous laissions ces misérables chicanes sur des points si frivoles, ces subtilités lilliputiennes, dignes de qui veut décider *s'il est mieux de casser les œufs par le gros ou le petit bout*.

Les adversaires des catholiques peuvent être divisés en deux classes : ceux qui affirment que les catholiques ont déjà trop, et ceux qui allèguent que la classe inférieure, du moins, n'a rien de plus à demander. Les uns nous disent que les catholiques ne seront jamais contens ; les autres, qu'ils sont déjà trop heureux. Le dernier paradoxe est suffisamment réfuté par la pétition présente comme par toutes les pétitions passées ; on aurait pu tout aussi bien prétendre que les nègres ne désiraient pas être émancipés ; mais c'est une comparaison malheureuse ; car vous avez déjà délivré ceux-ci du régime de la servitude, sans pétition de leur part, et malgré plusieurs pétitions de leurs maîtres dans un but tout opposé. Pour moi, quand j'y réfléchis, je plains les paysans catholiques de n'avoir pas eu le bonheur de naître avec une peau noire. Mais, nous dit-on, les catholiques sont contens, ou, du moins, doivent l'être. Je m'en vais donc rappeler quelques-unes des circonstances qui contribuent si merveilleusement à leur excessif contentement. Ils ne jouissent pas du libre exercice de leur religion dans l'armée régulière ; le soldat catholique ne peut manquer au service du ministre protestant ; et à moins qu'il ne soit cantonné en Irlande ou en Espagne, où peut-il trouver, s'il en a le désir, l'occasion d'assister aux cérémonies de son culte ? La permission d'avoir des chapelains catholiques fut accordée comme une faveur spéciale aux régimens de la milice irlandaise, et encore ne fut-elle accordée qu'après plusieurs années de réclamations, quoique un acte passé en 1793 l'eût établie comme un droit. Mais, en Irlande, les catholiques sont-ils convenablement protégés? leur église peut-elle acheter un morceau de terre pour y élever une chapelle? Non. Tous les édifices consacrés au culte sont bâtis en vertu de baux de concession, ou de tolérance, donnés par un laïque, baux aisément résiliables et fort souvent violés. A l'instant où un désir bizarre, un caprice fortuit du bienveillant propriétaire rencontre quelque opposition, les portes sont fermées à la pieuse assemblée. C'est ce qui est arrivé sans cesse, mais jamais avec autant d'éclat que dans la ville de Newton-Barry, dans le comté de Wexford. Les catholiques, n'ayant point de chapelle régulière, louèrent, pour ressource temporaire, deux granges qui, réunies ensemble, servirent au culte public. A cette époque, demeurait, vis-à-vis de ce lieu, un officier qui paraît avoir été profondément imbu de ces préjugés, dont les pétitions protestantes, actuellement sur le bureau, prouvent l'heureuse destruction chez la portion la plus raisonnable de la nation; et, quand les catholiques vinrent, au jour accoutumé, s'assembler, en paix et bonne volonté avec les hommes, pour le culte de leur Dieu, qui est aussi le vôtre, ils trouvèrent la chapelle fermée, et furent avertis que s'ils ne se retiraient pas sur-le-champ (et cet avertissement leur était signifié par un officier des *yeomen*[1] et par un magistrat), le *riot act*[2] allait être lu, et

---

[1] Espèce de garde municipale. (*N. du Tr.*)

[2] Ordonnance contre les rassemblemens. (*N. du Tr.*)

l'assemblée dispersée à la pointe de la baïonnette! Une plainte contre cette violence fut adressée à un haut fonctionnaire, au secrétaire du Château, en 1806, et celui-ci répondit (au lieu d'ordonner une réparation), qu'il ferait écrire une lettre au colonel, afin de prévenir, s'il était possible, le retour de semblables scènes de désordre. Ce fait ne demande pas le développement d'un grand appareil oratoire; mais il tend à prouver que, tandis que l'église catholique n'a pas la faculté d'acheter des terrains pour élever ses chapelles, elle ne trouve dans les lois aucune protection. En même tems, les catholiques sont à la merci du plus mince officier, qui peut impunément *faire ses bons tours à la face du ciel*, insulter son Dieu et outrager ses semblables.

Tout écolier, tout petit laquais (car de tels individus ont obtenu des brevets dans notre service militaire), tout petit laquais qui a pu changer ses rubans de livrée pour une épaulette, peut faire tout cela, et même plus encore contre les catholiques, en vertu de l'autorité même, à lui déléguée par son souverain sous l'obligation expresse de défendre ses concitoyens jusqu'à la dernière goutte de son sang, sans différence ou distinction aucune entre les catholiques et les protestans.

Les catholiques irlandais ont-ils le bénéfice plein et entier du jugement par jury? Non, ils ne l'ont pas; ils ne peuvent l'avoir qu'après avoir obtenu le droit de partager avec les protestans le privilége de servir l'état en qualité de shériffs et de sous-shériffs. Il y a eu un exemple frappant de cet abus, aux assises d'Enniskillen. Un *yeoman* fut traduit en justice pour le meurtre d'un catholique nommé Macvournagh ; trois témoins respectables, et non contredits, déposèrent qu'ils avaient vu le prévenu charger son arme, viser, faire feu, et tuer ledit Macvournagh. Cette circonstance fut convenablement développée par le juge; mais, à l'étonnement du barreau, et à la grande indignation de la cour, le jury protestant acquitta l'accusé. La partialité était si évidente, que le juge, M. Osborn, regarda comme son devoir d'arrêter l'assassin acquitté, mais non pas absous, pour de larges indemnités, et de lui ôter ainsi pour quelque tems la liberté de tuer impunément les catholiques.

Les lois faites en leur faveur sont-elles observées ? Elles sont rendues illusoires dans les cas les plus frivoles comme dans les plus sérieux. Par un réglement récent, on permet dans les prisons les chapelains catholiques : mais dans le comté de Fermanagh le grand jury persista dernièrement à présenter pour cet office un ministre suspendu, et viola par là le statut, malgré les plus pressantes remontrances d'un respectable magistrat, nommé M. Fletcher. Telles sont les lois, telle est la justice pour les libres, heureux, et joyeux catholiques.

On a demandé pourquoi les riches catholiques ne créent pas des dotations pour l'éducation de leurs prêtres.—Mais pourquoi ne leur permettez-vous pas de le faire ? Pourquoi tous les legs de cette nature sont-ils soumis à une intervention vexatoire, arbitraire et concussionnaire, à l'intervention de la commission orangiste [1] des donations charitables ? Quant au collége de Maynooth, en aucune circonstance, hormis à l'époque de sa fondation, alors qu'un noble pair (lord Camden), à la tête de l'administration de l'Irlande, parut s'intéresser aux progrès de cet établissement ; et sous le gouvernement d'un noble duc (Bedford) qui, comme ses ancêtres, a toujours été l'ami de la liberté et de l'humanité ; et qui n'a pas assez bien adopté la politique égoïste du jour, pour exclure les catholiques du nombre de ses semblables : sauf ces exceptions, le collége de Maynooth n'a pas été convenablement encouragé. Il y a eu à la vérité un tems où l'on chercha à se concilier le clergé catholique, lorsque *l'union* était incertaine, union qui ne pouvait avoir lieu sans l'intermède de ce clergé, lorsque son assistance était indispensable pour obtenir des adresses favorables de la part des comtés catholiques : alors les prêtres catholiques étaient cajolés et caressés, craints et flattés, on leur fit entendre que *l'union mettrait une heureuse fin à toute chose* ; mais, le moment de la crise une fois passé, ils furent repoussés avec mépris dans leur première obscurité.

---

[1] *The orange commissioners for charitable donations.*

Dans la conduite qu'on n'a pas cessé de tenir à l'égard du collége Maynooth, tout semble fait pour irriter et inquiéter, — tout semble fait pour effacer de la mémoire des catholiques la plus légère impression de gratitude. Le foin même, coupé dans la plaine, la graisse et le suif du bœuf et du mouton alloués, doivent être payés, et les comptes doivent en être rendus et réglés par serment. Il est vrai que cette économie en miniature ne peut être suffisamment louée, particulièrement à une époque où il n'y a que ces insectes dévorateurs du trésor, vos Hunt et vos Chinnery, où il n'y a que ces *punaises dorées* [1] qui puissent échapper à l'œil microscopique des ministres. Mais quand de session en session, après n'avoir laissé qu'avec effort et répugnance échapper de vos mains votre chétive aumône, vous venez vous vanter de votre libéralité ; alors le catholique pourrait bien s'écrier, dans les termes mêmes de Prior :

J'ai quelque obligation à Jean ; mais, par malheur, Jean juge à propos de le communiquer à toute la nation : ainsi, Jean et moi nous sommes quittes [2].

Quelques personnes ont comparé les catholiques au mendiant de Gil Blas. Qui les a faits mendians ?

---

[1] *Gilded bugs.* Citation.

[2]   *To John I owe some obligation,*
    But John unluckily thinks fit
  To publish it to all the nation :
    So John and I are more than quit.

de qui la dépouille de leurs ancêtres a-t-elle grossi les richesses ? Et ne pouvez-vous soulager le mendiant que vos pères ont réduit à un tel état ? Si vous êtes disposés à le soulager tout-à-fait, ne pouvez-vous accomplir cette œuvre sans lui jeter vos deniers[1] au visage? Toutefois, pour faire contraste à cette misérable bienfaisance, considérons les écoles protestantes de charité[2]; vous leur avez récemment alloué 41,000 liv.[3]. C'est ainsi qu'elles sont entretenues; et comment sont-elles recrutées? Montesquieu fait observer à l'égard de la constitution anglaise, qu'on en peut trouver le modèle dans Tacite, là où l'historien décrit les institutions politiques des Germains; et ce publiciste ajoute : « Ce beau système fut tiré des forêts. » Pareillement, en parlant des écoles protestantes de charité, on peut faire observer que ce beau système fut tiré des Bohémiennes. Comme se recrutaient les Janissaires au tems de leur enrôlement sous Amurat, comme les Bohémiennes de l'époque actuelle se recrutent encore avec des enfans volés; ainsi ces écoles se recrutent avec des enfans séduits, et dérobés à leurs familles catholiques, par leurs riches et puissans voisins protestans. Cela est notoire, et un seul exemple peut suffire pour

---

[1] *Farthings*: liards, deniers.

[2] *Protestant charter schools.*

[3] 1,025,000 fr.

montrer de quelle manière cela se pratique. La sœur de M. Carthy (*gentleman* catholique fort riche eu biens fonds) laissa en mourant deux filles qui furent immédiatement désignées comme prosélytes, et conduites à l'école de charité de Coolgreny : leur oncle, à la nouvelle de ce fait, qui avait eu lieu pendant son absence, réclama la restitution de ses nièces, et offrit de transférer une partie de ses biens sur la tête de ses deux parentes. Sa demande fut rejetée, et ce n'est qu'après une lutte de cinq années, et grâce à l'intervention d'une haute autorité, que ce gentleman catholique obtint que deux jeunes filles, qui lui étaient si étroitement liées par les droits du sang, sortissent de l'école de charité, et lui fussent rendues. Voilà de quelle façon l'on se procure des prosélytes que l'on mêle aux enfans de tous les protestans qui peuvent avoir recours au bénéfice de cette institution. Et quelle instruction leur est donnée? On leur met entre les mains un catéchisme, qui est composé, je crois, de quarante-cinq pages, et dans lequel il y a trois questions relatives à la religion protestante. L'une de ces demandes est celle-ci : « Où était la religion protestante avant Luther? » Réponse: « Dans l'Évangile. » Il reste quarante-quatre pages et demie qui concernent la damnable idolâtrie des papistes.

Permettez-moi de le demander à nos pasteurs et maîtres spirituels : est-ce là la manière d'instruire un enfant dans la voie qu'il doit suivre ? Est-ce là la religion de l'Évangile avant le tems de Luther ? cette religion qui proclame tout haut : *paix sur la terre, et gloire à Dieu !* Est-ce là élever des enfans, pour les rendre hommes ou démons ? Mieux vaudrait les envoyer n'importe où, — que de leur enseigner de telles doctrines : mieux vaudrait les envoyer dans ces îles des mers australes, où, par une éducation plus humaine, ils apprendraient à devenir cannibales : il serait moins odieux qu'ils fussent instruits à dévorer les morts qu'à persécuter les vivans. Donnez-vous le nom d'écoles à de tels établissemens ? Nommez-les plutôt des fumiers où la vipère de l'intolérance dépose ses petits, afin que plus tard leurs dents étant devenues tranchantes, et leur venin s'étant mûri, ils en sortent, chargés d'ordure et de poison, pour blesser les catholiques. Mais sont-ce là les doctrines de l'église d'Angleterre, ou celles des gens d'église ? Non, les ecclésiastiques les plus éclairés sont d'une opinion différente. Que dit Paley: « Je n'aperçois aucune raison pour laquelle des hommes de diverses croyances religieuses ne doivent pas siéger sur le même banc, délibérer dans le même conseil, ou combattre dans les mêmes rangs, tout aussi bien que des hommes d'opinions religieuses différentes discutent ensemble sur une controverse d'histoire naturelle, de philosophie ou de morale. » On peut répondre que Paley n'était pas rigoureusement orthodoxe; je ne saurais rien décider sur son orthodoxie, mais qui niera qu'il n'ait été un des ornemens de l'église, de la nature humaine, et de la chrétienté ? Je n'appuierai point sur le fardeau des dîmes, fardeau si durement senti par les paysans, mais il est peut-être à propos de remarquer qu'il y a encore une charge additionnelle, un droit de *tant pour cent* pour le collecteur, qui, par conséquent, est intéressé à porter les dîmes au plus haut taux possible, et nous savons que dans plusieurs bénéfices considérables d'Irlande, les protestans résidens sont les seuls qui soient procureurs de la dîme.

Parmi tant de causes d'irritation, trop nombreuses pour être récapitulées, il y en a une dans la milice, qu'on ne doit point passer sous silence : je veux parler de l'existence des loges orangistes parmi les particuliers. Les officiers peuvent-ils dénier ce fait ? Et si ces loges existent, tendent-elles, peuvent-elles tendre à établir l'harmonie parmi les hommes, qui sont ainsi individuellement séparés de la société, quoique confondus dans les rangs de l'ordre social ? Et doit-on permettre ce système général de persécution, ou est-il à croire qu'avec un tel système les catholiques puissent ou doivent être contens ? S'ils le sont, ils manquent à l'humaine nature ; alors, en vérité, ils sont indignes d'être autre chose que ce que vous les avez faits, — autre chose que des esclaves. Les faits que j'ai cités ont pour appui les plus respectables autorités : sans quoi, je n'aurais point osé en ce lieu, ni en quelque lieu que ce soit, me hasarder à les avancer. Si l'on m'objecte que je n'ai jamais été en

Irlande, je vous prierai de remarquer, qu'il est aisé de connaître un peu l'Irlande, sans jamais y avoir été, comme il paraît possible que quelques personnes y soient nées, y aient été nourries et élevées, et pourtant demeurent dans l'ignorance des véritables intérêts de cette contrée.

Mais il y en a qui affirment que les catholiques ont été déjà trop bien traités. Voyez, disent-ils, ce qui a été fait; nous leur avons donné un collége entier, nous leur allouons la nourriture et l'habillement, la pleine et complète jouissance des élémens, et nous les laissons combattre pour nous aussi long-tems qu'ils ont leurs membres et leurs vies à nous offrir; et néanmoins ils ne sont jamais contens! O généreux et justes déclamateurs! C'est à cela, et à cela seul qu'aboutissent tous vos argumens, dépouillés de tout sophisme. Ces personnes me remettent en mémoire l'histoire d'un certain tambour qui, appelé au rigoureux devoir d'administrer la punition ordonnée contre un ami attaché au poteau, fut sommé de fouetter haut; il fouetta bas, il fouetta un peu moins bas, il fouetta haut, puis bas, puis entre deux; et ainsi de suite à plusieurs reprises, mais le tout en vain: le patient continua ses plaintes avec la plus choquante opiniâtreté; jusqu'à ce que le tambour, épuisé de fatigue et bouillant de colère, eût jeté à bas les verges, en s'écriant : « Le diable vous rôtisse; il n'y a aucune manière de fouetter qui vous plaise. » Ainsi vous comportez-vous vous-mêmes : vous avez fouetté le catholique haut et bas, ici et là, et partout, et vous vous étonnez qu'il ne soit pas content ! Il est vrai que le tems, l'expérience, et la fatigue qui suit l'exercice même de la barbarie, vous ont appris à fouetter un peu plus doucement ; mais vous continuez toujours à sangler votre victime, et continuerez ainsi jusqu'à ce que peut-être le fouet soit arraché de vos mains, et tourné contre vous-mêmes et contre votre postérité. — Il a été dit par un des orateurs précédens (j'ai oublié qui c'était, et ne me soucie guère de m'en souvenir) : « *Si les catholiques sont émancipés, pourquoi pas les juifs ?* » Si ce propos a été dicté par une sincère compassion pour les juifs, il mérite attention ; mais si ce n'est qu'un trait d'ironie contre les catholiques, est-ce autre chose que le langage de Shylock transporté du mariage de sa fille à l'émancipation catholique ? —

Je voudrais que quelqu'un de la tribu de Barrabas l'obtînt plutôt qu'un chrétien [1].

Je présume qu'un catholique est un chrétien, même dans l'opinion de celui dont le goût seul peut être supposé pencher en faveur des juifs.

C'est une remarque, souvent citée, du docteur Johnson (que je prends pour une autorité presque

---

[1] *Would any of the tribe of Barrabbas*
Should have it rather than a christian.
(SHAKSP.; *The Merch. of Ven.*)

aussi bonne que le doux apôtre de l'intolérance, le docteur Duigenan), que celui qui entretiendrait quelque appréhension sérieuse de danger pour l'église dans les tems actuels, aurait *crié au feu durant le Déluge*. Ceci est plus qu'une métaphore; car un restant de ces personnages antédiluviens semble aujourd'hui s'être retiré chez nous, avec le feu dans la bouche et l'eau dans la cervelle, pour troubler et inquiéter le genre humain de leurs cris bizarres et fantasques. Et comme c'est un symptôme infaillible de la désolante maladie dont je les crois atteints (maladie sur laquelle le premier docteur venu donnera des renseignemens à vos Seigneuries), comme c'est, dis-je, un symptôme infaillible pour ces infortunés malades d'apercevoir sans cesse des éclairs devant leurs yeux; surtout quand leurs yeux sont fermés, il est impossible de convaincre ces pauvres créatures que le feu contre lequel ils nous avertissent nous et eux-mêmes de nous prémunir, n'est rien autre chose qu'un feu follet, produit de leurs imaginations idiotes. Quelle rhubarbe, quel séné, ou quelle autre drogue purgative peut expulser de leur esprit ce vain fantôme? — Cela est impossible; ils sont perdus. C'est à eux que s'applique véritablement ce mot :

Caput insanabile tribus Anticyris [1].

[1] Citation d'Horace. « Tête incurable, même par l'ellébore, qu'on » recueillerait dans trois Anticyres. » Anticyre, île de l'Archipel, cé-

Tels sont vos vrais protestans. Comme Bayle, qui protestait contre toutes les sectes, ainsi protestent-ils contre les pétitions catholiques, contre les pétitions protestantes, contre toute réparation, et tout ce que la raison, l'humanité, la politique, la justice et le bon sens peuvent opposer aux illusions de leur absurde délire. Ces gens-là présentent le cas inverse de la montagne qui enfanta une souris : ce sont des souris qui s'imaginent être dans le travail d'enfantement d'une ou plusieurs montagnes.

Pour revenir aux catholiques, supposez que les Irlandais fussent actuellement contens, malgré toutes les incapacités dont la loi les frappe, — supposez-les capables d'une stupidité telle qu'ils ne désirent aucunement être délivrés, — ne devons-nous pas désirer leur délivrance, dans notre propre intérêt ? N'avons-nous rien à gagner par leur émancipation ? Quelles ressources nous ont été fermées ? quels talens ont été perdus à cause de cet égoïste système d'exclusion ? Vous connaissez déjà la valeur des secours irlandais : en ce moment, la défense de l'Angleterre est confiée à la milice irlandaise ; en ce moment, tandis que le peuple mourant de faim se soulève dans la fureur du désespoir, les Irlandais sont fidèles au devoir confié en leurs mains. Mais tant qu'une égale énergie n'aura pas été communiquée

---

lèbre dans l'antiquité, parce qu'elle fournissait l'ellébore, qui passait, bien à tort, pour un spécifique contre la folie.

(*N. du Tr.*)

partout, par l'extension de la liberté, vous ne pourrez avoir la pleine et entière jouissance de la force que vous êtes heureux d'interposer entre vous et la destruction. L'Irlande a beaucoup fait, mais fera plus encore. En ce moment, le seul triomphe que nous ayons obtenu durant les longues années d'une guerre continentale, a été remporté par un général irlandais [1]. Il est vrai qu'il n'est pas catholique; s'il l'eût été, nous eussions été privés de ses talens. Toutefois, je ne présume pas que personne veuille prétendre que sa religion eût affaibli son génie militaire ou diminué son patriotisme; quoique, dans le cas supposé, il eût été obligé de combattre dans les rangs; car, à coup sûr, il n'eût jamais commandé une armée.

Mais tandis qu'il gagne au dehors des batailles en faveur des catholiques, son noble frère s'est fait dans cette séance le défenseur de leurs intérêts avec une éloquence que je ne déprécierai point par l'humble tribut de mon panégyrique, pendant le tems même qu'un de leurs parens, qui leur est aussi peu semblable qu'il leur est inférieur en talent, a combattu à Dublin contre ses frères catholiques avec des circulaires, des édits, des proclamations, des arrestations et des dispersions de rassemblemens, — avec tous les moyens vexatoires de la chétive

---

[1] Arthur Wellesley, depuis lord Wellington.

(*N. du Tr.*)

guerre qui pouvait être entretenue par les guérillas mercenaires du gouvernement, vêtues de l'armure rouillée de leurs statuts surannés. Il est, en vérité, singulier d'observer la différence de notre politique étrangère et de notre politique intérieure. Si la catholique Espagne, le fidèle [1] Portugal, ou le non moins fidèle et non moins catholique ex-roi des Deux-Siciles (à qui, soit dit en passant, il ne restait plus que la Sicile, dont vous l'avez récemment dépouillé), si, dis-je, ces peuples et ces rois catholiques ont besoin de secours, vite nous faisons partir une flotte et une armée, un ambassadeur et un subside; quelquefois pour soutenir de rudes combats, généralement pour faire de mauvaises négociations, et toujours pour payer beaucoup d'argent pour nos alliés papistes. Mais si quatre millions de nos concitoyens, qui combattent, paient, et travaillent pour nous, s'avisent de nous adresser des prières pour obtenir quelque soulagement, nous les traitons comme des étrangers, et, quoique *la maison de leur père offre plusieurs logemens*, il n'y a pour eux aucune place de repos. Permettez-moi de vous le demander, ne vous battez-vous pas pour l'émancipation de Ferdinand VII, qui certainement est un sot, et par conséquent, suivant toute probabilité, un bigot?

---

[1] Allusion aux dénominations des rois d'Espagne et de Portugal : le premier se nommant Sa Majesté Catholique (S. M. C.), le second, Sa Majesté Très-Fidèle (S. M. T. F.).
(*N. du Tr.*)

Et avez-vous donc plus de considération pour un souverain étranger que pour vos concitoyens qui ne sont point des sots (car ils connaissent votre intérêt mieux que vous ne connaissez le vôtre); qui ne sont point des bigots, car ils vous rendent le bien pour le mal; mais qui endurent un sort pire que d'être tenus en prison par un usurpateur, car les chaînes qui asservissent l'âme sont plus pesantes que celles qui entravent le corps.

Je ne m'étendrai point sur les conséquences qui doivent résulter de votre refus d'accéder aux réclamations des pétitionnaires; vous les connaissez, vous les éprouverez, ainsi que les enfans de vos enfans quand vous ne serez plus. Adieu pour jamais à cette union, ainsi nommée par la même raison que *lucus à non lucendo*[1], union qui n'a jamais rien uni, dont le premier effet fut de donner un coup mortel à l'indépendance de l'Irlande, et dont le dernier résultat sera peut-être de séparer à jamais l'Irlande de notre pays. Si l'on peut appeler cela une union, c'est celle du requin avec sa proie; le ravisseur dévore sa victime, et c'est ainsi qu'il ne forme plus avec elle qu'un tout indivisible. Ainsi la Grande-Bretagne a dévoré le parlement, la constitution, l'indépendance de l'Irlande, et elle refuse maintenant de rendre un seul

---

[1] *Lucus* (nom des bois sacrés, impénétrables à la lumière) vient, selon les étymologistes, de *lucere* (luire), par antiphrase.

(*N. du Tr.*)

privilège; quoiqu'elle ait par là le moyen de guérir la surcharge indigeste de son corps politique.

Et maintenant, milords, avant de me rasseoir, je demanderai aux ministres de Sa Majesté la permission de dire quelques mots, non pas sur leurs mérites, car cela serait superflu; mais sur le degré d'estime que leur accorde le peuple des trois royaumes. L'estime qu'on leur accorde a été en une récente occasion célébrée d'un ton de triomphe dans cette enceinte, et l'on a établi une comparaison entre leur conduite, et celle des nobles lords qui siégent de ce côté de la Chambre.

Quelle portion de popularité peut-elle être échue en partage à mes nobles amis (si toutefois je ne suis pas indigne de les regarder comme tels); c'est ce que je ne prétends pas déterminer : mais, quant à celle des ministres de Sa Majesté, il serait inutile de la nier. La popularité, c'est un fait sûr, est un peu comme le vent : « *On ne sait pas d'où elle vient ni où elle va*, » mais ils la sentent, ils en jouissent, ils s'en vantent. En vérité, simples et modestes comme ils le sont, à quelle extrémité du royaume peuvent-ils fuir pour éviter le triomphe qui les poursuit ? S'ils s'enfoncent dans les provinces méditerranées, ils y seront accueillis par les ouvriers des manufactures, qui tenant à la main leurs pétitions méprisées, et portant autour du cou la corde récemment votée en leur faveur, appelleront les bénédictions du ciel sur les têtes de ceux qui ont imaginé le moyen si simple, mais si ingénieux, de les délivrer de leurs misères ici-bas, en les envoyant dans un monde meilleur. S'ils voyagent en Écosse, de Glasgow à Johnny Groat, partout ils recevront de pareilles marques d'approbation. S'ils font une tournée de Portpatrick à Donaghadee, ils rencontreront les embrassemens empressés de quatre millions de catholiques, à qui leur vote d'aujourd'hui les a rendus chers pour jamais. Quand ils reviendront dans la capitale, — ils ne peuvent échapper aux acclamations des bourgeois, et aux applaudissemens plus timides mais non moins sincères des marchands en faillite et des capitalistes en péril de banqueroute. S'ils tournent leurs regards sur l'armée, quelles guirlandes, non de lauriers, mais de morelle[1] ne prépare-t-on pas pour les héros de Walcheren! Il est vrai qu'il est resté peu d'hommes en vie pour certifier leurs mérites en cette occasion : mais un *nuage de témoins* est venu de cette brave armée qu'ils ont si généreusement et si pieusement mise en campagne pour recruter la *noble armée des martyrs*.

Si dans le cours de cette carrière triomphale, où ils recueilleront autant de cailloux qu'en recueillit l'armée de Caligula dans un triomphe semblable, prototype du leur; — si, dis-je, ils n'aperçoivent

---

[1] La *morelle*, en anglais *night-shade*, mot à mot, ombre de la nuit, est une plante assez commune dans les champs : la couleur sombre de ses feuilles en font un emblème assez naturel de la tristesse.

(*N. du Tr.*)

aucun de ces monumens qu'un peuple reconnaissant élève pour honorer ses bienfaiteurs, oui, quoiqu'il n'y ait pas même une enseigne qui veuille condescendre à déposer la tête du Sarrasin,[1] pour la remplacer par l'image des conquérans de Walcheren; ils n'ont pas besoin de portrait, eux qui peuvent toujours avoir les honneurs de la caricature; ils n'ont point à regretter le manque de statue, eux qui se verront si souvent pendus en effigie. Mais leur popularité n'est pas bornée dans les étroites limites d'une île; il y a d'autres contrées où leurs mesures, et surtout leur conduite envers les catholiques les rendra éminemment populaires. S'ils sont aimés ici, en France ils doivent être adorés. Il n'y a pas de mesure plus contraire aux desseins et aux sentimens de Buonaparte que l'émancipation des catholiques; pas de plan de conduite plus favorable à ses projets que celui qui a été, est encore, et sera toujours, je le crains, suivi à l'égard de l'Irlande. Qu'est l'Angleterre sans l'Irlande, et qu'est l'Irlande sans les catholiques ? C'est sur la base de votre tyrannie que Napoléon espère bâtir la sienne. L'oppression des catholiques doit inspirer tant de reconnaissance à son cœur, que sans aucun doute (comme il a dernièrement permis un renouvellement de communication) le prochain cartel amènera dans ce

---

[1] Une *tête de Sarrasin* est une enseigne aussi fréquente en Angleterre que l'est chez nous le *lion d'or*, le *soleil d'or*, le *bon coing*, etc.
(*N. du Tr.*)

pays des cargaisons de porcelaines de Sèvres et de rubans (denrée, grandement recherchée, et de valeur égale en ce moment); de rubans de la Légion-d'Honneur pour le docteur Duigenan et ses disciples ministériels. Telle est cette popularité si bien gagnée, qui résulte de ces expéditions extraordinaires, si ruineuses pour nos finances et si inutiles à nos alliés; de ces singulières enquêtes, si favorables aux accusés, et si peu satisfaisantes pour le peuple; de ces victoires paradoxales, si honorables, nous dit-on, pour le nom anglais, mais si contraires aux vrais intérêts de la nation anglaise : surtout, telle est la récompense de la conduite tenue par les ministres envers les catholiques.

J'ai à m'excuser auprès de la Chambre, qui, je l'espère, pardonnera à un jeune homme qui n'a pas l'habitude de réclamer souvent votre patience, d'avoir aujourd'hui si longuement tâché d'attirer votre attention. Mon opinion irrévocable est, comme mon vote le sera, en faveur de la motion.

DISCOURS

SUR LA PÉTITION DU MAJOR CARTWRIGHT,

LE 1ᵉʳ JUIN 1813.

Lord Byron se leva et dit :

MILORDS,

La pétition que je tiens, dans l'intention de la présenter à la Chambre, doit, si je ne me trompe, obtenir une attention particulière de la part de vos Seigneuries; en effet, quoiqu'elle ne soit signée que par un seul individu, elle contient des faits qui, s'ils ne sont pas contredits, demandent de fort sérieuses investigations. Le grief dont le pétitionnaire se plaint, n'est ni personnel, ni imaginaire. Ce grief ne lui est point particulier; il a été, il est encore ressenti par une foule d'autres personnes. Il n'y a aucun citoyen hors de ces murs, ni même, en vérité, dans cette enceinte, qui ne puisse demain être exposé à la même insulte et aux mêmes obstacles, dans l'accomplissement d'un devoir impérieux pour la restauration de la véritable constitution des trois royaumes, en pétitionnant pour la réforme du parlement [1]. Le pétitionnaire, milords, est un homme dont la longue vie a été consacrée à une lutte perpétuelle pour la liberté des citoyens, contre cette influence illégitime qui s'est sans cesse accrue, qui s'accroît encore, et qu'il est nécessaire de diminuer; et, quelque contraires que puissent être plusieurs esprits à ses dogmes politiques, peu de gens mettront en doute la pureté de ses intentions. Maintenant même, accablé d'années, et sujet aux infirmités qui accompagnent son âge; mais sans avoir rien perdu de son talent, ni de son inébranlable énergie, — *frangas, non flectes* [2], — il a reçu plus d'une blessure en combattant contre la corruption; et le nouvel outrage, la récente insulte dont il se plaint,

---

[1] Le *jeu d'esprit* suivant, adressé à M. Hobhouse sur son élection à Westminster, a été attribué à Lord Byron. On le rappelle ici à cause de son rapport au sujet en question :

« *Mors janua vitæ.* »

Would you get to the house through the true gate;
Much quicker than even whig Charley went?
Let Parliament send you to Newgate —
And Newgate will send you to — Parliament.

« Voulez-vous gagner la Chambre par la véritable porte, beaucoup
» plus vite même que le whig Charley n'y parvint? Faites-vous envoyer
» par le Parlement à Newgate, et Newgate vous enverra au Parlement.

(*N. d'un édit. anglais.*)

[2] On peut le briser, non le fléchir.

(*N. du Tr.*)

peut lui laisser une cicatrice de plus, mais non le déshonorer. La pétition est signée par John Cartwright; et c'est pour la cause du peuple et du parlement, dans la légitime poursuite de cette réforme dans la représentation du pays, réforme qui est le meilleur service qui puisse être rendu tant au parlement qu'au peuple, que le major Cartwright a souffert l'indigne outrage qui fait le sujet principal de sa pétition à vos Seigneuries. Sa plainte est écrite dans un langage ferme, mais respectueux; — dans le langage d'un homme qui n'oublie pas sa propre dignité, mais en même tems a, je crois, un sentiment égal de la déférence due à la chambre. Le pétitionnaire avance, entre autres faits d'importance, sinon plus grande, au moins égale, pour tous ceux qui sont Bretons par les sentimens, comme par le sang et par la naissance, que le 21 janvier 1813, à Huddersfield, lui et six autres personnes qui, à la nouvelle de son arrivée, s'étaient rendues auprès de lui, dans l'intention pure et simple de lui donner un témoignage de respect, furent saisies par les autorités civile et militaire, et tenues au secret pendant plusieurs heures, sous le poids d'une grossière et injurieuse prévention insinuée par l'officier commandant, relativement au caractère du pétitionnaire; que lui (le pétitionnaire) il fut enfin conduit devant un magistrat, et ne fut remis en liberté qu'après qu'un examen minutieux de ses papiers eut prouvé qu'il était non-seulement injuste mais matériellement impossible d'articuler contre lui une charge quelconque; et que, malgré la promesse et l'ordre exprès du président du tribunal, la copie du mandat d'arrêt lancé contre le pétitionnaire a été refusée sous divers prétextes, et n'a pu, jusqu'à cette heure, être obtenue. Les noms et la condition des parties intéressées se trouvent dans la pétition. Quant aux autres points dont il est question dans la pétition, je ne m'en occuperai pas maintenant, désireux que je suis de ne pas abuser du tems de la Chambre; mais j'appelle sincèrement l'attention de vos Seigneuries sur ces divers points. — C'est dans la cause du parlement et du peuple que la liberté individuelle de ce vénérable citoyen a été violée; et c'est, dans mon opinion, la plus haute marque de respect qu'il ait pu donner à la Chambre, que de recourir à votre justice, plutôt qu'à un appel à une cour inférieure. Quel que puisse être le sort de sa plainte, c'est pour moi une satisfaction, à la vérité, mêlée de regret en cette circonstance, que d'avoir eu l'occasion de dénoncer publiquement les obstacles auxquels le citoyen est exposé dans la poursuite du devoir le plus légitime et le plus impérieux, — celui d'obtenir, par voie de pétition, la réforme parlementaire. J'ai brièvement exposé le grief dont le pétitionnaire se plaint plus longuement. Vos Seigneuries adopteront, je l'espère, une mesure propre à donner pleine protection, pleine réparation au pétitionnaire, et non pas au pétitionnaire seul, mais au corps entier de la nation, insulté et blessé dans un de ses membres par l'interposition d'une autorité civile abusée et d'une force militaire illégale entre les citoyens et leur droit d'adresser des pétitions à leurs représentans.

Sa Seigneurie présenta alors la pétition du major Cartwright : on en fit lecture. Plainte y était faite de ce qui était arrivé à Huddersfield, et des entraves opposées au droit de pétition dans plusieurs endroits de la partie septentrionale du royaume.

Sa Seigneurie fit la motion que la pétition fût prise en considération [1].

Plusieurs pairs ayant parlé sur la question,

Lord Byron répliqua qu'il avait, par des motifs de devoir, présenté cette pétition à l'examen de leurs Seigneuries. Un noble comte avait prétendu que ce n'était pas une pétition, mais un discours; et que, comme elle ne contenait aucune prière, elle ne devait pas être accueillie. — Quelle était la nécessité d'une prière ? Si ce mot devait être employé dans son sens propre, leurs Seigneuries ne

---

[1] *Should be laid on table*, mot à mot, « fût mise sur la table. »
(*N. du Tr.*)

pouvaient attendre qu'aucun homme adressât une prière à d'autres hommes. — Il n'avait rien autre chose à dire, sinon que la pétition, quoique conçue dans certains passages en termes peut-être trop forts, ne contenait aucune phrase inconvenante, mais était écrite dans un style fort respectueux envers leurs Seigneuries, il espérait donc que leurs Seigneuries prendraient la pétition en considération.

FIN DES DISCOURS PARLEMENTAIRES.

www.ingramcontent.com/pod-product-compliance
Lightning Source LLC
Chambersburg PA
CBHW050906230426
43666CB00010B/2045